Hindemith-Jahrbuch
Annales Hindemith
2002/XXXI

Hindemith-Jahrbuch
Annales Hindemith
2002/XXXI

Herausgeber
Hindemith-Institut, Frankfurt/Main

SCHOTT
Mainz · London · Madrid · New York · Paris · Tokyo · Toronto

BN 142

Notensatz: Kara Kusan-Windweh, Heidelberg
Einband und Typographie: Günter Stiller, Taunusstein/Ts.
Gesamtherstellung: HartDruck GmbH, 97332 Volkach
Printed in Germany
ISBN 3-7957-0142-2
ISSN 0172-956X

Inhalt

Vorwort

Die Rezeption von Hindemiths Spätwerk wurde schon zu Lebzeiten des Komponisten überschattet von den polemischen Diskussionen um »Fortschritt« und »Reaktion« in der zeitgenössischen Musik. Bis heute halten sich hartnäckige Vorurteile – entstanden nicht zuletzt auch aus einer tiefgreifenden Unkenntnis der entsprechenden Werke, denn die wenigsten haben seither einen Platz im Repertoire gefunden. So ist etwa die Oper *Die Harmonie der Welt* seit den 1960er Jahren von keiner Bühne mehr vollständig inszeniert worden. Um zumindest dem musikologischen Diskurs neue Impulse zu geben, konzentrieren sich die meisten der im vorliegenden Band veröffentlichten Aufsätze auf Hindemiths Spätwerk. Zwei Beiträge sind der Oper *Die Harmonie der Welt* gewidmet: Alexander L. Ringer stellt vergleichende Untersuchungen zu Arnold Schönbergs Bekenntniswerk *Moses und Aron* an; Winrich Hopp schafft Bezüge zwischen Hindemiths Musiktheorie und dem Inhalt der Oper. Giselher Schubert befaßt sich mit den Kongruenzen von literarischem Sujet und musikalischer Form in Hindemiths letztem Bühnenwerk, der Oper *Das lange Weihnachtsmahl.* Michael Heinemann beleuchtet das 1962 entstandene Orgelkonzert vor dem Hintergrund der Gattungstradition. Die Entstehungsgeschichte von Hindemiths letztem Werk überhaupt, der *Messe* für gemischten Chor a cappella, sowie zwei Skizzenhefte zu dieser und einer zweiten, nicht vollendeten Meßkomposition stehen im Zentrum der Ausführungen von Heinz-Jürgen Winkler.

Zwei weitere Beiträge weisen über das Schwerpunktthema des Bandes hinaus. Walter Salmen richtet sein Interesse auf die mannigfachen kompositorischen Bezüge zu Volksliedern, die das gesamte Œuvre Hindemiths durchziehen. Ann-Katrin Heimer gibt über die Details der ersten Drucklegung von Robert Schumanns Violinkonzert Auskunft, an der Hindemith maßgeblich beteiligt war. Im abschließenden Dokumentarteil wird eine Auswahl von Interviews mit dem Komponisten abgedruckt.

Susanne Schaal-Gotthardt

Alexander L. Ringer

Harmonie und Gottesgedanke

Über »ästhetische Theologie« im Opernschaffen von Arnold Schönberg und Paul Hindemith*

Mit dem Begriff des Ästhetisch-Theologischen hat sich Carl Dahlhaus in seinen letzten Jahren vor allem im Zusammenhang mit Arnold Schönbergs Instrumentalmusik auseinandergesetzt. Doch kam dabei auch Wichtiges über ein allgemeines Traditionsverständnis zur Sprache, dem *der Gedanke einer ursprünglichen Energie* zugrunde lag, *die sich erst in einer Vielzahl von Brechungen als Sinn oder Mitteilung konstituiert*[1]. Dies aber ist ein Gedanke, der seit dem Altertum stets wieder in jüdischen Debatten über die schöpferische Verpflichtung des Menschen im Ebenbild Gottes aufgetaucht ist und zu Schönbergs Zeiten u.a. bei Henri Bergson weltlichen Niederschlag fand. Daß er in Schönbergs Schaffen *vom Theologischen ins Ästhetische gewendet werden konnte*, war nach Dahlhaus *nur möglich, weil Schönberg bei der Analyse fremder wie bei der Konzeption eigener Werke von der Vorstellung einer Formidee ausging, deren Wesen jenseits der realen tönenden Gestalten wie der zwischen ihnen geknüpften Zusammenhänge liegt*[2].

---

* Den nachfolgenden Vortrag hielt Alexander L. Ringer am 16. Oktober 1989 beim Wissenschaftlichen Colloquium In Memoriam Carl Dahlhaus, »Oper nach Wagner«, veranstaltet von der Technischen Universität Berlin und dem Staatlichen Institut Preußischer Kulturbesitz, Berlin. Erstveröffentlichung in: *Neue Zürcher Zeitung*, 17./18. März 1990. Für den vorliegenden Nachdruck wurde der Vortragstext um Zitatverweise ergänzt.

[1] Carl Dahlhaus, *Schönbergs Ästhetische Theologie*, in: *Bericht über den 2. Kongreß der Internationalen Schönberg-Gesellschaft: »Die Wiener Schule in der Musikgeschichte des 20. Jahrhunderts«*, hrsg. von Rudolf Stephan und Sigrid Wiesmann (= *Publikationen der Internationalen Schönberg-Gesellschaft* 2), Wien 1986, S. 12-21, hier S. 21.

[2] Ebd.

Was Dahlhaus im Interesse eines besseren Verständnisses gewisser rein formaler Probleme zur Diskussion stellte, ist nicht minder stichhaltig für das Gesamtschaffen und -denken eines Künstlers, der darauf bestand, daß wirkliche Kunst nicht von *können*, sondern von *müssen* komme, ja der sich als Mitschöpfer neben Gott sah, auserwählt, wie sein menschlich-allzumenschliches Vorbild Moses seiner heiligen Aufgabe als Prophet und, falls nötig, als Märtyrer zu dienen. Es ist denn auch kaum abwegig, sein religiöses Bekenntniswerk *Moses und Aron* jenem einst sehr beliebten Genre der Künstleroper zuzuschreiben, das auf christlicher Seite u.a. Hans Pfitzners *Palestrina* zeitigte. Wenn Schönberg bei der Konzeption von *Moses und Aron* nicht davor zurückscheute, jeglichen Gegensatz zwischen Ästhetik und Theologie aufzuheben, so tat er dies möglicherweise auf Grund der Überlegung, daß das individuelle Los des begnadeten, aber gerade darum schwer geprüften Künstlers in mancher Hinsicht an das vieltausendjährige kollektive Schicksal des jüdischen Volkes in seinem Streben nach menschlicher Verwirklichung übermenschlichen Gedankenguts erinnert.
Daß Schönbergs unvollendete Oper unter dem tragischen Eindruck schwerwiegender geschichtlicher Ereignisse entstand, ergibt sich allein aus ihrer langen Vor- und Nachgeschichte. Wie alles bei Schönberg formt sie ein logisches Glied in einer Schaffenskette, deren Kontinuität jenem dynamischen Traditionsbewußtsein entsprach, das ihn prinzipiell von den »Modernisten« und Neoklassikern seiner Zeit unterschied. Selbstverständlich war schöpferische Kontinuität als solche kein ausschließlich Schönbergsches Vorrecht, zumal auch Rückwendungen kontinuierlich fortzuschreiten vermögen. Ludwig Finscher sieht in Paul Hindemiths *Wendung nach rückwärts* ein historisches Ereignis, gerade weil sie sich nach dem *Marienleben* und der Oper *Cardillac* so konsequent vollzog: *Die Harmonie der Welt bezeichnet den Tiefpunkt, zu dem sie am Ende führen sollte, nach ihrer eigenen Logik führen mußte.*[3]

---

[3] Zit. nach: Ludwig Finscher, *Paul Hindemith – Versuch einer Neuorientierung*, in: *Hindemith-Jahrbuch* 1971/I, S. 22.

Ob Hindemiths vorletzte Oper tatsächlich so eingeschätzt zu werden verdient oder nicht: aus ästhetisch-theologischer Sicht führte *Hindemiths verhängnisvollste Wendung* (Finscher) der zwanziger Jahre zu vergleichbaren, wenn auch alles andere als gleichen Resultaten wie Schönbergs unbeirrbarer Weg von der *Jakobsleiter* zu *Moses und Aron* und darüber hinaus zu den letzten Psalmen. Zumindest wäre festzuhalten, daß das *Marienleben* im Gesamtwerk des weltlichen Christen Hindemith eine ähnliche Stelle einnimmt wie die *Jakobsleiter* bei dem damals noch christlichen Juden Schönberg. Von genauen chronologischen Parallelen ist hier natürlich nicht die Rede. Es handelt sich vielmehr um vergleichbare persönliche Entwicklungen im religiösen Bereich und um deren Einfluß auf das künstlerische Schaffen im allgemeinen, die Operndramaturgie im besonderen.

Musik als Bild der Schöpfung

Warum ward uns kein Sinn gegeben, ungesagte[4] *Gesetze zu ahnen*, fragt *Der Ringende* in der *Jakobsleiter; kein Auge, da zu sehn, kein Ohr, da zu hören?*[5] Jahre später sprach Schönberg im Zusammenhang mit seinem noch früheren »Drama mit Musik« *Die glückliche Hand* von seiner eigenen Suche *nach den Gesetzen einer Welt, die von ihrem Schöpfer nach Maß und Zahl erbaut wurde*[6]. Hindemith seinerseits wies zunächst in einem theoretischen Werk, der *Unterweisung im Tonsatz*, auf die mittelalterliche Tradition von musica mundana, humana und instrumentalis hin: Die Intervalle, heißt es dort, *waren Zeugnisse aus den Urtagen der Weltschöpfung; geheimnisvoll in der Zahl, gleichen Wesens mit den Grundbegriffen der Fläche und des Raumes, Richtmaß gleicher-*

---

[4] Bei Ringer, *Neue Zürcher Zeitung*, 17./18. März 1990: *ungeahnte*.

[5] Arnold Schönberg, *Die Jakobsleiter*, in: ders., *Sämtliche Werke*, Abteilung VIII: Supplemente, Reihe A, Bd. 29, hrsg. von Rudolf Stephan, Mainz/Wien 1985, S. 91.

[6] Arnold Schönberg, *Die glückliche Hand* [1928], in: ders., *Stil und Gedanke. Aufsätze zur Musik* (= *Gesammelte Schriften I*), hrsg. von Ivan Vojtěch, Frankfurt/Main 1976, S. 237.

weise für die hörbare wie die sichtbare Welt; Teile des Universums [...][7].
In der Nachkriegsoper *Die Harmonie der Welt* identifizierte er sich dann mit Johann Keplers religiöser Verpflichtung:

Zu neuer Forschung
Nach tiefster Ordnung und Regelmagie,
Wie sie in Musik, Geometrie,
Dem Bau von Pflanz und Tier, Lauf der Sterne,
In Wesen, Bewegung, Beziehung
Alles Geschaffnen sich erweist.
Die auch umfaßt des Menschen Standort,
Sein Denken, sein Wirken und Bestimmung;
Aus der man abzuleiten lerne
Das göttliche Fiat, das Zauberwort,
Gesprochen am Beginn vom Schöpfergeist,
Das die Welt gebar und erhält im Licht.[8]

Schönberg hatte dergleichen bereits um 1900 von seinem Jugendfreund Oskar Adler gehört und nie vergessen. Ein halbes Jahrhundert später erhielt er von Adler aus England ein Exemplar der zweiten Auflage seiner gesammelten Vorkriegsvorträge. *Es ist das Werk eines Suchers,* erklärte der Autor in seinem Geleitwort, *bestimmt für alle diejenigen, die gleichfalls Sucher sind, d.h. die von der unabweisbaren Sehnsucht nach Erkenntnissen erfüllt sind, die ihnen Aufschluß geben können über den Sinn des Daseins innerhalb der unermeßlichen und unvorstellbaren Größe dieses Universums.*[9] Worauf Adler immer wieder zurückkam, war der nagende Zwiespalt zwischen dem *Gefühl der eigenen Nichtig-*

---

[7] Paul Hindemith, *Unterweisung im Tonsatz*, ²Mainz 1940, S. 27.
[8] Paul Hindemith, Libretto zu *Die Harmonie der Welt*, Mainz 1957, Zweiter Aufzug, S. 35.
[9] Oskar Adler, *Testament der Astrologie. Einführung in die Astrologie als Geheimwissenschaft in 5 Bänden*, Bd. 1: *Die allgemeine Grundlegung der Astrologie. Tierkreis und Mensch. 14 esoterische Vorträge*, ²Wien u.a. 1950, *Geleitwort*, S. V.

keit [...] *auf diesem Sandkorn Erde* und dem *Gedanken, des ewigen Rätsels bewußter und denkender Zeuge sein zu dürfen. Vielleicht,* fährt Adler fort, *ist dieser Zwiespalt in des Menschen Seele niemals so deutlich ausgesprochen worden wie mit den Worten des 8. Psalms, da es heißt:*

»Wenn ich sehe die Himmel deiner Finger Werk, den Mond und die Sterne, die du bereitet hast,
Was ist der Mensch, daß du seiner gedenkest, was der Erdensohn, daß du auf ihn achtest?
Und hast ihn doch wenig niedriger gemacht denn Gott und hast ihn mit Ehre und Schmuck gekrönt.«[10]

Bei Schönberg, im letzten, unkomponiert hinterlassenen Monolog der *Jakobsleiter*, betet Gabriel ganz ähnlich:

Erlöse uns von unsrer Einzelheit!
Nimm uns ab die Gefühle, die uns auf uns verweisen!
Laß uns wieder ein ganzes werden, mit jenem Ganzen, dessen Teile wir jetzt sind!
Herr, nimm uns gnädig zu dir.[11]

Ein gewisses Mahlersches Echo ist hier noch deutlich zu hören, jene Urlicht-Mystik des »Ich bin von Gott und will wieder zu Gott«, der Hindemith auf seinem dreißigjährigen Weg *nach rückwärts* (Finscher) noch öfters begegnen sollte – als Schönberg längst dazu übergegangen war, der Dialektik vom Geistigen und Materiellen, vom reinen Gedanken und von seiner menschlichen Form künstlerisch adäquaten Ausdruck zu verleihen. *Moses und Aron* zeugt gerade in seiner Nichtvollendung von der Unlösbarkeit jenes alles andere in den Schatten stellenden Problems, das in der *Jakobsleiter* noch mystisch schwebend belassen ist. Vom Standpunkt einer strukturell wirksamen ästhetischen Theologie

---

[10] Ebd.
[11] Arnold Schönberg, *Die Jakobsleiter*, in: ders., *Texte*, Wien 1926, S. 60.

aus fanden beide Schlüsselwerke ihre eigentliche Vollendung in ihrer Nichtvollendung, so paradox dies vom Standpunkt einer positivistisch angehauchten Kritik aus erscheinen mag.
In dem Jahrzehnt, das zwischen Schönbergs zwei größten ästhetisch-theologischen Entwicklungsproben lag, entschied sich Hindemith nach *Marienleben* und *Cardillac* zunächst für jene aktuelle Richtung, von der Karl Kraus einmal sagte, daß sie geradezu in der Abkehr von den geistigen Kämpfen der Zeit ihr Heil suchte. Schönberg hatte davor bereits in der *Glücklichen Hand* gewarnt: *Der du das Überirdische in dir hast, sehnst dich nach dem Irdischen.*[12] Und im selben Sinn betonte er im Zusammenhang mit Franz Liszts *Christus*, einem Werk, das ihn zutiefst beeindruckte: *Unsere Zeit sucht wieder ihren Gott, und das ist noch charakteristischer für sie als die hervorragendsten technischen Errungenschaften.*[13] Letztere interessierten, Mitte der zwanziger Jahre, eher den jungen Hindemith, während Schönberg konsequent wie immer, mit der Zwölftonmethode die Herausforderung seines Gabriel aufgriff: *Geh; verkünde; und leide; sei Prophet und Märtyrer.*[14]

Moses und Kepler

Letztlich ging es jedoch beiden, dem jüngeren und dem älteren Komponisten, um das uralte Problem von Freiheit und Gesetzmäßigkeit. Nur daß der eine Christ, der andere Jude war. Wo Kepler in der *Harmonie der Welt* zeitlose Naturgesetze als Vorbild für alles Zeitliche zu ergründen sucht und auf ewigen Frieden hofft in einer wohlproportionierten, harmonisch abgestimmten Welt, verlangt Moses von seinem Volk, das Joch seiner Auserwähltheit zum Heil der gesamten Menschheit auf sich zu nehmen, indem es sich aller Verdinglichung auf alle Zeit versagt. Als

[12] Vgl. Arnold Schönberg, *Die glückliche Hand*, in: ders., *Texte* (wie Anm. 11), S. 12.
[13] Zit. nach: Arnold Schönberg, *Franz Liszts Werk und Wesen*, in: ders., *Stil und Gedanke* (wie Anm. 6), S. 171.
[14] Arnold Schönberg, *Die Jakobsleiter* (wie Anm. 5), S. 131, T. 508ff.

wahrer Prophet weiß er, daß äußerer Frieden wenig mehr als ein Phantom ist, das nur von falschen Propheten als Realität vermittelt wird. Darum ermahnt Moses seinen Bruder Aron, den ersten Hohenpriester, sich und das Volk Israel, das er so wortgewaltig vertritt, auf den einzig möglichen inneren Frieden vorzubereiten:

Reinige dein Denken,
lös es von Wertlosem,
weihe es Wahrem:
kein andrer Gewinn dankt deinem Opfer.[15]

Kepler spricht vom Glauben an Gottes Allmacht, *der uns zu realen Größen erhebt*, Moses von der verpflichtenden Freiheit eines Volkes, das auserwählt sei zu einer schweren Aufgabe: *Dem Gottesgedanken zu dienen*. Aus diesem Gedanken ergibt sich alles »von selbst«, sowohl im tiefsten wie im weitesten Sinn des biblischen Wortes *heilig sollt ihr sein, denn Ich, euer Gott, bin heilig und habe euch getrennt von den Völkern, um meins zu sein*[16]. Fromme Juden beten noch heute jeden Morgen, wie vor tausend Jahren, um »die Gnade zu verstehen und aufgeklärt zu werden [...] zu hüten und zu wirken«.
Auf rein menschlicher Ebene ergeht es Moses und Kepler oft ähnlich. Denn beide sind »Sucher« nach den letzten Wahrheiten, wenn auch auf unterschiedliche Weise. Ulrich, der zunächst als Keplers Gehilfe auftritt, nennt ihn *schrecklich in seiner Einsicht, die andre wie Zwerge sich fühlen läßt*[17]. Damit aber charakterisierte der zumeist humorvolle Lehrer Hindemith nicht nur sich selbst, sondern mehr noch den gestrengen Lehrmeister Schönberg; beide kannten jedenfalls genügend junge Leute,

---

[15] Arnold Schönberg, *Moses und Aron*, in: ders., *Sämtliche Werke*, Abteilung III: Bühnenwerke, Reihe A, Bd. 8, Teilbände 1 und 2, hrsg. von Christian Martin Schmidt, Mainz 1977, Erster Akt, Zweite Szene, S. 47ff.
[16] Leviticus XX, 26.
[17] Paul Hindemith, Libretto zu *Die Harmonie der Welt* (wie Anm. 8), Zweiter Aufzug, S. 33.

auf die zutraf, was Keplers Mutter seinem jüngeren Bruder Christoph vorwirft:

Auch das Faulste läßt Du bestehn,
Nur ja keiner Wahrheit ins Auge sehn.[18]

Ulrich wiederum zeigt in seiner Kompromißbereitschaft eine gewisse Verwandtschaft mit Aron, ist jedoch gleichzeitig ein *kleiner Modernsky*[19]:

[...] *ich kam her*
Als einer, der nach Neuestem trachtet.
Was finde ich aber in eurer Lehr?
Ein Denken, das nichts Wirkliches achtet.
Getüftelt hätte den Kosmos ein Geist,
Der mit Würfeln spielt und Tetraedern;
Seelen säßen in Sonne und Stern![20]

Keplers Verderben liegt in der Tat in seiner faustischen Versessenheit auf Naturgesetze, aus denen sich alles in der Welt erklären läßt. Moses dagegen scheitert an seinem ebenso heroischen wie unrealistischen Versuch, ein an Götzendienst gewöhntes Volk menschlichen Gesetzen zu unterwerfen, die den Erfordernissen abstraktesten Denkens gerecht werden. Doch ist es Aron, nicht Moses, der am Schluß sein Leben einbüßt. Moses schickt das Volk zurück in die Wüste, wo alles Materielle, Konkrete zunichte wird, der Geist dagegen unzerstörbar bleibt: *Aber in der Wüste seid ihr unüberwindlich und werdet das Ziel erreichen: vereint mit Gott.*[21] In der Wüste aber zehrt die Hitze des Tages am Geist nicht weniger als am Körper. Die Nacht allein bringt Labung und Muße

---

[18] Ebd., Dritter Aufzug, S. 48.
[19] Vgl. Arnold Schönberg, *Drei Satiren für gemischten Chor* op. 28, in: ders., *Sämtliche Werke*, Abteilung V: Chorwerke, Reihe A, Bd. 18, Nr. 2: *Vielseitigkeit*.
[20] Paul Hindemith, Libretto zu *Die Harmonie der Welt* (wie Anm. 8), Erster Aufzug, S. 17.
[21] Arnold Schönberg, *Moses und Aron* (wie Anm. 5), Dritter Akt, Erste Szene, S. 503.

zum Denken und Fühlen. Unterm Sternenzelt kommt der Wüstenbewohner, ob Tier oder Mensch, allnächtlich zu neuem Leben. Darum dankt auch der Jude, wo immer er sein mag, bei Sonnenaufgang seinem Gott, »der in seiner Güte jeden Tag erneuert, das Wunder der Schöpfung, den Anfang des Beginnens«. Jüdischen Mystikern diente das nächtliche Himmelsgewölbe nicht zufällig als ein beliebtes Schöpfungsgleichnis.

Das ästhetisch-theologische Band zwischen Schönberg und Hindemith wurde, wie es scheint, um 1600 in Prag geknüpft, wo der Hofmathematiker und Astronom Johannes Kepler mit Hilfe seines Assistenten David Gans, eines Schülers des aus den Golem-Geschichten bekannten Rabbi Jehuda Löw, auch unter dem Akronym Maharal bekannt, in die Geheimnisse der Kabbala eindrang – weitaus tiefer als durch das, was ihm Johannes Reuchlins *De Arte Cabalistica* aus zweiter Hand zu vermitteln vermochte. Als Schönberg 1912 in Prag seinen großen Mahler-Vortrag hielt, war die Stadt im Begriff, nicht nur das Vierhundert-Jahr-Jubiläum der Geburt ihres großen jüdischen Sohnes zu feiern, sondern auch der hundert Jahre später erfolgten Flucht Keplers nach dem Tod von Rudolf II., seinem und des Maharal kaiserlichen Beschützer, zu gedenken. Astronomie, Astrologie, die Golem-Legende und vor allem *Harmonices Mundi* waren in aller Mund. Und so mag Schönberg zu Ohren gekommen sein, daß Kepler aufgrund seiner Forschungen darauf bestand, daß Musik zum Lobe des Herrn möglichst sechsstimmig ausgeführt werde.

Wie dem auch sei, in der *Glücklichen Hand* sind es sechs Männer und sechs Frauen, die klagen: *Du, der das übermenschliche* [sic] *in dir hast, sehnst dich nach dem irdischen*[22]; Moses wird von zweimal sechs Stimmen aus dem Dornbusch angesprochen, wie überhaupt der klassische numerus perfectus bei Schönberg auf verschiedenste Weise mit dem Gottesgedanken verbunden ist. Beim späten Hindemith herrscht in sol-

[22] Vgl. Anm. 12.

chen Fällen eher die Zahl drei vor, im Einklang mit einer großen christlichen Tradition und, typisch für ihn, fast ausschließlich im Metrum. Hindemiths Kepler wird schließlich ein Opfer seines eigenen Zwiespalts. Einerseits glaubt er, die Geheimnisse von Gottes Natur genau beobachtet und richtig errechnet zu haben. Andererseits weiß er aus Erfahrung, wie unberechenbar die Menschen sind. Dazu gesellt sich das Dilemma des Forschers, der eigentlich nicht weiß, ob des Herrn Schöpfung wirklich so verläßlich ist, daß sich die Zukunft in den Sternen lesen läßt. *Auch die Harmonie kann nicht dauern*, erklärt Keplers, d.h. der Erde, Gegenspieler Saturn – Tansur: *Ein letzter Ton verhallt eines Tages, Schwinden und Sterben muß Sonne und Stern. Und als Zeuge einer meines Schlags.*[23] Am Ende der Tage bliebe demnach nur »die Kraft, die stets verneint«. Die Planeten fragen dann auch gemeinsam:

Teil zu sein in endloser Schöpfung,
Mit Maß und Wert uns unbekannt,
Doch nur trachten nach eigenen Wunschs Vollzug,
Ist das des Geschaffnen weher Zustand?

Und weitaus schlimmer, angesichts von Hiroshima: *Die Kraft von Sonnen läßt sich zerspalten, Noch mehr zu töten.* Dem gläubig schaffenden Christen bleibt nur eine hoffnungsvolle Alternative:

Höher als durch Wissen, Suchen, Lernen,
Den Geist zum Geist der letzten Majestät zu heben,
Bis uns aufgehn zu lassen ihm gefällt
In seiner großen Harmonie der Welt.[24]

Hindemith mag im schaffenden Künstler den idealen Nachschöpfer gesehen haben; Schönberg sah in ihm den engagierten Mitschöpfer. Für

---

[23] Paul Hindemith, Libretto zu *Die Harmonie der Welt* (wie Anm. 8), Fünfter Aufzug, S. 70ff.

[24] Ebd.

beide wurde die Oper in späteren Jahren zum ästhetischen Sprachrohr für höchst persönliche Überlegungen theologischer Art. Dabei dachte Schönberg nicht nur an den Text als solchen. Vielmehr wird bei ihm, wie er im *Moses und Aron*-Jahr erklärte, *sozusagen mit Begriffen musiziert*[25]. Eine derartige Auffassung von der Mission der Oper steht weit entfernt von Richard Wagners Ideal des Musikdramas als quasireligiösen Rituals nach vermeintem antikem Muster, d.h. als Ersatzreligion mit eigenen musikalischen Priestern, alljährlichen Festtagen und Pilgerfahrten zum hoch gebauten Tempel in einem teutonischen Neu-Jerusalem. Woran es dort fehlte und was daher eine neue Generation zu ganz andern künstlerischen Taten verpflichtete, schwebte bereits Rainer Maria Rilke, dem von Schönberg wie Hindemith hoch geschätzten und ehrfürchtig vertonten Dichter des *Stundenbuchs*, deutlich vor, als er kurz vor der Jahrhundertwende schrieb:

Die anderen haben Gott hinter sich wie eine Erinnerung. Dem Schaffenden ist Gott die letzte, tiefste Erfüllung. Und wenn die Frommen sagen: »Er ist« und die Traurigen fühlen: »Er war«, so lächelt der Künstler: »Er wird sein.« und sein Glauben ist mehr als Glauben; denn er selbst baut an diesem Gott. Mit jedem Schauen, mit jedem Erkennen, in jeder seiner leisen Freuden fügt er ihm eine Macht und einen Namen zu, damit der Gott endlich in einem späten Urenkel sich vollende, mit allen Mächten und allen Namen geschmückt. Das ist die Pflicht des Künstlers.[26]

---

[25] Das Zitat entstammt Schönbergs Breslauer Vortrag über *Die glückliche Hand* [1928] (wie Anm. 6), S. 238.

[26] Rainer Maria Rilke, *Über Kunst* (1898), abgedruckt in: ders., *Sämtliche Werke in zwölf Bänden*, hrsg. vom Rilke-Archiv, in Verbindung mit Ruth Sieber-Rilke besorgt durch Ernst Zinn, Werkausgabe Bd. 10: *Frühe Aufsätze*, Frankfurt/Main 1975, S. 427.

Winrich Hopp

Von der harmonikalen Fehlgründung lebenspraktischen Glücks

Zur Sinfonie und Oper *Die Harmonie der Welt*

Für Giselher Schubert mit Dank

1. Die boethianischen Satzüberschriften der Sinfonie

Wie bereits im Fall der in den Dreißigerjahren entstandenen Oper und Sinfonie *Mathis der Maler* handelt es sich auch bei der Sinfonie *Die Harmonie der Welt* dem Komponisten Paul Hindemith zufolge um *konzertmäßig verarbeitete Musikstücke aus einer Oper*[1]. Stellt freilich die *Mathis*-Sinfonie tatsächlich einen nachträglichen Auszug der Aktvorspiele der gleichnamigen Oper dar, so wurde die Sinfonie *Die Harmonie der Welt* bereits uraufgeführt, noch bevor der Komponist das Libretto fertiggestellt hatte. Daß Hindemith dennoch das der Zeit nach Frühere als ein der Sache nach Späteres verstanden haben wissen wollte, besagt nichts anderes, als daß die Sinfonie letztlich auch der dramaturgischen Konzeption der Oper folgt. In seinem Einführungstext zur Sinfonie *Die Harmonie der Welt* führt der Komponist aus: Die Oper *handelt vom Leben und Wirken Johannes Keplers, den ihn fördernden oder hindernden Zeitereignissen und dem Suchen nach der Harmonie, die unzweifelhaft das Universum regiert. Die Titel der Sätze beziehen sich auf die bei den Alten oft anzutreffende Einteilung der Musik in drei Klassen und wollen damit auf all die früheren Versuche hinweisen, die*

[1] Zit. nach: Walter Gerstenberg, *Hindemiths Oper »Die Harmonie der Welt«. Historische und musikalische Perspektiven*, in: *Die Harmonie der Welt. Zur Uraufführung der Oper am 11. August 1957 in München*, hrsg. von der Bayerischen Akademie der schönen Künste, München o. J., S. 37.

Weltenharmonie zu erkennen und die Musik als ihr tönendes Gleichnis zu verstehen. Die musica instrumentalis enthält Musik aus den Opernszenen, in denen widrige äußere Umstände das Handeln des Helden erschweren. Drei konstruktive Hauptelemente werden gegeneinander ausgespielt: ein kurzes ostinates Thema, ein gewichtig voranschreitender Marsch und ein Teil von wilder Ungezügeltheit. Im zweiten Satz, der musica humana (den Szenen entnommen, in denen die seelischen Beziehungen der Handelnden das Thema sind), werden zwei langgezogene Melodien erst einzeln, dann zusammen gespielt und schließlich mit einem zarten Abgesang beschlossen. Der dritte Satz (musica mundana) versucht, die postulierte Harmonie der Welt in einer musikalischen Form zu symbolisieren, in der erst ein breites Fugato entwickelt wird, dann 21 Teile einer Passacaglia über dasselbe thematische Material folgen und schließlich eine breite Coda das Stück zu einem feierlichen Ende bringt.[2]

Wie für die Entstehungsgeschichte der Oper und der Sinfonie, so gilt auch für die Satzfolge, daß das temporär Vorausgehende der Sache nach im Späteren gegründet erscheint. Die Bedingung der Möglichkeit humaner Harmonie gründet in der mundanen, während die Disharmonie von den Menschen verursacht wird. Die Harmonisierung des Humanen, wie sie von Susanna und Kepler angestrebt wird, setzt den Glauben an die mundane und das Wissen von der mundanen Harmonie als jeweils praktizierten Lebensformen voraus[3]. Von der Oper aus betrachtet, entspricht der dritte Satz dem Finale des fünften Aufzugs und der zweite Satz der geglückten Brautwerbung und innigen Zweisamkeit Keplers und Susannas aus dem zweiten Aufzug. Der erste Satz aber ist der eigentlich dramatische gegenüber dem introvertiert-lyrischen Mittelsatz und dem ekstatischen Finale. Denn nichts anderes wird hier vorgeführt als die in kritische Schieflage geratene Welt des Humanen. Das nicht auf die musica mundana eingestimmte Humanum erweist sich als das prak-

---

[2] Ebd., S. 37f.

[3] Zum Gedanken der Lebensform siehe Rainer Marten, *Menschliche Wahrheit,* München 2000.

tizierte Inhumanum. Entsprechend konstituiert sich der erste Satz aus Abschnitten und Akteuren der Oper, denen eine der harmonikalen Ordnung widerstreitende Kraft und Tendenz eigen ist. Das sind neben der Wallensteinszene aus dem zweiten Aufzug die Gerichts- und Scharfrichterszenen mit Keplers Mutter aus dem dritten Aufzug. Der symmetrisch dreiteilig gruppierte Satz hat somit von der Oper aus betrachtet folgenden dramaturgischen Aufbau:

A:	Takt 1– 33	Vorspiel der Oper
B 1:	Takt 34– 56	Vorspiel zum 2. Aufzug: *Marsch*
B 2:	Takt 57–100	Wallenstein mit Architekten und Handwerkern: *Marsch*; dann: *breit, ausdrucksvoll* (2. Aufzug)
B 3:	Takt 101–116	Kriegsdialog von Wallenstein und Tansur (= zugleich Musik von Tansurs Werbequartier am Ende des 2. Aufzugs)
C 1:	Takt 117–290	Gerichtsszene des 3. Aufzugs
C 2:	Takt 290–333	Scharfrichterszene des 3. Aufzugs
B 1':	Takt 334–414	Vorspiel zum 2. Aufzug
B 2':	Takt 415–435	*breit, ausdrucksvoll* (2. Aufzug)
B 3'/A':	Takt 436–456:	Kriegsdialog- bzw. Werbequartiermusik (2. Aufzug), kombiniert mit Vorspiel-Ostinato

Läßt sich festhalten, daß der Aufbau der Sinfonie an dem dramaturgischen Aufbau der Oper orientiert ist, also gleichsam ein in Gestalt absoluter Instrumentalmusik verfertigtes Exzerpt des Handlungsverlaufs darstellt, so finden sich freilich die boethianischen Satzüberschriften nur in der Sinfonie, nicht aber in der Partitur der Oper. Man kann also mit Grund fragen, ob die Satzüberschriften ihrem Gehalt nach überhaupt auch Geltung für die Oper haben. Das aber setzt die Verständigung darüber voraus, ob und inwiefern die boethianischen Titel an die einzelnen Sätze der Sinfonie sachlich gebunden sind bzw. diesen lediglich mehr oder weniger »locker« assoziiert sind. Einer grundsätzlichen Einlassung zum boethianischen Musikbegriff nach gilt folgendes:

Die musica mundana, wie Boethius sie nannte, war [...] nicht auf die Sphärenharmonie beschränkt, sondern umfaßte auch die Elemente und die Jahreszeiten, so daß der Streit, ob der Sphärenklang imaginär oder real (und nur wegen der Gewöhnung an das ununterbrochen Präsente unhörbar) sei, im Grunde irrelevant ist: Die Substanz des Musikbegriffs bildet – bei der musica mundana ebenso wie bei der musica humana, dem Zusammenstimmen von Körper und Seele sowie der Teile des Körpers und der Teile der Seele – die mathematische Struktur, nicht das tönende Phänomen. Auch die musica instrumentalis, die mit künstlichen oder natürlichen Instrumenten (der menschlichen Stimme) dargestellte Musik, ist im System des Boethius nicht primär ein Phänomen der Praxis. Man mißversteht den Sachverhalt, wenn man von symbolischer Interpretation der Art von Musik, die für uns die einzig reale ist, spricht: für Boethius ist die musica instrumentalis ein Abbild, eine imitatio, der musica mundana, oder genauer: Es ist ein und dieselbe Zahlenstruktur, die sich in der musica instrumentalis und in der musica mundana manifestiert und in die der Geist sich versenken soll, um der Anschauung Gottes durch das Verständnis seiner Werke näherzukommen.[4]

Daß die musica instrumentalis als ein Abbild der musica mundana zu verstehen sei, gilt auch für Hindemith, insbesondere für den Verfasser der *Unterweisung im Tonsatz*, also für den Theoretiker. Zwar hat Hindemith die *Unterweisung* in praktischer Absicht entworfen, d.h. mit dem Ziel einer der Praxis dienlichen Theorie, aber eben diese Theorie hat erklärtermaßen den boethianischen Musikbegriff (neben dem des Augustinus) zu einem ihrer Vorbilder bzw. sieht sich in dessen Tradition. Anders stellt sich die Sache im Fall des ersten Satzes der Sinfonie dar. Hier ist der Gedanke der musica instrumentalis der Musik eines Handlungsgeschehens aus der Oper zugeordnet, die sich vom mundanen Vorbild geradezu abwendet. Wendet sich dann der zweite Satz in der

[4] Carl Dahlhaus, *»Anfänge der europäischen Musik«. Erste Niederschriften zu einer Musikgeschichte Europas (Aus dem Nachlaß)*, in: Andreas Eckhardt (Hrsg.), *In rebus musicis. Festschrift für Richard Jakoby*, Mainz 1990, S. 11.

Intimität und Eheversprechen suchenden Begegnung von Kepler und Susanna dem mundanen Modell wieder zu, so gilt doch, daß allein der dritte Satz der Sinfonie eine boethianische musica instrumentalis darstellt, die als, wie Hindemith schreibt, symbolische imitatio der musica mundana zu gelten beansprucht. Kurz gesagt: Die »eigentliche« musica instrumentalis der Sinfonie ist der dritte Satz, die symbolische imitatio der musica mundana. Boethianisch strikt verfahrend, gilt sowieso, daß sowohl die musica mundana (der Makrokosmos) als auch die musica humana (der Mikrokosmos) dem nichtklingenden Bereich zugehören, während allein die musica instrumentalis Fall des klingenden Bereiches ist. Die musica humana ist also gleichfalls nur über die musica instrumentalis im Sinne eines symbolischen Abbildes darstellbar, eine Darstellbarkeit, der die Theorie der musica instrumentalis (die *Unterweisung*) in – spekulativer – Reflexion auf die musica mundana zuarbeitet. Zwar bildet auch für – den historischen – Kepler, wie Albrecht Riethmüller aufgezeigt hat, *die Dreiteilung musica mundana – humana – instrumentalis die Folie*, auf deren Hintergrund er seine Abhandlung *Harmonices mundi* verfaßte, dennoch gilt für Kepler im Unterschied zu Boethius, *daß musica* [...] *– neuzeitlich – nur die klingende, von Menschen produzierte Musik ist. Spricht er von musica humana, dann meint er damit die musica instrumentalis bzw. sonora.*[5] Für den Theoretiker Hindemith schließlich werden die boethianisch gesetzten Grenzen insgesamt fließend. Die musica als Ganze und in der Gesamtheit ihrer Erscheinungen genommen, gilt gleichsam als ein schwer zu durchdringendes Ineinander harmonikaler Kräfte, dessen Krönung zwar der Himmel noch bildet, der aber unbegreifbar bleibt ohne die mikrologische Kenntnis des Atomkerns der musica instrumentalis, des einzelnen Tones.

[5] Albrecht Riethmüller, *Stationen des Begriffs Musik*, in: *Ideen zu einer Geschichte der Musiktheorie* (= *Geschichte der Musiktheorie* Bd. 1, hrsg. v. Frieder Zaminer), Darmstadt 1985, S. 73.

Ein Wesensunterschied zwischen musica humana und instrumentalis besteht für uns heute dank der Erkenntnis ihrer gemeinsamen physikalischen Grundlage nicht mehr, auch zwischen musica mundana und humana dürfen wir heute mehr auf das Gemeinsame als auf das Trennende achten. Nicht so wie es die Alten taten, indem sie die irdischen Verhältnisse in den Weltraum übertrugen, sondern indem wir bis in den geringsten musikalischen Baustein hinein Kräfte sich ausbreiten fühlen, die denen gleichen, welche den Himmel bis in die entferntesten Sternnebel in Bewegung erhalten. Diese Weltenharmonie, die in ihrer Realität ungleich phantastischer und für den Musiker beziehungsreicher anmutet als die tönenden Halbkugeln der Alten, klingt nicht allein für den forschenden und rechnenden Sternkundigen, sie ist auch für den einfältigen Gläubigen ein ebenso sicherer wie unbegreiflicher Tatbestand. Wie aber der Astronom heute nicht die Ausmaße von Millionen Lichtjahren, die Einssetzung des Raumes und der Zeit begreifen kann, wenn er nicht das Wirken der Elektronen im Kosmos eines Atoms kennt, so wird auch dem gläubigen Musikus niemals der Sinn seines klingenden Werkstoffs, des irdischen Abbildes der harmonischen Weltenmusik offenbar werden, wenn er nicht immer wieder in den Atomkern des einzelnen Tones hinabsteigt und dessen Elektronen – die Obertöne in ihrer rationalen Zusammengehörigkeit – zu begreifen sucht.[6]

Steht vor dem Hintergrund der Opernhandlung die Überschrift des ersten Satzes (musica instrumentalis) für den Mißbrauch der musica, also für eine musica inhumana, die Überschrift des zweiten Satzes (musica humana) für die Besinnung auf die musica und den Entwurf ihres rechten Gebrauchs, also für eine initiale musica humana, so der dritte Satz (musica mundana) für die – zumindest der kompositorischen Intention nach – treffende und insofern finale symbolische imitatio der musica mundana. Fall von musica instrumentalis aber sind alle drei

[6] Paul Hindemith, *Unterweisung im Tonsatz*, Bd. I: *Theoretischer Teil*, Mainz 1937, S. 75f.

Sätze. Das Nacheinander der Sätze gleicht – symbolisch-analog – dem graduellen Verlauf der Reihen 1 und 2 aus der *Unterweisung*, der Bewegung von der äußersten Dissonanz über die imperfekte Konsonanz hin zum tonal-harmonikalen Gravitationszentrum des vollkommenen Einklangs. Mehr noch aber als an dieser theoretischen Deutbarkeit der boethianischen Trilogie zielte Hindemith mit der Satzbetitelung auf eine Würdigung. Sie erinnert an eine Tradition mitsamt ihren Wandlungen, der er sich als Komponist und Theoretiker verpflichtet fühlte. Die Titel wollen, wie Hindemith schreibt, *auf all die Versuche hinweisen, die Weltenharmonie zu erkennen und die Musik als ihr tönendes Gleichnis zu verstehen.*

2. Der harmonikale Wohlklang der Sinfonie und der lebenspraktische Mißklang der Oper

Läßt sich die Satzfolge der Sinfonie als Ausarbeitung des graduellen Nacheinanders der Reihen 1 und 2 aus der *Unterweisung*, der Theorie der musica instrumentalis, begreifen, so ergibt sich damit auch eine Deutbarkeit der Reihen 1 und 2 selbst. Sie sind bei aller Gradualität, die den Aufbau ihres Nacheinanders bestimmt, jeweils durch einen internen Umschlagspunkt geprägt. Der Umschlag, die metabolē, besteht in dem Einsatz der deutlichen Wahrnehmbarkeit der Gravitation des tonalen Zentrums. Es ist der Punkt, in dem die tonale Gravitation den Zustand der Latenz verläßt und für die Wahrnehmung unüberhörbar manifest zu werden beginnt. Mit der Sinfonie erhält dieser Punkt (vermittelt über die entsprechenden Szenen der Oper) seine semantische Deutung. Dem metabolischen Punkt innerhalb der Reihen entspricht in der Sinfonie der zweite Satz, die musica humana, die privat-intime Begegnung von Susanna und Kepler im Starhembergschen Garten, mit der zugleich der Entschluß gefaßt wird, den Ehebund auf die harmonikale Weltordnung hin zu entwerfen, als deren praktischen Nukleus Kepler und Susanna ihre beider Liebe begreifen. Gründungsszene des harmonikalen

Lebensentwurfs ist damit die kleinste denkbare und praktisch lebbare Form von Öffentlichkeit: die Zweisamkeit, die zugleich als die harmonikale Einheit von Wissen und Glauben, von Wissenschaft (Astronomie) und Religion zu verstehen gegeben wird[7]. Liegt der theoretische Ursprung harmonikaler Weltordnung in der musica mundana beschlossen (bios theoretikos), so ereignet sich deren lebenspraktische Gründung in der Zweisamkeit, die den Titel musica humana trägt.

Die Feststellung, daß der Aufbau der Sinfonie an der dramaturgischen Konzeption der Oper orientiert ist, somit ein in Gestalt absoluter Instrumentalmusik verfertigtes Exzerpt des Handlungsverlaufs darstellt, bedarf jedoch der Präzisierung. Denn als Exzerpt deutet die Sinfonie die Opernhandlung zugleich um. Sie reduziert diese auf die harmonikal-tonale Steigerung in Analogie zu den Reihen 1 und 2 der *Unterweisung*, indem für den Handlungsverlauf und –zusammenhang der Oper wesentliche Szenen herausgekürzt wurden. Der erste Satz der Sinfonie, so dramatisch-komplex er auch gestaltet sein mag, trägt szenisch gesehen nur Nebenschauplätze der Oper aus. Mit dem zweiten Satz rückt dann die Sinfonie in das Kerngeschehen der Oper ein, um schließlich in dem dritten Satz mit dem krönenden Finale zu schließen. Aber das Kern-

[7] Kepler zu den Studenten: *Als X nehmen wir unseren Anfang; / 's ist der Glaube an Gottes Allmacht.* (Zweiter Aufzug, zit. nach: Textbuch zur Oper *Harmonie der Welt*, Mainz 1957, S. 24.) Ist X der Glaube, dann zielt die harmonikale Wissenschaft Keplers auf dessen Durchleuchtung, indem sie Gottes Allmacht mathematisch-geometrisch zur Darstellung bringt. Der Allmacht Gottes vermag nur eine einzigartige Wissenschaft zu korrespondieren. Kepler zu Susanna: *Wenn irgendeines Menschen Arbeit Unsern Gott bestätigt, ist's die meine.* (Dritter Aufzug in der Erstfassung, Typoskript S. 33, aufbewahrt im Hindemith-Institut, Frankfurt/M.). D.h. mit dem Glauben beginnt die Wissenschaft, durch die der Glaube wiederum allererst seine Bestätigung und »wahre« Gründung erfährt. Und der prinzipielle, d.h. von Anfang an bestehende lebenspraktische Konflikt von Susanna und Kepler, wie er in der Oper – latent – vorgeführt wird, besteht denn auch darin, daß Susanna und Kepler miteinander zwar den Glauben teilen, nicht aber die Wissenschaft. Da Susanna an der Wissenschaft Keplers wissenschaftlich nicht teilzuhaben vermag, verlangt Kepler von ihr nichts Geringeres, als an seine Wissenschaft im selben Maße zu glauben, in welchem sie auch an Gott glaubt.

geschehen der Oper, der Starhembergsche Garten (zweiter Aufzug), aus dem Hindemith diejenigen Musikstücke herauslöste, die er für die Sinfonie mit musica humana betitelte, erscheint verkürzt, beraubt um sein dunkles Gegenstück. Und das Gegenstück zum Starhembergschen Garten am Ende des zweiten Aufzugs bildet die Mondszene, mit der der dritte Aufzug beginnt. Ist die musica humana der Sinfonie als semantisch-dramatische Ausdeutung und sinfonische Ausarbeitung des Umschlagspunktes der graduellen Reihen 1 und 2 zu verstehen, so ist die Opernhandlung im Übergang vom zweiten zum dritten Aufzug durch einen ganz anders gearteten Umschlag geprägt. Wird mit dem zweiten Satz der Sinfonie analog zu den Reihen 1 und 2 der harmonikal-finale Zug des musikalischen Geschehens manifest, so mit dem Umschlag vom zweiten zum dritten Aufzug der Oper der lebenspraktische Fehlschlag der Gründungsszene, der genauer ein nicht mehr zu korrigierender Rückschlag in die Disharmonie ist. Es wird manifest, daß dem nuklearen Lebensentwurf auf die harmonikale Weltordnung keine Aussicht auf dessen Gelingen beschieden ist. Der graduell-finale Fortgang zersetzt sich, noch ehe er recht beginnen konnte, in einen lebenspraktischen Interessenkonflikt, dessen harmonikale Schlichtung sich lebenspraktisch als unmöglich erweist und schließlich in dem Eingeständnis der Vergeblichkeit[8] aller harmonikalen Bemühungen terminiert. Das harmonikale Finale ist daher auch in der Oper (fünfter Aufzug) von aller Lebenspraxis abgetrennt, und zwar endgültig: ein finales Transzendenzereignis im Zeichen des Todes.
Näher darzustellen ist im Folgenden zunächst die Liebesszene von Kepler und Susanna im Starhembergschen Garten (zweiter Aufzug), dann die daran anschließende Mondszene des dritten Aufzugs. Von letzterer liegen zwei Textfassungen vor: die Endfassung, wie sie Eingang in die Oper gefunden hat, und eine erste Fassung, die nicht

[8] *[Kepler, ganz schwach:] Vergeblich – das wichtigste Wort am End, / Das man als Wahrheit tiefinnerst erkennt.* Fünfter Aufzug, zit. nach: Textbuch (wie Anm. 7), S. 67.

komponiert wurde, die man gleichwohl aber als den Schlüssel zum Verständnis der Endfassung betrachten kann, welche den lebenspraktischen Konflikt von Kepler und Susanna, genauer den von Kepler, Katharina und Susanna merkwürdig zu verbergen sucht, der freilich in der Erstfassung mit aller Deutlichkeit offengelegt wird.

3. Im Garten des Starhembergschen Schlosses (2. Aufzug)

Die Liebe von Susanna und Kepler, die sie im Garten des Starhembergschen Schlosses einander bekunden, ist geprägt von zwei Verklärungen. Die erste Verklärung ist die harmonikale. Von den beiden einander Liebenden zwar »gemeinsam« geteilt, ist jedoch alles durch diese Verklärung asymmetrisch verteilt. Die Lebenspartnerin nimmt bloß teil am harmonikalen Lebensentwurf, den der Partner für sich absolut beansprucht. In der harmonikalen Verklärung ereignet sich die bedingungslose Selbstüberschreibung Susannas an das harmonikale Forscherleben Keplers[9]. Die Liebesbekundung im Zeichen des harmonikalen Lebenskonzeptes vollzieht sich in drei Stufen: Die eheliche Liebe wird erstens gedeutet als initiales Harmoniegeschehen, das zweitens sendungsbewußt und im Gedanken der Nächstenliebe die Grenzen des Privaten zu überschreiten beschließt[10], um schließlich drittens im globalen, dann auch kosmologisch-harmonikalen Einklang zu terminieren[11].
Die zweite Verklärung ist die paradiesische und verlangt eine nähere Einlassung. Bezeichnenderweise ereignet sich diese, nachdem Kepler

---

[9] *[Kepler:] [Willst] Teilen ein Forscherleben?* Zit. nach: Ebd., S. 34.

[10] *[Susanna:] Sollten wir nicht selber auch erreichen, / In solchen Erklingens Zeichen / Mit dem Besten, das sich in uns aufhält, / Dem Nächsten nahe zu sein, / Ihn verstehn, Böses bessern, verzeihn, / Feindliches töten, Liebe mehren?*
[Kepler:] Viele können nicht sehn / Und andre wollen nicht schauen. / Da uns die Harmonie geschehn, / Laß uns sie den Menschen lehren / Um ihnen Brücken zu ihr zu bauen. Zit. nach: Ebd., S. 35.

[11] *[Susanna, freudig zustimmend:] Alle Schwächen roden, / Edlem frönen, / Wesens Wunschbild, / des Himmels ein Abbild. [Kepler und Susanna, voller Begeisterung:] Mit der Welt im Einklang tönen....* Zit. nach: Ebd., S. 36.

wieder, wie es im Textbuch heißt, *zurück in der Wirklichkeit* ist, sich also aus der ersten Verklärung bereits wieder verabschiedet hat. Susanna ist allein im Garten und *singt verzückt ihr Brautlied*[12]. Den zuvor gemeinsam besungenen Gedanken des Einklangs steigert Susanna zum paradiesischen Zustand. In den Paradiesgarten versetzt, sieht Susanna sich und Kepler in Eva und Adam verwandelt. Das herbeigesungene Paradies zeigt sich ihr, anders als das biblische, als gefahrenfrei, ja harmlos. Nichts bietet Anlaß, so scheint es, sich verführen zu lassen: im Paradiesgärtlein von Susanna und Kepler wohnen *Formeln statt Schlangen*, und die *Äpfel* sind *harmlose Sphären*[13]. So harmlos jedoch das Paradies, in das sich Susanna versetzt sieht, ihr auch erscheint, so merkwürdig schief steht es doch in dem Kontext, der zu seiner zweiten Verklärung ansteht. Ist Susanna Eva und Kepler Adam, dann will nicht recht verständlich werden, wie Eva von der Schlangenformel überhaupt verführt werden könnte. Als Formel bleibt die Sprache der Schlange ihr nichts als unverständlich. Sie versteht ja von alledem, was der Keplersche Paradiesgarten bietet, so wenig, daß sie noch nicht einmal wissen kann, wie in einen solchen Sphärenapfel überhaupt hineinzubeißen wäre, ja: dieser erscheint ihr als derart fremd, daß bei seinem Anblick ihr noch nicht einmal das Wasser im Munde zusammenzulaufen vermag. Susanna steht als geschmückte Braut im paradiesischen Bild der zweiten Verklärung gleichsam außerhalb des Gartens[14]. Anders als im Fall der biblischen Eva, ist der Keplersche Garten nicht der ihre, nicht ihre Lebenswelt. Mit der zweiten Verklärung zeichnet sich demnach bereits der erste Riß in der ersten Verklärung ab. Entdecken Adam und Eva durch den Biß in den Apfel ihre geschlechtliche Differenz und Scham, so entdeckt Susanna im Bild der paradiesischen Verklärung ihre erste

---

[12] Ebd., S. 38.

[13] *[Susanna:] In ein Eden trat ich ein / Aus Zahl, Kalkül und Proportionen, / Wo Formeln statt Schlangen wohnen, / Äpfel harmlose Sphären sein.* Zit. nach: Ebd., S. 38.

[14] Bereits zweiter Aufzug, *[Susanna:] All das ist mir, die dunkel nur versteht, / So neu, so groß.* Zit. nach: Ebd., S. 35.

Beschämung: an der harmonikalen Wissenschaft Keplers nicht teilhaben zu können. Die Beschämung Susannas ist zugleich der erste Riß, damit die erste Dissonanz im initialen harmonikal-ehelichen Einklang mit Kepler. Mit der poetisierenden Selbstdeutung als Eva im Paradiesgarten zeichnet sich Susanna zwar als naiv, aber freilich so, daß ihr das paradiesische Geschehen bei aller Harmlosigkeit doch nicht ganz geheuer erscheint, daß die Formeln und Sphären ihr irgendwie doch Schlangen und Äpfeln gleichen. (Susanna in ihrer Naivität gleicht dem *einfältigen Gläubigen* der *Unterweisung*[15], dem die *Weltenharmonie*, obgleich sie ihm wissenschaftlich nicht zugänglich ist, *ein ebenso sicherer wie unbegreiflicher Tatbestand* ist wie dem Wissenschaftler. Susannas aufkommende Zweifel gelten im Folgenden auch nicht dem Sternenhimmel, sondern der Wissenschaft von diesem, genauer: dem Vorhaben, das praktische Leben ganz in deren Dienst zu stellen. Insofern ist Susanna sozusagen wissenschaftlich naiv, zeigt sich aber als lebenspraktisch wach und klug – auch wenn sie sich nicht durchzusetzen vermag –, im Gegensatz zu Kepler, der wissenschaftlich luzide der harmonikalen Weltordnung auf den Fersen ist, sich aber in ein nicht enden wollendes lebenspraktisches Krisenmanagement verstrickt sieht.)

Nimmt man jedoch die zweite Verklärung beim Wort und paßt sie in den unverklärten Kontext so ein, daß sie nicht schief zu ihm steht, sondern ihm kongruent sich einfügt, so wird die oben entwickelte Deutung noch bestätigt, ja zugespitzt. Gilt nämlich biblisch, daß die Schlange Eva verführt, Eva dann Adam, so müßte konsequenterweise für Hindemiths *Harmonie der Welt* gelten, daß die Formeln Kepler verführen, der dann seinerseits Susanna verführt. Die paradiesische Verklärung ist demnach vollkommen kongruent mit dem voraufgegangenen Geschehen in seinem unverklärten Zustande: Kepler war schon ganz der Wissenschaft verschrieben, als er schließlich im Starhembergschen Garten um Susanna warb, um mit ihr den Lebensbund zu schließen. Daß die

[15] Ebd., S. 75.

Schlange die Wissenschaft (die ganz und gar nicht harmlosen Formeln) ist, erklärt auch die Außenseiterposition Susannas: Kepler ist bereits verführt, während Susanna als von Kepler Verführte ihre Liebe und künftige Ehe noch als gänzlich verführungsfrei träumt. Die Beziehung von Kepler zu den Formeln ist damit die erste Liaison, die Beziehung zu Susanna Keplers zweite. Diese Deutung freilich führt zu einer radikalen Umbesetzung der handelnden Personen. Denn im Paradiesgärtlein des zweiten Aufzugs wären demnach die Schlange als die Scientia, als Frau Musica[16], Kepler als Eva und Susanna als Adam zu verstehen. Doch das ist möglicherweise eine Rechnung, die ohne den Wirt gemacht wird. Und der Wirt heißt Katharina. Katharina, Keplers Mutter, spielt zwar im Paradiesgärtlein des Starhembergschen Schlosses keine Rolle, wohl aber in den darauffolgenden Aufzügen der Oper. In Hindemiths Oper gerät Keplers Wissenschaft ja gleich mehrfach unter Beschuß, beispielsweise durch Kaiser Rudolf II., den Zweifel an dem Erklärungspotential der Keplerschen Wissenschaft befallen, oder durch Ulrich und Christoph, denen sich Keplers Arbeit als bloße *geometrische Tüftelei* und *Märchenordnung* darstellt. Eine besondere Position nimmt in diesem Zusammenhang Katharina ein, die durch die Wissenschaft ihres Sohnes die Aufhebung der Magie, ihrer schwarzen Kunst befürchtet. Andererseits weiß sie so gut wie auch Kepler von dem gemeinsamen Ursprung ihrer Kräutermagie und seiner den Sternen zugewandten Wissenschaft, den ebenfalls Susanna ahnt (das genau ist der Kern des Streites der beiden Frauen, den sie im Erstentwurf der Mondszene miteinander austragen werden). Der historische Kepler hat diesen Zusammenhang selber gesehen und in seiner bezeichnenderweise mit *Mondtraum* betitelten Abhandlung in bedenklicher Fehleinschätzung der gesellschaftlichen Umstände poetisiert:

Dort ist die Rede von einer isländischen »Kräuterhexe« Fiolxhilde. Sie, die ihren Sohn Duracoto, den es zum Schreiben hinzog, immer vor dieser

[16] Zum Gedanken der Musik als Frau vgl. Albrecht Riethmüller, *Stationen des Begriffs Musik* (wie Anm. 5), S. 94f.

in ihren Augen gefährlichen Kunst gewarnt hatte – denn [...] es gäbe gar viele verderbliche Verächter der Künste, welche verläumdeten, was sie nicht verständen –, ist überaus empört, als sie bemerkt, daß ihr Sohn sein Interesse auf ihr Metier lenkt. Eines Tages erwischt sie ihn, wie er eines der magischen Kräutersäckchen, die sie an die Seeleute zu verkaufen pflegte, aufschneidet. Zornentbrannt übergibt sie ihren Sohn dem Schiffer, der das Säckchen bereits bezahlt hatte, zum Eigentum, nur um ihres Verdienstes nicht verlustig zu gehen. Den Sohn verschlägt es zu Tycho Brahe auf die Insel Hven, wo er zum Astronomen ausgebildet wird. Nach fünfjähriger Abwesenheit kehrt er zurück und kann seine Mutter schließlich dazu bewegen, ihn in den Ursprung ihrer geheimen Kenntnisse einzuweihen. Er erfährt, daß seine Mutter von einem Dämon aus Levania (Levania ist der Mond) unterrichtet worden ist. Dieser Dämon wird nun herbeibeschworen und beschreibt Mutter und Sohn eine Reise zum Mond. Erst nachträglich ist Kepler klargeworden, ein wie gewagtes Unternehmen diese Erzählung zu Blütezeiten des »Hexenhammers« war. Um das Ganze zu entmystifizieren, verfaßte er in den zwanziger Jahren zahlreiche Erläuterungen zu diesem Text.[17]

Verbindet man den Text des Keplerschen *Mondtraums* mit der Oper, dann erhält das Bild des Paradieses eine dunkle Vorgeschichte: der Monddämon korrespondiert der Schlange, Katharina ist entsprechend der Eva zuzuordnen, und Kepler ist Adam. Freilich bemächtigt sich Kepler verbotenerweise des magischen Kräutersäckchens, des Metiers seiner Mutter, die selber das Verbot gegenüber Kepler ausspricht. Andererseits versucht Katharina im dritten Aufzug der Oper Kepler zur Rückkehr zu ihrer Kräutermagie zu verführen, was ihr freilich nicht gelingt. Wer ist Eva, wer die Schlange, wer Adam...? Der Rekurs auf den *Mondtraum* eröffnet die Tiefendimension des paradiesischen Trugbildes, den dunklen Schacht der Keplerschen Biographie, deren Befriedung Keplers gesuchte harmonikale Ordnung darstellen sollte.

---

[17] Mechthild Lemcke, *Johannes Kepler*, Hamburg 1995, S. 96.

4. Die Mondszene in der Endfassung (dritter Aufzug)

Die Endfassung spielt in Linz. Die Regieanweisung im Textbuch sieht eine Bühne in zwei Stufen vor: Links oben sitzt die kleine Susanna, den Vollmond einer friedlichen Sommernacht betrachtend und ein Lied vom Mond und zu erlösenden Männlein, das ihr Blick im Mond entdeckt, singend. Rechts unten sitzt Keplers Ehefrau Susanna in einem kleinen dämmrigen Zimmer, in der Bibel lesend. Links unten sitzt Katharina, ebenfalls in einem Zimmer und in der Bibel lesend. Oben rechts schließlich ist Kepler zu sehen, an einem Schreibpult arbeitend. *Geheimnisvolle Stimmen vom Mond* (Chor) werden von Zeit zu Zeit interpoliert, die davon erzählen, daß die Mondwelt von anderer Art ist als die sublunare, anders auch als die Vorstellungen, die sich die Menschen von ihr machen. Sie erscheint als Welt inhumaner Wahrheit[18], die nichts als das durch und durch Böse und Lasterhafte der Menschheit in eisklarer Kälte offen legt.

In der Sache handelt es sich, abgesehen von den *Stimmen im Mond*, um eine vierfache Simultanszene. Gleich dem Beckettschen *Quadrat*[19] sind die vier Personen voneinander isoliert. Treten sie in den Dialog, dann doch nur, um eine prinzipielle Störung der Kommunikation offenkundig werden zu lassen. Die Dialogbewegungen sind gegenläufig angelegt: Die Positionen rechts unten und links unten beginnen dialogisch und spalten sich dann in zwei isolierte Monologe auf (Katharina, auf der Flucht vor dem Prozeß in Württemberg, wird von Susanna aufgenommen; monologisch teilt sich ihre unversöhnliche Beziehung mit). Die Position links oben beginnt monologisch (die kleine Susanna, den Vollmond anblickend), versucht dann mit der Position rechts oben in einen Dialog zu treten, aus dem jedoch nichts wird (Die kleine Susanna befragt Kepler nach dem Mond. Kepler jedoch geht auf ihre Fragen

[18] Vgl. Rainer Marten, *Menschliche Wahrheit* (wie Anm. 3).

[19] Samuel Beckett, *Quadrat* (engl. 1981, dtsch. 1986), in: ders., *Stücke für das Fernsehen*, übersetzt aus dem Englischen von Erika und Elmar Tophoven, Frankfurt am Main 1996, S. 7ff.

nicht ein und formuliert, visionär begeistert, sein drittes – Keplersches – Gesetz). Schließlich beginnt eine Bewegung von der Position rechts oben zur Position links unten (Kepler im Streitgespräch mit Katharina, der sie zurück nach Württemberg befiehlt, um sich dem Gericht zu stellen), der die Positionen links oben (kleine Susanna) und rechts unten (Susanna) als Zeugen, genauer: als naive Zeugen beiwohnen[20]. Im Fall der kleinen Susanna handelt es sich um eine ungestörte, im Fall der Susanna um eine zunächst gebrochene, dann verlorene Naivität. Die diagonale Achse naiver Zeugenschaft (zugleich die Achse des Glaubens) wird gekreuzt von der Achse der, wie sich zeigen wird, verführten Verführer (die von der Magie verführte Katharina, links unten, und der von der Wissenschaft verführte Kepler, rechts oben).

5. Die Mondszene in der Erstfassung (dritter Aufzug)

In seiner Erstfassung ist der dritte Aufzug der Handlung nach ungleich komplexer angelegt als in der Endfassung, dafür aber weitaus weniger streng formalisiert. Verbleibt durch die strenge Form der Endfassung der Handlungszusammenhang latent (die vierfache Simultanszene im Quadrat), so ist er in der Erstfassung manifest: Die isolierten Simultanszenen gehen in der Erstfassung gleichsam logisch und sukzessive auseinander hervor.

Auch in der Erstfassung ist die Bühne zweistufig. Die obere Stufe der Bühne freilich präsentiert keine Szene in Linz, sondern eine Szene auf dem Mond. Die untere Bühnenstufe zeigt eine Idylle: ein Garten mit einem Gartenhäuschen an einem milden Sommerabend, am Himmel der aufsteigende Vollmond. Die Handlungen auf den beiden Bühnenstufen verlaufen nicht simultan, sondern sukzessiv. Die Mondszene ist eine

[20] *[Susanna, einsam:] Bin verlassener als der arme Job. / Hab verlernt eines Kindes Gedanken.* Dritter Aufzug im Erstentwurf, Typoskript (wie Anm. 7), S. 32. – Die Namensgleichheit von Susanna und kleiner Susanna ist in Hindemiths Oper Signum gemeinsamer Naivität.

von Kepler geträumte Szene (obere Bühnenstufe), aus der er mit Beginn der folgenden Gartenszene (untere Bühnenstufe) erwacht.

a. Die Mondszene

Kepler sieht sich im Traum auf den Mond versetzt:

Das ist's was ich einmal schildern muss:
Wie sich vom Mond aus die Welt zeigt
Und die Erde. Da spinnt ihr Ball
In einem Mond-Tag seine dreissig Mal
Da ist Afrika, ein Kopf, der neigt
Einem Mädchen sich hin zum Kuss
Das einem Kätzchen winkt:
Nordland, wie es gen Europa springt –[21]

Vor Kepler versammelt sich das Mondvolk (aus dem in der Endfassung die geheimnisvollen Stimmen vom Mond werden), das ihn darauf aufmerksam macht, daß seine Perspektive nicht die des Mondvolkes Sicht der Dinge ist. Das Mondvolk zieht sich zurück, Katharina tritt auf. Nicht Schutz vor dem bevorstehenden Prozeß in Württemberg sucht sie, sondern vermeldet ihren matriarchalen Anspruch auf Kepler gegenüber Susanna. Dieser Anspruch ist die eigentliche Motivation für die Reise nach Linz, nicht ihre Flucht und Schutzsuche vor dem bevorstehenden Prozeß in Württemberg, wie die Endfassung es darstellt.

[Katharina:] Wo ist sie, die zu sehn mich verlangt hat,
Die meinen Sohn nahm, sich sicher glaubt;
Die denkt, Württemberg sei weit von Linz.
Aber mich hielt vom Besuch nichts ab.
Die wahre Keplerin, ich war's, ich bin's.[22]

---

[21] Typoskript (wie Anm. 7), S. 26.
[22] Ebd., S. 27.

Susanna tritt hinzu und eine hysterische Auseinandersetzung zwischen den beiden Frauen, zwischen Mutter und Schwiegertochter beziehungsweise zwischen Schwiegermutter und Ehefrau ob des Anspruchs auf Kepler, auf den Sohn beziehungsweise Ehemann entbrennt.
Anders als in der Endfassung, in der Kepler seine Mutter Katharina, eine eindeutige praktische Position beziehend, nach Württemberg zurückschickt (*Dem Gericht zu entfliehn! Du warst unklug [...] Geh zurück nach Württemberg – sogleich!*)[23], verbleibt er gegenüber den Streitenden praktisch positionslos, praktisch indifferent:

[Kepler, entschlossen, Ruhe zu stiften:] Friede jetzt, die ihr unmenschlich wart.
Träum ich euch auch auf Mondes Manier,
Entscheid ich frei nach Erdenart.
[Susanna und Katharina, hysterisch schreiend:]
Du musst wählen. Wem gehörst Du an?
[Kepler:] Frauenfragen! Antwortet der Mann:
Ich wähle nicht, schick keinen fort von hier.
Euch lieb ich beide gleichermassen,
Die Mutter wie einer Mütter liebt,
Das Weib wie es dem Weib gebührt.
Nicht: eine halten, die andre lassen.
Nehmt was ein Mann als Bestes gibt
Und würfelt nicht um seine Seele.
Geh heim, Susanna, bleib unverführt
[zur Mutter:] Und du, versuch nicht zu verführen.[24]

Keine Rede also davon, daß Kepler, wie in der Endfassung, seine Mutter zur Rückkehr nach Württemberg zwingen würde, um sich dem Gericht zu stellen. Der Prozeß spielt überhaupt keine Rolle, stellt weder einen

---

[23] Textbuch (wie Anm. 7), S. 42.
[24] Typoskript (wie Anm. 7), S. 29.

Motivationsgrund für Katharinas Reise von Württemberg nach Linz dar, noch für Kepler, Katharina wieder zurückzuschicken. Mehr noch gilt, daß Susanna heim geschickt wird, Katharinas Rückreise dagegen wird als freiwillig ausgegeben: *Getrost, ich reise ohnehin zurück*[25].

b. Die Gartenszene

Die kleine Susanna singt das Kinderlied vom *Männel im Mond*[26], mithin also vom »Keplermännel« im Mond. Kepler erwacht, beginnt sogleich zu arbeiten, und findet in *visionärer Begeisterung* sein *dritte*[s] *der großen* [Keplerschen] *Gesetze*[27]. Susanna registriert – ohne dies expressis verbis zu artikulieren –, daß Kepler, verführt von den Formelschlangen, in den Apfel gebissen hat:

[Susanna, liest eindringlich, bange beschwörend:] Weisst du des Himmels Ordnungen
Oder bestimmst du seine Herrschaft
Über die Erde?[28]

Sie realisiert, daß die Formeln und Sphären alles andere als harmlos sind und Kepler eine andere Liaison eingegangen ist, die als erste immer schon bestanden hat:

[Susanna, einsam:] Bin verlassener als der arme Job.
Hab verlernt eines Kindes Gedanken,
Versteh nicht wohin Erforschen sich hob,
Muss zwischen beiden Polen schwanken;
Mir selber ein neblichter Schein
Und möchte doch allen Helfer sein.[29]

---

[25] Ebd., S. 28.
[26] Ebd., S. 30.
[27] Ebd., S. 32.
[28] Ebd.
[29] Ebd.

Zusätzlich zur Einsamkeit, in die sie sich durch die erste Liaison Keplers verstoßen sieht, äußert Susanna Zweifel an der Wissenschaft Keplers, die sie wiederum mit dem von Katharina verbreiteten Übel assoziiert:

[Susanna [...] *zu Kepler, redet sich immer mehr in eine exaltierte wütende Aufregung:]*
Seit deine Mutter kam zu Besuch
Quälen mich Zweifel, Unruhe und Groll.
Sie reiste ab, doch das Übel blieb,
Wuchs mit dem Mond und wurde voll.
Ist deine Arbeit dem Himmel lieb?
Suchst du nicht, Gott zu vertreiben,
Ihm ins Spiel zu schaun, ihn zu verraten?
Und verlernst dabei, Mensch zu bleiben![30]

Die Gartenszene endet, indem Kepler Susanna erneut auf seine harmonikale Lebens-, Welt- und Wissenschaftsvision einzuschwören sucht:

[Kepler, erstaunt, aber sie umarmend und ruhig tröstend:]
Nimm böse Träume nicht zu schwer,
Glaub ihnen weniger, mir mehr.
Wenn irgendeines Menschen Arbeit
Unsern Gott bestätigt, ist's die meine.[31]

Dann *sehr überlegen und liebevoll* fortfahrend:

Der Wohlklang kann niemals fehlen,
Nur kann er in Angst nicht schwingen.
Uns selber harmonisch akkordieren,
Mit Wohllaut den Misston überklingen,

[30] Ebd., S. 32f.
[31] Ebd.

Das müssen wir. Dann haben wir die Kraft,
Nach aussen zu tönen, einzudringen
In alles, es zum Mitklang zu zwingen.[32]

Zum Mitklang zu zwingen – das ist das Wort, das die praktische Position Keplers gegenüber seiner Ehefrau Susanna im Zeichen seiner harmonikalen Wissenschaft benennt und das in seiner Logik dann Kepler auch für das Angebot Wallensteins, die Weltharmonie als Weltherrschaft politisch und militärisch umzusetzen, dieser Umsetzung wissenschaftlich zuzuarbeiten, anfällig machen wird[33]. Jörg Zimmermann, der den mathematisch-harmonikalen Musikbegriff philosophischer Provenienz historisch nachgezeichnet hat, bewertet die Folgen der praktischen Umsetzung harmonikaler Weltentwürfe mit Verweis auf Platon als letztlich inhuman: Der *Übergang vom mathematischen und musikalischen zum ethischen Gebrauch der harmonikalen Begriffe ist besonders folgenreich: Die »harmonische Stimmung« der Seele wird mit dem sittlich Guten, die Disharmonie dagegen mit dem Tadelnswerten identifiziert (Phaid. 93c). Wie das mathematische Maß das grenzenlose Feld der Empirie rational beherrschbar macht, wie das musikalische Maß das Kontinuum der tönenden Materie harmonischen Proportionen unterwirft, so soll das ethische Maß der »grenzenlosen« Natur menschlicher Bedürfnisse und Leidenschaften Gesetz und Ordnung geben (Phileb. 26b). Ins Politische erweitert wird die Ethik des Maßes, die die Herrschaft der Seele über die Ansprüche des Leibes begründet, zur Legitimationsinstanz der Herrschaft des gesellschaftlichen Systems über den Menschen. Zoltai spricht in diesem Zusammenhang von einer »Verflechtung« des harmonikalen Denkens mit der als Apologie der Sklavenhalterordnung funktionierenden Staatstheorie.*[34]

---

[32] Ebd.

[33] Kepler zu Wallenstein: *So sprach der Versucher: diese Macht / Will ich dir alle geben...* Vierter Aufzug, zit. nach: Textbuch (wie Anm. 7), S. 57.

[34] Jörg Zimmermann, *Wandlungen des philosophischen Musikbegriffs: Über den Gegensatz von mathematisch-harmonikaler und semantisch-ästhetischer Betrachtungsweise,*

Das ist die Konsequenz des Gedankens, daß die privat-intime Beziehung der praktische Nukleus der theoretisch verfochtenen harmonikalen Weltordnung sein soll: Die Verfehlung ihrer praktischen Umsetzung spiegelt sich in das privat-intime Leben zurück, ja erscheint in ihm als Fehlschlag teleologisch schon angelegt. Daß es ein lebenspraktisches Glück auch ohne alle harmonikale Durchordnung geben könne – diesen Gedanken hat Kepler, wie Hindemiths Oper ihn auf die Bühne bringt, praktisch verspielt[35], weil er diesen a priori, von vornherein als wissenschaftlich unzumutbar ausgeschlossen hat. Diesen dennoch gelten zu lassen, hätte nichts anderes bedeutet als das Eingeständnis, daß die harmonikale Wissenschaft lebenspraktisch eigentlich nicht gebraucht wird.

in: Günther Schnitzler (Hrsg.), *Musik und Zahl*, Bonn–Bad Godesberg 1976 (= Orpheus Schriftenreihe zur Musik 17), S. 92; Dénes Zoltai, *Ethos und Affekt. Geschichte der philosophischen Musikästhetik von den Anfängen bis zu Hegel*, Berlin, Budapest 1970, S. 31.

[35] Kepler: *Was trieb mich, von meiner Liebsten Abschied / Zu nehmen, wegzuschweifen mehr und mehr; / Schuldeinzug, Forschung, Staatswohl als Vorwand* [...] *Und war doch nur, das reine Lied/ Irdischen Wohlklangs einmal zu hören. / In meiner Seele hab ich's nie gekannt; / So trieb mich's, dort es aufzustören / Wo es nicht war, und ungläubig zu fliehn, / Wo es im engsten, bei den Meinen / Vertraut, sich mir zu bieten schien.* Fünfter Aufzug, zit. nach: Textbuch (wie Anm. 7), S. 66.

Giselher Schubert

Der lange Blick zurück

Sujet und Form im Operneinakter *Das lange Weihnachtsmahl*

Thornton Wilders 1931 veröffentlichter Einakter *The Long Christmas Dinner,* der wie in einem Zeitraffer 90 Jahre über dem wiederkehrenden, zu einem einzigen langen Mahl verschmelzenden Weihnachtsfest einer Familie zusammenzieht, zählt zu den experimentellen Stücken des Autors, die mit dem die »Wirklichkeit« unmittelbar nachahmenden Illusionstheater brechen[1]. »Wirklichkeit« ist nur in vielfach vermittelter, angedeuteter, stilisierter Form in das Stück einbezogen; und von »Handlung« im nachdrücklichen Sinne kann kaum gesprochen werden. Die Vorgänge auf der Bühne steigern sich keinesfalls im Sinne von zwingenden Handlungsabläufen zu einer Peripetie, sondern offenbaren eher in einer episch wirkenden Szenenfolge das Unauffällige, Alltägliche, ja das schlechterdings Banale oder Triviale menschlichen Zusammenlebens. Dieses Alltägliche, das derart selbstverständlich wirkt, daß es kaum mehr spürbar wird, verfolgt Wilder und er entdeckt in ihm eine besondere, unverwechselbare Poesie. Er mißtraut der billig-spöttischen Denunzierung des Trivialen oder Biederen im Namen des »wahren« Lebens als »kleinbürgerlich« oder »spießig«, weil er aus ihr den elitär-überheblichen, wohl auch fundamentalistischen Ton heraushört und sie wohl auch für inhuman hält[2]. Ihm verbietet sein untrügliches, demokratisch fundiertes Taktgefühl, die »Anderen« die sich selber zugestandene

[1] Vgl. Gertrud Baruch, *Hauptwerke der amerikanischen Literatur*, München 1975, S. 207f.

[2] Vgl. hierzu die Uraufführungsrezension der Oper von Carl Dahlhaus in: *Stuttgarter Zeitung*, 19. Dezember 1961.

Überlegenheit und schrankenlose Unabhängigkeit spüren zu lassen und sie als »Kleinbürger«, als »Küchenpersonal« abzuqualifizieren. Für ihn zählen auch die von einer *pharisäischen Pathetik* des *authentischen* Ausdrucks[3] deklassierten sogenannten »falschen Gefühle« zu den Gefühlen, denen er solidarisch die Treue halten will. Es ist eine Treue zum Schlichten, Einfachen, ja zu stiller Einfalt, die in ihrer Wehr- und Schutzlosigkeit immer nur billig-gefühllosen Spott und grinsende Ironie auf sich ziehen. *Wir reden vom Wetter, wir reden vom Schnee*, singen seine Protagonisten dann in der Oper, *Von hellen Tagen oder trüber Zeit, vom Wachsen der Kinder, von ihrer Lust, ihrem Weh. Und wir denken der Ahnen, der Vergangenheit.* Der Kontrapunkt lautet dazu: *Laß kommen was mag, das vergeß ich nicht! Bei euch daheim am Weihnachtstag.* Die Banalität solcher Gefühle läßt es auch zu, *Weh* auf *Pürée* und auf *Schnee* zu reimen, ein Reim, mit dem Hindemith in seiner Übersetzung des Wilderschen Opernlibrettos ins Deutsche das schallende Gelächter der unendlich sensiblen Kenner geradezu herausfordert.
Als *epische Montage* deutet Peter Szondi in seiner Zürcher Dissertation *Die Theorie des modernen Dramas* 1956 die besondere, singuläre Form des Wilderschen Einakters, der nach seiner Meinung das Paradoxon bewältigt, »Zeit« dialogisch-szenisch darzustellen; danach rücke Wilder als Epiker zahlreiche in der Zeit zerstreute und auseinanderliegende Fragmente unmittelbar nebeneinander und verbinde sie zu einer dramatischen Einheit[4]: Auf diese Weise entsteht ein dem Modus der Zeit einbeschriebener Antagonismus von Veränderlichem und Gleichbleibendem: Das Gleichbleibende weist über sich hinaus immer auch auf das Veränderte und umgekehrt zeigt sich im Veränderten immer auch das Gleichbleibende.

---

[3] So die Formulierungen von Helmuth Plessner, *Grenzen der Gemeinschaft. Eine Kritik des sozialen Radikalismus* (1924), Frankfurt/Main 2002, S. 109; vgl. auch ebd.: [...] *taktlos ist der Seelentaube, Seelenblinde, der Monomane, der jeder Gelegenheit nur sich oder das absolute Nein entnimmt.*

[4] Peter Szondi, *Theorie des modernen Dramas (1880-1956)*, Frankfurt/Main 1971, S. 150.

Durch Szondis Arbeit, die er als Mitglied der Philosophischen Fakultät der Universität Zürich als Teildruck zugestellt bekam[5], mag Hindemith vielleicht angeregt worden sein, Wilders Einakter zu lesen. Gerade der Antagonismus von Veränderlichem und Gleichbleibendem muß Hindemith unmittelbar angesprochen und als innersten Kern eines Opernsujets gereizt haben. In einem Interview berichtete Hindemith: *Allerdings war es so, wie Wilder es geschrieben hatte, teils wegen der zeitbezogenen Anspielungen, teils wegen des realistisch minuziösen Dialoges für eine Komposition ungeeignet, so daß ich an Wilder schrieb, ob er sein Stück nicht so ändern wolle, daß man es für eine Oper verwenden könnte.*[6] Wilder stimmte grundsätzlich zu, und Hindemith fertigte nun für Wilder einen genauen Plan[7] für das aus dem Einakter abzuleitende Opernlibretto an, der das Stück in Szenen gliedert und für jede dieser Szenen die jeweilige formale Struktur, ihren allgemeinen Charakter und die genaue Anzahl der Zeilen vorschreibt; darüber hinaus notierte Hindemith zu diesem Plan auch Hinweise zum allgemeinen formalen Charakter der Vertonung, zur geplanten musikalischen Ausdrucksgestaltung und zur Formdisposition der Musik. Solche genaue Vorplanung von Text und Musik (noch gewissermaßen ohne Worte und Töne) einer Oper entsprach Hindemiths grundsätzlicher Konzeption einer Oper, wie er es bereits 1933 Ernst Penzoldt erläutert hatte: *Da man Musikstücke ja nicht komponieren kann wie Wortsätze und Szenen, sondern die Töne eher wie Bausteine aneinandersetzen muss, und genau ausrechnen muss, wieviel jeder trägt und wie weit ein Bogen zu spannen ist, kann sich natürlich das viel schneller und leichter laufende Wort nur nach dem*

---

[5] Dieser Teildruck fand sich im Nachlaß Hindemiths, aufbewahrt im Hindemith-Institut, Frankfurt/Main.

[6] Das Interview ist publiziert im Programmheft zur Aufführung der Oper *The Long Christmas Dinner* bei den Berliner Festwochen, September 1962. Vgl. auch den Abdruck im vorliegenden Band, S. 203f.

[7] Faksimile-Publikation dieses Planes in: *Paul Hindemith. Die letzten Jahre*, Mainz 1965, S. 30-32, und in: Paul Hindemith, *Sämtliche Werke*, Bd. I, 11: *The Long Christmas Dinner*, hrsg. von Norbert J. Schneider, Mainz 1986, S. XIX-XXX.

schwerfälligeren Tonablauf richten. Und darum möchte ich Sie bitten, erst mit den Worten anzufangen, wenn ich mir für die einzelnen Szenen ziemlich feststehende musikalische Gerüste gemacht habe, an die wir dann Musik und Wort anpassen.[8] Wilder seinerseits liebte formale Vorgaben, die ihm, seine Phantasie herausfordernd und lenkend, die Arbeit erleichterten, und konnte deshalb das Sprechstück relativ problemlos in ein Opernlibretto verwandeln.

Die Fassung des Werkes als Theaterstück[9] von 1931 beginnt z.B. mit der Satzfolge:

Lucia: *Ich glaube, jetzt sind wir fertig, Gertrude. Sie brauchen heute nicht die Glocke zu läuten. Ich werde die andern selber rufen. Roderick! Mutter Bayard! Es ist alles fertig. Kommt zum Essen.*
Mutter Bayard: *...Und auch ein neues Pferd, Roderick? Ich pflegte mir immer einzubilden, daß nur schlechte, hoffärtige Menschen zwei Pferde besitzen. Ein neues Pferd, ein neues Haus und eine neue Frau!*

In Wilders Opernlibretto-Fassung von 1960 lautet diese Satzfolge:

Lucia: *'s ist fertig. Der Tisch ist gedeckt. Roderick! Mutter Bayard! Kommt zum Essen! Unsere erste Weihnacht im neuen Haus. Schaut!*
Mutter Bayard: *Wie schön es ist, Lucia!*

Die Unterschiede zwischen diesen Fassungen[10], die zugleich auch grundsätzlich paradigmatisch diejenigen zwischen Sprechstück und

---

[8] Zit. nach: Gunther Nickel/Susanne Schaal, *Die Dokumente zu einem gescheiterten Opernplan von Paul Hindemith und Ernst Penzoldt*, in: *Hindemith-Jahrbuch* 1999/XXVIII, S. 218, Brief vom 15./18. Januar 1933.

[9] Die Fassung des Werkes als Theaterstück findet sich in: Thornton Wilder, *Einakter und Dreiminutenspiele*, übers. von H. E. Herlitschka, Frankfurt/Main 1955; Hindemith las das Theaterstück in dieser Ausgabe. Das Opernlibretto ist englisch und deutsch (Hindemiths eigene Übersetzung) im in Anm. 7 angegebenen Band der Hindemith-Gesamtausgabe publiziert.

[10] Vgl. hierzu auch: Norbert J. Schneider, *Thornton Wilder und Paul Hindemith. Zu ihrem Briefwechsel anläßlich der Entstehung von »The Long Christmas Dinner«*, in:

Libretto repräsentieren, liegen drastisch auf der Hand: Konzentration der Handlung, Vereinfachung des Sprechstils, Entindividualisierung des Sprechens. Die Verwandlung des Sprechstücks in ein Opernlibretto bietet Hindemith nicht nur einen Text, der in seiner schmucklosen Kürze nach seinen Kriterien[11] überhaupt erst vertonbar wird – Sätze wie *Sie brauchen heute nicht die Glocke zu läuten* oder *Ich pflegte mir immer einzubilden, daß nur schlechte, hoffärtige Menschen zwei Pferde besitzen* hätte Hindemith wohl niemals vertonen können –, vielmehr schafft sie auch grundsätzlich den Raum, der dann gewissermaßen von der Musik besetzt werden kann. Über der Konzentrierung, Entindividualisierung, Vereinfachung oder Typisierung des Opernlibrettos verlieren die Protagonisten freilich etwas von ihrer Identität. Gleichförmig sagen sie stets dasselbe, verändern sich kaum; ihr Handeln und ihr Geschick sind auf das Stereotype reduziert, der soziale Kontext kaum mehr deutlich erkennbar. In der Fassung des Sprechstückes als Opernlibretto ist der Antagonismus von Veränderlichem und Gleichbleibendem auf diese Weise wohl nicht ausgelöscht, aber doch nivelliert. Diese Nivellierung unterläuft Hindemith durch seine Vertonung allerdings gänzlich. Der textlichen Konzentrierung, Entindividualisierung oder Typisierung steht eine musikalische Ausbreitung, Variierung, Individualisierung oder Entwicklung gegenüber, die jedoch – so die hier vertretene These – weniger den Protagonisten, als vielmehr auf eine noch zu zeigende Art dem Sujet mit seinem Antagonismus von Veränderlichem und Gleichbleibendem gilt.

Wilder hat Hindemiths Plan selbstverständlich nicht ganz genau in allen Einzelheiten berücksichtigen können[12], doch fallen diese Abweichun-

---

Hindemith-Jahrbuch 1982/XI, S. 147ff. sowie die *Einleitung* im in Anm. 7 genannten Band der Hindemith-Gesamtausgabe; Andres Briner, *Ergänzungen und Berichtigungen zu Thornton Wilder und Paul Hindemith*, in: *Hindemith-Jahrbuch* 1983/XII, S. 96ff.; ders., *Kontinuum und Ausbruch*, in: ders., *Musikalische Koexistenz* (= *Frankfurter Studien* 4), Mainz 1993, S. 266ff.

[11] Vgl. dazu Hindemiths Brief an Penzoldt vom 15./18. Januar 1933 (wie Anm. 8).

[12] Vgl. dazu Andres Briner, *Kontinuum und Ausbruch* (wie Anm. 10), S. 266ff.

gen kaum wirklich ins Gewicht. Auffälliger wirken vielmehr die Abweichungen vom ursprünglichen Plan, die sich über der Kompositionsarbeit Hindemiths einstellten. Hindemiths Plan und Wilders Opernlibretto umfassen in genauer Entsprechung zwölf Szenen; Hindemith reduzierte sie während der Kompositionsarbeit hingegen auf nur noch neun Szenen[13] (arabische Zahlen: Numerierung der Szenen in der Partitur; römische Zahlen: Numerierung der Szenen in Hindemiths ursprünglichem Plan und in Wilders Opernlibretto): 1 = I; 2 = II/III; 3 = IV/V; 4 = keine Entsprechung im Plan und im Libretto; 5 = VI/VII; 6 = VIII; 7 = IX; 8 = X, 9 = XI/XII. Diese Veränderung der Szeneneinteilung über der Kompositionsarbeit ist um so bemerkenswerter, als Hindemith in seinem Plan die Szenen bereits musikalisch-formal zusammengefaßt und gruppiert hatte; die Veränderung der Anzahl der Szenen verweist demnach auf ein verändertes formales Konzept.
Hindemith plante in seinem ursprünglichen Konzept, die zwölf Szenen zu drei Musikteilen zusammenzufassen. Der musikalische Charakter[14] des ersten Teiles (mit den Szenen 1-2) sollte noch unbestimmt gehalten sein; die Wortvertonung sollte wie im secco-Rezitativ erfolgen: schnell und parlandoartig. Den folgenden musikalischen Hauptteil (mit den Szenen 3-5) wollte Hindemith formal prägnant durchgestalten. Das secco-Rezitativ sollte ein begleiteter Sprechgesang ablösen. Die verbleibenden Szenen wollte Hindemith formal als Coda gestalten. Er plante, den Unterschied von Arioso und Rezitativ hier zu nivellieren, dagegen aber markante Unterschiede in der harmonischen Dichte, in der dynamischen Gestaltung oder in der Instrumentierung usw. anzustreben. Die Solo- und Ensemblenummern im Kontext dieser Szenen, die Wilder übrigens zu reimen hatte, wollte Hindemith von diesen Szenen abheben und in der Satztechnik, der Instrumentalbegleitung, im allgemeinen Charakter der Musik relativ geschlossen ausführen und zugleich auch untereinander variieren. Demnach beabsichtigte Hindemith ursprüng-

[13] Dabei ist die 4. Szene kaum mehr als eine Einleitung zur 5. Szene.
[14] Die folgenden Angaben immer nach der Faksimile-Publikation des Planes (wie Anm. 7).

lich, die Oper in den drei deutlich aufeinander bezogenen und voneinander abgesetzten Teilen einer Einleitung, eines Hauptteiles und einer Coda durchzukomponieren und relativ geschlossene, sich hervorhebende Solo- und Ensemblenummern in diesen formalen Ablauf einzufügen. Offensichtlich sollte eine ebenso stringente wie konsistente Gesamtform durch Solo- und Ensemblenummern aufgelockert, unterbrochen und differenziert werden. Diese formale Planung gewinnt nun freilich über der Kompositionsarbeit genau gegenteilige Züge: Hindemith komponiert das Libretto abschnittsweise in fest umrissene Szenen[15], die er in allen ihren Merkmalen denkbar plastisch voneinander abhebt, so daß er sich um musikalische Kohärenz, Einheitlichkeit und formale Stringenz zu bemühen hat. Geht es, pointiert ausgedrückt, im ursprünglichen Plan um die Auflockerung und Differenzierung einer formal stringenten Operngestaltung, so in der definitiven Version um die Kohärenz und den Zusammenhang einer lockeren Reihung von formal selbständigen Abschnitten (Szenen). Anders und grundsätzlicher ausgedrückt: Der ursprüngliche Plan akzentuiert im Sinne des Antagonismus das Gleichbleibende, der ausgeführte und realisierte das Veränderliche, so daß das Gleichbleibende besonders ausgestaltet werden muß. Offenbar hängt die Reduzierung der ursprünglich geplanten zwölf Szenen auf neun mit diesem neuen Formkonzept der abschnittsweisen Durchgestaltung der Oper zusammen. Die Solo- und Ensemblenummern bilden nun nur noch ein Glied der Gesamtform einer Szene, in die sie planvoll eingegliedert sind. Das Arioso der 1. Szene und das Trio der 2. Szene gestaltet Hindemith etwa formal als Epilog, das Quintett der 3. Szene als Mittelteil einer mehrteiligen Form, während das Sextett insgesamt die 7. Szene bildet. Als besonders markierte Formglieder intensivieren sie zugleich

[15] Bereits in den Skizzen zur Oper (vollständig veröffentlicht im in Anm. 7 angeführten Band der Hindemith-Gesamtausgabe) markiert Hindemith das Ende der Szenen jeweils mit Doppeltaktstrichen; zudem beginnt er viele Szenen mit einer neuen Seite zu skizzieren; fortgeführt hat er sie dann auch auf Skizzenseiten, die teilweise bereits beschrieben waren.

auch den wie collagiert, verschachtelt oder montiert wirkenden formalen Grundcharakter der Oper, dem Hindemith nun im Gegenzug durch eine Reihe von Maßnahmen Struktur und Zusammenhang gibt, die zugleich als Variierung, Individualisierung oder Entwicklung aufzufassen sind; denn als Mittel der Formgestaltung besitzen sie immer auch eine Ausdrucksfunktion.

Erstens gibt Hindemith der Oper einen festen Rahmen, indem er das Weihnachtslied *God rest you merry, gentlemen* im Vorspiel zitiert und mit ihm die Oper ausklingen läßt. Freilich löst Hindemith zum Beschluß der Oper das Lied in Fragmente[16] auf; es zerfällt gleichnishaft als Einheit und wendet gerade auch in der Rückerinnerung an den Opernbeginn den musikalischen Ausdruck vom Freudig-Festlichen ins Elegische[17]. Ausdruck (elegisch) und formale Funktion (auflösende Reprise) sind wohl voneinander zu unterscheiden, aber nicht voneinander zu trennen.

Zweitens sind die Szenen thematisch-motivisch wohl voneinander abgesetzt, und die Art der thematischen Erfindung kann traditionellen musikalischen Formen verpflichtet sein – die 3. Szene ist als *Jig* komponiert oder die sechste repräsentiert nach einer überraschenden Bemerkung Hindemiths in einem Brief[18] an Wilder vom 12. August 1960 einen außerordentlich stark stilisierten *boogie-woogie* – doch hängen die Themen latent motivisch-intervallisch untereinander zusammen. So sehr sie auch rhythmisch individualisiert sind, so sehr wird ihre diastematische Einheitlichkeit spürbar, die Hindemith freilich nicht nach außen kehrt und im Sinne thematischer Vermittlungsprozesse unmittelbar erfahrbar macht. Hindemith entwickelt in der 5. Szene (Takt 518ff. und Takt 550ff.) diese Verfahren latenter diastematischer Einheitlichkeit sogar

[16] In dieser Satztechnik behandelt Hindemith bereits das Lied *Nun laube Lindlein, laube* aus dem Bratschenkonzert *Der Schwanendreher* (1935).

[17] In seinem ursprünglichen Plan notierte Hindemith dazu: *A kind of elegy, soft, arioso character* (wie Anm. 7).

[18] Zit. nach einer im Hindemith-Institut, Frankfurt/M., aufbewahrten Kopie.

soweit, daß er die Tonhöhen fast schon reihenmäßig anordnet und unterschiedlich rhythmisiert[19]:

Dieses Variationsverfahren, das sich auch bei Strawinsky finden läßt (Variationensatz aus der Sonate für 2 Klaviere), hat Hindemith übrigens selbst auch am Kopfsatz aus Alban Bergs Kammerkonzert studiert[20]. Es besitzt in der Oper allerdings weniger eine variative, als vielmehr eine integrative Funktion: Es stiftet unaufdringlich Einheitlichkeit, die als solche nur spürbar wird, ohne hervorzutreten oder unmittelbar erkennbar zu werden.

Drittens verbindet Hindemith die Szenen durch Leitmotive. Hindemith selbst hat darauf in seinem Brief an Wilder vom 12. August 1960 ausdrücklich hingewiesen: *There are reprises of tunes and sections whenever a child is born, the same stanza shows up, the Major with his gout has always his own tune, the Toast is always on a c♯ chord with major and minor third, the memory of olden times goes always back to Mother Bayard's arietta, the »weather« has a standard formulation... and so forth.*[21] Allerdings fügt Hindemith diese Leitmotive derart subtil in den jeweiligen musikalischen Kontext ein, daß sie bislang von den Kommentatoren der Oper noch nicht wahrgenommen worden sind. Als Beispiel kann das Leitmotiv des Eingedenkens und Erinnerns dienen, das Takt 95ff. von *Mutter Bayard* eingeführt wird:

---

[19] Vgl. auch 6. Szene, Takt 906ff.; eine unterschiedliche Rhythmisierung erfolgt auch aufgrund der Textierung.

[20] Materialien dazu finden sich im Hindemith-Institut, Frankfurt/Main.

[21] Wie Anm. 18.

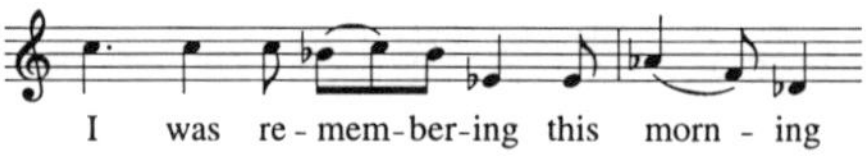

Takt 116ff. wird es gleich von der Oboe aufgegriffen und dient als kurzes Zwischenspiel:

Mutter Bayard intoniert es wieder Takt 198ff., doch hier drückt es ungemein subtil und unaufdringlich als auskomponiertes Ritardando ihr Alter und ihren Tod aus:

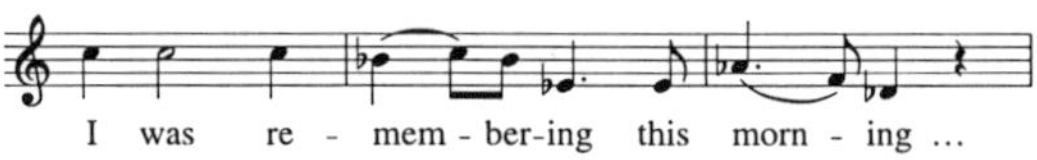

Takt 474ff. vergegenwärtigt die Flöte gewissermaßen die Erinnerung an *Mutter Bayard*:

Und Takt 879ff. verknüpfen die Streicher durch die Intonierung des Leitmotivs das Schicksal von *Charles* mit dem von *Mutter Bayard*:

In seiner Rezension der Uraufführung der Oper behauptete Carl Dahlhaus sogar: *In den anderen Szenen aber ist die Zeit, von der die Musik redet, niemals die Vergangenheit, sondern immer die unmittelbare, robuste Gegenwart. Der lange Blick zurück ist Hindemiths Musik fremd.*[22] Das Gegenteil ist wahr: Hindemiths Musik ist in jedem Moment intensiv mit dem in Beziehung gesetzt, was einmal war, so daß es gerade

[22] Wie Anm. 2.

umgekehrt problematisch wird, den Ort ihrer jeweiligen Gegenwart eindeutig zu bestimmen. Allenfalls wäre zu konstatieren, daß Hindemith offenbar nicht grob oder plump genug verfuhr[23]; die Unfähigkeit, die Überfülle von Zusammenhängen in der Verschiedenheit zu erkennen, verkehrt sich zum Fehlurteil, es gebe sie nicht.

Viertens bilden die eher besinnlichen Solo- und Ensemblenummern, das Arioso der 1. Szene, die Trios der 2. und 5. Szene oder das Duett der 6. Szene, nun als solche einen die Szenenfolge integrierenden Zusammenhang aus; die Musik hält gleichsam inne, die Personen treten aus sich heraus und bedenken ihr Handeln und Tun.

Fünftens kennen fast alle Szenen den ganz unterschiedlich ausgestalteten Vorgang der musikalischen Auflösung einer Satzstruktur, die gewissermaßen in ihre Elemente zerfällt und nicht mehr musikalisch sinnvoll fortzuspinnen ist, eine musikalische Auflösung, die unmittelbar den entsprechenden Vorgängen auf der Bühne zugeordnet ist. In diesen Auflösungspassagen[24] kann die Harmonik zu einer Klangfläche gerinnen, können die Motive fragmentiert werden, Bewegungsmotive in Ostinati auslaufen, Pausen den musikalischen Ablauf stocken lassen, die Dynamik kann gänzlich zurückgenommen oder die Klangfarbe vereinheitlicht werden. Im Sinne der *materialen Formenlehre* Adornos[25] schlägt der Formprozeß der Auflösung – Adorno spricht in seltsamer sprachlicher Unsensibilität regelmäßig von *Liquidation* – in einen prägnanten musikalischen Ausdruck um, der unmittelbar verständlich

---

[23] Die Uraufführungskritiken zum *Langen Weihnachtsmahl*, wie sie etwa Ernst Thomas (*Frankfurter Allgemeine Zeitung*), Heinrich Lindlar (*Deutsche Zeitung*) oder vor allem Karl Schumann (*Süddeutsche Zeitung*) schrieben, bekunden eine trostlose Niveaulosigkeit; es ist, als ob das Reproduzieren billigster Klischees sich vor die Erfahrung der Hindemithschen Musik gesetzt hat, die schlechterdings nicht wahrgenommen wird. Sie gilt allgemein als allzu einfach, während noch nicht einmal die einfachsten musikalischen Zusammenhänge erkannt wurden. – Unter diesen Kritiken ragt diejenige von Carl Dahlhaus freilich singulär heraus.

[24] Vgl. z.B. T. 186ff., 408ff., 673ff., 760ff., 1018ff., 1171ff., 1215ff.

[25] *Mahler. Eine musikalische Physiognomik*, Frankfurt/M. 1960, S. 66.

und suggestiv wirkt, noch bevor das Bühnengeschehen ihn gewissermaßen konkretisiert.
Alle diese skizzenhaft beschriebenen Verfahren der Wiederholung, latenten Einheitlichkeit, leitmotivischen Verknüpfung, Variierung oder Auflösung dienen musikalisch-dramaturgisch dem Rückblick, der Erinnerung oder der Vergegenwärtigung; sie machen die stets »neue« »Zeit« als Ablauf oder Prozeß unmittelbar erfahrbar, indem sie kompositionstechnisch, also innermusikalisch durchweg auf den Antagonismus von Gleichbleibendem und Veränderlichem zugleich bezogen sind und ihn ausdrücken. Die Musik blickt auf diese Weise immer zurück und differenziert dabei die unaufhebbare Dialektik von Gleichbleibendem und Veränderlichem mit vordem unbekannter Subtilität: als formelhafte Wiederholung[26], als glückliche Wiederkehr[27], als verblassende Erinnerung[28], als trauriges Gedenken[29], als bedeutungsvolle Veränderung[30], als fragmentarisch Zerfallenes[31], als zu Ende Gebrachtes[32].
Das Sujet des Werkes ist mit seinem weihnachtlichen Ambiente kaum religiös gestimmt; es bietet auch kaum Bilder religiösen Empfindens. Hindemith gestaltet auch nicht das Schicksal der Protagonisten einfühlsam aus. Die genannten Leitmotive sind denn auch weniger den Personen, als vielmehr den Stimmungen oder Ereignissen zugeordnet. Mehr noch: In der Art, wie Hindemith Geburt, Tod, Freude, Glück, Leid, Verbitterung oder Einsamkeit musikalisch fühlbar macht, wird weniger Privates oder Individuelles erfahrbar, als vielmehr etwas Typisches und Allgemeines, obwohl sie stets den Einzelnen betreffen oder ihm widerfahren. Nicht, daß die Personen musikalisch charakterlich blaß und emotionslos, gewissermaßen anonym oder maskenhaft bleiben, doch

[26] So die Wünsche zum Weihnachtsfest.
[27] Z.B. die Geburten.
[28] Die Erinnerungen an die Vorfahren.
[29] Die Erinnerungen an die jeweils Verstorbenen.
[30] So die formal als Variation gestaltete 8. Szene, in der die Familie zerfällt.
[31] Die 9. Szene mit der Wiederholung des Weihnachtsliedes.
[32] Der Schluß der Oper.

wirken ihre Emotionen und Handlungen – die Sentimentalität der Alternden (*Mutter Bayard*), die unaufdringliche Fürsorge der Hausfrau (*Lucia*), der Stolz des erfolgreichen Geschäftsmannes (*Roderick*), die Verbitterung der sich vom Leben betrogen Fühlenden (*Geneviève*), das dankbare sich Einfügen der Vereinsamten (*Ermengarde*) oder der Ausbruch des Aufbegehrenden (*Charles II*) – vor der von Wilder so genannten »Mühle der Zeit« gänzlich ephemer oder belanglos, mag das nun als Trost oder Tragik oder als beides zugleich empfunden werden. Wie das Theaterstück kennt auch die Oper *The Long Christmas Dinner* keine Abläufe oder Prozesse, die teleologisch zu einem Ziel führen, das sich als ein bedeutungsvolles Ergebnis zu erkennen gibt oder eine Wende bewirkt. Vielmehr intensiviert und objektiviert die Musik bei aller Stringenz die grundsätzliche Diskontinuität, das im bedeutenden Sinne Zufällige, Zusammenhangslose, so daß von einer *kaleidoskopischen Statik* gesprochen werden könnte, ein Begriff, mit dem Arnold Gehlen den Zeitmodus der *bewegten Endlosigkeit* der *Posthistoire*, von »Geschichte« nach dem Ende aller »Geschichten« charakterisierte[33]. Hatte Hindemith in der Oper *Die Harmonie der Welt* die Technik der Simultanszene noch einem Höhepunkt zugeführt, mit der er die heillose Zerrissenheit menschlichen Handelns und Trachtens in ihrer Gleichzeitigkeit unmittelbar sinnfällig machte, so hat er in *The Long Christmas Dinner* die Simultaneität gewissermaßen verzeitlicht und in die Sukzessivität unterschiedlichster Ereignisse verlagert: Auf den fröhlichen Trinkspruch folgt der Tod, auf den Tod die Geburt oder die Wünsche zu einer glücklichen Weihnacht, auf Trauer aggressive Aufsässigkeit, darauf wiederum Verbitterung und gedenkendes Erinnern. Noch das Ende der Oper entläßt mit der Gewißheit, daß sich das Weihnachtsmahl woanders fortsetzen werde. Der trostvolle und zugleich trostlose lange Blick zurück wäre demnach auch ein Blick in die Zukunft.

---

[33] Vgl. Norbert Bolz, *Auszug aus der entzauberten Welt. Philosophischer Extremismus zwischen den Weltkriegen,* München 1989, S. 173.

Michael Heinemann

Farben, Allusionen, Vermächtnis

Zu Paul Hindemiths *Concerto for Organ and Orchestra*

Orgelkonzerte sind Ausnahmewerke. Ihre Zahl ist überschaubar, sowohl in der Geschichte des Konzerts wie auch der Orgelliteratur schlechthin[1]. Gründe anzuführen, daß das Corpus von Werken dieses Genres so schmal ist, fällt nicht schwer: Kirche als liturgischer Raum verweigert sich nicht nur seit je der Präsentation von Virtuosität, sondern fordert im Gegenteil eine »dienende Funktion« eines Instruments, dessen Aufstellung auf oft wenig geräumigen Emporen zudem ein Zusammenwirken mit einem Orchester oder selbst einem kleineren Ensemble erschwert; zu schweigen von praktischen Schwierigkeiten der Koordination aufgrund der nicht selten problematischen Akustik eines großen, halligen Kirchenraumes, die auch die Komponisten zu erheblichen Kompromissen zwingt.

Zu einer Gattungstradition verbinden sich daher auch die Werke für Orgel und Orchester nicht. Als Initiator des Genres und zugleich historischer Bezugspunkt könnte Georg Friedrich Händel fungieren: Doch zeigen seine Orgelkonzerte, entstanden als Intermezzi seiner Oratorien und getragen durch eine legendäre, kaum mehr schon im Notentext der Druckausgaben erkennbare Virtuosität, gerade jene Bindung an einen bestimmten Ort, eine Person und einen Anlaß, die auch später Werke für Orgel und Orchester zu Solitären machen wird. Aufgeführt wurden sie nicht in der Kirche, die sich für Konzerte – im Sinne musikalischer Gattung wie auch der Veranstaltungsform – lange unzugänglich zeigte.

---

[1] Vgl. hierzu Volker Choroba, *Das Konzert für Orgel und Orchester im 19. und 20. Jahrhundert*, Kassel usw. 2001 (= *Veröffentlichungen der Orgelwissenschaftlichen Forschungsstelle der Universität Münster* 20).

So war es erst die Einführung der Orgel in den Konzertsaal, die gelegentlich zur Komposition von Werken fürs mit dem Orchester konzertierende Instrument einlud. Was aus einem solchermaßen bereits geringen Fundus sich im Musikleben bewährte, ist eine Handvoll Werke, die im Œuvre ihrer Verfasser – Joseph Rheinberger, Camille Saint-Saëns, Francis Poulenc u.a. – nicht einmal eine herausgehobene Position einnehmen: Ausnahmewerke sind Orgelkonzerte auch hier.
Daß Paul Hindemith sich dieser selten bedachten Gattung zuwandte, muß bei Vielfalt und Reichtum der in seinem Werk disponierten Besetzungen zunächst nicht verwundern. Sicherlich im Kontext jener breiten Diskussion um Perspektiven und Möglichkeiten eines alten Instruments, die durch die »Orgelbewegung« der 1920er Jahre angestoßen wurde, entstand 1927 als siebte und letzte *Kammermusik* ein *Konzert für Orgel und Kammerorchester* (op. 46 Nr. 2), dessen äußeres Format auch aus (klang-)technischen Gründen, wegen einer Live-Uraufführung im Rundfunk, beschränkt war.
Überraschend hingegen ist, daß Hindemith, trotz seiner drei vielgespielten Sonaten gewiß kein genuiner Orgelkomponist, sich am Ende seines Lebens noch einmal zur Komposition eines Orgelkonzerts bereit fand. Den Anlaß bot ein Auftrag der New York Philharmonic Society, ein Werk für die Einweihung eines neuen Instruments in der Philharmonic Hall (Lincoln Center), New York, zu schreiben. Doch Form und Gehalt des am 25. April 1963 von Anton Heiller unter Hindemiths Leitung uraufgeführten Orgelkonzerts sind nicht allein mit dem Blick auf die äußeren Entstehungsumstände zu erklären, sondern lassen dieses Spätwerk nachgerade zu einem geistigen Vermächtnis des Komponisten werden.

Farben

Zunächst galt es nicht nur eine neue Komposition vorzulegen, sondern ein Werk zu schreiben, mit dem die neue Orgel in der Fülle ihrer

Möglichkeiten präsentiert werden konnte. Nur unter dieser Voraussetzung ist der Aufbau des ersten Satzes verständlich, im Detail wie in seiner Konzeption, deren Schlichtheit irritiert, sofern nur die kompositorische Struktur in den Blick genommen wird: Die sechsfache Wiederholung eines vierzehn Takte messenden musikalischen Gedankens, dessen Reihung in rasch zu übersehenden Varianten lediglich zwei knappe Interpolationen des Soloinstruments erfährt, kann kaum als Beitrag zur Problemgeschichte der Komposition eines Solokonzerts verstanden werden. Zumal der Orgelpart weder eigenes thematisches Material dem Orchester gegenüberstellt, noch der Solist mit virtuosen Passagen brillieren kann.

Doch die Idee des Satzes, im Titel *Crescendo* lapidar gefaßt, ist eine andere: die Klanggewalt des neuen, symphonisch dimensionierten Instruments dem großen Orchester gegenüberzustellen und seinen Farbenreichtum als Summe der Möglichkeiten des voluminösen klassisch-romantischen Klangkörpers aufzufassen. Dabei wird die Orgel als integraler Bestandteil eines Orchesters gedeutet, und ihre Einzelregister erscheinen – der geschichtlichen Entwicklung des Instruments entsprechend – als Versuch der Übernahme und Adaption der Orchesterinstrumente in die Disposition[2].

Diese Intention bedarf einer behutsamen Realisierung: Kompositorisch wären alle Entfaltungsmöglichkeiten verschenkt, begänne das Werk schon mit dem Tutti-Klang der neuen Orgel. Vielmehr wird ihr Volumen sukzessive vorgeführt. C, der tiefste Ton des Instruments, im Pianissimo flötenartiger Register und nicht verfälscht durch helle Mixturen, steht pedaliter allein am Anfang, um dem Hörer zunächst nur eine Dimension des klanglichen Spektrums vorzuführen. Wie wenig signifikant diese Farbe aber für die Orgel ist – derselbe Ton hätte, von den tiefen Streichern gespielt, kaum einen anderen Charakter –, zeigt auch die Behandlung des alsbald einsetzenden Hauptthemas, dessen Anlage mit Tonwieder-

[2] Vgl. Andres Briner, *Paul Hindemith*, Zürich usw. 1971, S. 298.

holungen und akzentuiertem Intervallsprung, dann auch der Folge kurzatmiger Gesten sowohl hinsichtlich der Struktur wie vor allem seiner Artikulation wiederum keine für ein bestimmtes Instrument bezeichnende Charakteristika aufweist. Gerade diese akustische Indifferenz, seitens des Komponisten ein bewußtes Offenlassen, welches Instrument nun mitwirkt, ist für diesen Satz bestimmend. Denn so schwierig es während der ersten Vorstellung des Themas wird, die Orgel im Gefüge der tiefen Streicher zu identifizieren – tatsächlich beschränkt sie sich auf einen Ton, das tiefe C –, so problematisch ist es auch im folgenden zu entscheiden, welchen der Baßtöne bei einer weiteren Präsentation des Hauptgedankens durch die Orgel die Streicher ergänzen. Deren Seufzermotiv, in den Kontrabässen zum Sekundintervall verdichtet, konzentriert die Baßtrommel vollends zum Perkussiven, das auch die Orgelpedaltöne kennzeichnet (T. 15ff.). Mithin imitieren die Register der Orgel nicht nur die Instrumente des Orchesters, sondern auch umgekehrt sucht Hindemith durch die Behandlung seines Instrumentariums dessen Annäherung an den Orgelklang. Fast unmerklich wird so die Besetzung binnen dieser ersten zwei Präsentationen des Themas erweitert: In den Nuancen tiefer Stimmen ist die stufenweise Addition von Instrumenten – Einzelton der Orgel, Thema der Celli, sukzessive Einführung der Kontrabässe in den eröffnenden vierzehn Takten, dann vollstimmiger Orgelsatz, ergänzt freilich um gänzlich unselbständig geführte geteilte Bratschen und Cello sowie Bässe und Trommel – kaum schon bewußt geworden.
Das Prinzip, Orchesterinstrumente so zu besetzen, daß sie klanglich vom Orgelsatz kaum mehr zu unterscheiden sind, prägt auch die dritte Vorstellung des Themas, nunmehr den Holzbläsern als jener Gruppe überlassen, die schon in bezug auf die Klangerzeugung der Orgel unmittelbar verwandt sind (T. 27ff.). Hier erst beginnt das Soloinstrument, zu den Bläserstimmen, deren Klangspektrum es weitestgehend selbst umfaßt, eine eigene Stimme zu ergänzen, die der Idee des Konzertierens als konkurrierende Gegenüberstellung, nicht als Zusammenwir-

ken entspricht. Bezeichnenderweise aber ist es lediglich eine Stimme, die der Orgel zugewiesen ist: eine Arabeske, deren Ambitus so weiträumig ist, daß ein Orchesterinstrument sie kaum übernehmen könnte. Sukzessive beginnt sich mithin die Orgel vom Tutti zu emanzipieren. Ein Prozeß, der zu einem ersten veritablen Solo führt (T 40ff.): Zwar ist dessen Material leicht wieder auf das Hauptthema zurück zu beziehen, doch mit der imitatorischen Durchführung einzelner Motive wird selbst auf dem Raum weniger Takte ein neues kompositorisches Gestaltungsmittel eingeführt, das die zweite Hälfte dieses Eingangssatzes bestimmen wird. Zudem beharrt die Orgel nun auch auf ihrer Eigenständigkeit, wenn die Streicher mit kräftigem Strich das Hauptthema unisono präsentieren (T. 45ff.). Die Idee des dritten Abschnitts, dem Thema eine neue Stimme gegenüberzustellen, wird hier aufgegriffen und gleichsam umgekehrt: Nicht mehr ergänzt ein Instrument – ehedem die Orgel – zur Präsentation des vielstimmigen Hauptthemas im Orchester eine weitere Stimme. Vielmehr fügen nun die Streicher, zu einer einzigen Partie gebündelt, eine Stimme, die freilich keinen neuen Gedanken, sondern wiederum das Hauptthema bietet, dem zunehmend selbständigeren Orgelsatz hinzu. Flankiert wird diese Entwicklung von einem kontinuierlichen Crescendo, das zunächst auch deshalb die einzelnen Instrumentengruppen des Orchesters voneinander trennt, um eine weitere Analogie zum Aufbau der Orgel mit ihren den verschiedenen Manualen zugewiesenen Teilen (»Werkprinzip«) zu schaffen.
Der Gedanke, ein markantes Einzelregister der Orgel als zusätzliches Orchesterinstrument zu deuten und umgekehrt eine im Unisono geführte Gruppe von Instrumenten als weiteres Register, kennzeichnet auch die nunmehr fünfte Durchführung des Themas (T. 57ff.): Sehr laute, überblasende Zungenstimmen der Orgel (Trompette harmonique, Clarion harmonique) werden wiederum solistisch geführt, zudem im Kanon mit gerade jenen Instrumenten des Orchesters derselben Klangfarbe: Trompeten und Hörnern, später auch den Posaunen.
Ein zweites Concertino der Orgel mit demselben Material wie im

parallel strukturierten Abschnitt zuvor (T. 40ff.) wird durch unselbständig geführte Blechbläserstimmen dynamisch gesteigert, um der Idee der stets wachsenden Lautstärke auch hier zu genügen (T. 68ff.).
Klanglich wie strukturell bezeichnet dann der Einsatz des Tuttis auch der Orgel (T. 74ff.) den Kulminationspunkt des Satzes, indem die Imitation des Hauptthemas nun verdoppelt wird: Der Orgel folgt zunächst ein Einsatz tiefer Stimmen (Hörner, Celli und Fagotte), dann ad minimam ein weiterer in hoher Lage (Flöte, Violinen und Bratschen). Das volle Orchester ist nun nicht mehr kompositorisch in Gruppen gegliedert, sondern in Stimmen gleicher Register geteilt: eine Annäherung an den polyphonen Satz der Orgel, die selbst mit der akkordischen Aussetzung des Themas nurmehr eine weitere Stimme des Kanons übernimmt. Wie die Orgel zuvor lediglich als eine zusätzliche Einzelstimme des Orchesters verstanden wurde, erscheint dessen Faktur nun fast als Instrumentierung eines Orgelsatzes. Dies ändert auch eine Coda mit mehrfacher Wiederholung des Themenkopfes, alternierend zwischen dem vollen Werk der Orgel und orchestralem Tutti, nicht.
Diese Idee der Kombination von Orgel und Orchester in einem Werk, mit dem das neue Instrument in der Fülle seiner Möglichkeiten vorgestellt werden sollte, hat in der Geschichte der Gattung weder Vorbild noch Parallele. Dabei werden nicht allein die Farben der Orgelregister ins Dispositiv des Komponisten bei der Instrumentation des Stückes eingerückt, vielmehr ist es das dem ganzen Satz zugrunde liegende Motiv, den Orgelklang als Summe des Klangspektrums der Orchesterinstrumente aufzufassen. Daher werden mit lediglich einstimmigem Spiel und der pointierten Exposition eines Registers Gestaltungsmittel einbezogen, die in der Geschichte der Orgelmusik singulär, da unorthodox sind. Gleichwohl vermag hier nicht nur ein ungemein reiches Spektrum an Klangfarben eines neuen Instruments wirkungsvoll vorgeführt zu werden; dies leistete auch die Vorschrift des zweiten Satzes, binnen kürzester Phrasen die Register beliebig zu wechseln (T. 62ff.). Vielmehr erscheint in diesem ersten Satz des Konzerts die Rede von der Orgel als

der »Königin der Instrumente« beim Wort genommen und ins Werk gesetzt: Die Orgel vermag in ihren einzelnen Registern mit den Instrumenten des Orchesters wie mit Stimmgruppen in einen Dialog zu treten, überbietet aber selbst das Tutti, sowohl hinsichtlich der Dynamik wie des Ambitus. Diese Relation aufzuklären, bedarf es der Gegenüberstellung des Soloinstruments mit dem Symphonieorchester, und diese Konkurrenz beider Klangkörper, zunächst exemplarisch, schließlich im grandiosen Tutti, demonstriert der Eröffnungssatz eines Werks, dessen Gattungszuschrift, hier als Wettstreit verstanden, zum Inhalt wird. Weit entfernt von allem orgelbewegten Neobarock, ist die Orgel nun ein Instrument, das zum Komplement des Symphonieorchesters gerät, dessen Klanglichkeit aber integriert und zugleich überbietet.

Allusionen

Sehr viel dichter dem konventionellen Aufbau eines Konzertsatzes folgen die beiden Mittelsätze von Hindemiths Orgelkonzert. Konnte die Introduktion dazu dienen, zunächst das neue Instrument selbst zu thematisieren, indem sein Klangvolumen vorgestellt wurde, mithin die so naheliegende wie naive Erwartung des Publikums, welches dynamische Spektrum die Orgel biete, befriedigend erfüllen, so rücken in den folgenden Sätzen kompositorische Aspekte in den Vordergrund.
Übersichtlich in der Anlage und ebenso leicht faßlich hinsichtlich Themen und Strukturen, reiht der zweite Satz zunächst viertaktige Phrasen, in denen ein flirrendes, melodisch schwer zu fixierendes Streichermotiv mit einem markanten Pauken-Ostinato und ein durch ein signalhaftes Kopfmotiv sowie weite Intervalle geprägtes Orgelthema sukzessiv eingeführt werden. Hinlänglich deutlich sind auf solche Weise Motive ausgeformt, die konsequent einzelnen Instrumenten zugeordnet bleiben, und ihre kurzweilige Folge, die imitatorische Weiterführung des der Orgel zugewiesenen Gedankens und die knappen, gelegentlich verkürzten Einwürfe des Orchesters, läßt sich unschwer mit der Begriff-

lichkeit von Episode und Ritornelle (bis T. 63) der traditionellen Konzertform fassen; zumal am Schluß des Satzes eine veritable Reprise des Anfangsteils steht (T. 164–192). Auch ein weiteres Concertino der Orgel (T. 63–79) wäre diesem Formkonzept noch mühelos zu subsumieren.
Umso irritierender mutet dann jedoch ein Satzteil gänzlich anderen Charakters an (*Dolce e semplice*, T. 79–111), in dem, durch die vorangestellte Orgelepisode und eine ausgedehnte Kadenz des Soloinstruments von der nachfolgenden Reprise deutlich geschieden, akkordisch-blockhaft geführte Phrasen einzelner Instrumentengruppen und der Orgel gegenübergestellt werden. Verlangsamter, gleichförmig schreitender Duktus, reduzierte Dynamik, konsequentes Legato und homophoner Satz bezeichnen in einer Vielzahl kompositorischer Parameter einen markanten Gegensatz zu den rahmenden Abschnitten. Die Faktur, zudem das Alternieren verschiedener Klangkörper mit einem weitgespannten, auf unterschiedlichen Tonstufen sequenzierten Melodiebogen erinnern an den zeilenweisen Vortrag eines Chorals: ein Sujet, das dem Genre des Konzerts so fremd ist wie andererseits der Orgel als kirchlichem Instrument unmittelbar vertraut. Als Seitensatz eines größeren Orgelwerks einen Abschnitt in choralhafter Faktur zu gestalten, hat in der Geschichte der Orgelliteratur zumal des 19. Jahrhunderts eine reiche Tradition; nicht selten dient auch die Integration eines Chorals in eine Orgelsonate als Legitimation, ein funktional »freies« Werk im Kirchenraum aufzuführen, so daß mit dem Bezug auf einen geistlichen Cantus firmus die Dignität des Aufführungsorts gewahrt und eventuellen Einwänden oder Restriktionen seitens kirchenmusikalischer Gesetzgeber bereits im Vorfeld entgegnet werden konnte.
Derartige Rücksichten aber hatte Hindemith bei der Komposition seines Orgelkonzerts nicht zu nehmen, zumal auch durch die Anforderungen an das Orchester wie allein die umfangreiche Besetzung eine häufigere Aufführung im kirchenmusikalischen Umfeld weder intendiert noch auch realistisch war. Selbst in seinen Orgelsonaten fehlt jeder Bezug aufs geistliche Metier, den er im Gegenteil geradezu bewußt vermied, als

er die dritte dieser Sonaten zwar an Cantus firmi rückband, aber eben keine Choräle, sondern alte Volksweisen wählte; deren spirituelle Dimension ist zwar nicht zu verkennen, bleibt jedoch so dezent, daß es kaum angeht, hier von einer sublimierten Religiosität zu reden.

Explizit aber weist der Schlußsatz des *Concerto for Organ* den Bezug auf einen gregorianischen Hymnus aus, dessen Kopfmotiv bereits im Ostinato der Pauken zu Beginn des zweiten Satzes vielfach angeklungen war. Ist mithin auch an dieser Stelle strukturell ein latenter Verweis auf das Finale gegeben, so wäre zudem semantisch eine Affinität denkbar: Dem *Veni creator* des Schlußsatzes, der pfingstlichen Bitte um das Kommen des Heiligen Geistes, ginge im zweiten Satz nicht nur ein erster Anruf mittels der Anfangstöne des Hymnus voran, sondern ein weiteres Lied, das ebenfalls zu den ältesten Gesängen des Pfingstfestes gehört und textlich eng verwandt ist: *Nun bitten wir den Heiligen Geist* zeigt ein pentatonisches Melos, das vor allem in der zweiten Phrase weit, über eine Oktave hinweg, ausschwingt. Gewiß freier, doch ähnlich Dreiklangsräume ausmessend, sind auch die choralartigen Phrasen dieses zweiten Satzes gehalten, deren schlanke Harmonisierung mit Grundakkorden auf ein Gestaltungsmittel des dritten Satzes vorausdeutet (wo es im Titel ebenso explizit gemacht wird wie im Finale der Rekurs auf den Creator spiritus).

Die strukturellen Verweise auf Faktur und Motivik der folgenden Sätze flankiert eine Semantik, die der Choral finaliter definiert und die nun ihrerseits die Möglichkeit eröffnet, auch die choralartigen Phrasen der vorangegangenen Sätze analog zu interpretieren. Daß jene als freies Choralzitat gedeutete Passage des zweiten Satzes gerade siebenfach wiederholt wird, findet in einer Deutung des Werkes als vielschichtige Umsetzung von auf das Pfingstgeschehen bezogenen Vorlagen eine sinnenfällige Erklärung, die auch die wirbelnde Bewegung zu Beginn des Satzes leicht als Illustration des biblischen Geschehens verständlich macht. Mithin wird der Gehalt dieser Choral-Interpolation erst aus der antizipierten Rückschau des Finales ersichtlich.

Kompositionstechnisch bietet die Integration eines beruhigteren Satzteils zugleich eine Annäherung des Werks an überkommene zyklische Gestaltungsweisen: Da der Eingangssatz eher der Inauguration der neuen Orgel dient denn als gewichtigster Teil eines veritablen Konzerts firmieren kann, kommt die Funktion eines kompositorisch aufwendiger gearbeiteten Satzes dem zweiten zu, dessen Bezeichnung *Allegro assai* (gegenüber dem *Moderato maestoso* der Introduktion) auch keinen Zweifel an seinem Anspruch und seiner Bedeutung läßt. Um die viersätzige Anlage nicht zu überschreiten, doch Platz für Scherzo und Finale zu haben, bedurfte es eines langsamen Intermezzos als Binnensatz, der – auf einer anderen Ebene – in vielfältiger Weise sinnvolle Bezüge innerhalb der Folge der Einzelsätze stiftet.
Der dritte Satz nun greift die Choral-Intarsie des zweiten auf und macht sie im Titel und in der Faktur des Satzanfangs explizit: *Canzonetta in triads, and two Ritornelli* ist trotz der Genauigkeit eine irritierende Überschrift. Denn die Ritornelle stehen, wie sich rasch zeigt, im Aufbau des Satzes an der Stelle von Episoden, werden aber vom Orchester als großem Klangkörper übernommen und sind keineswegs in Anlage und Satztechnik identisch oder ähnlich strukturiert, wie es das herkömmliche Modell des Konzertsatzes vorgäbe. Die als Canzonetta bestimmten Teile des Soloinstruments markieren umgekehrt jene Abschnitte, die üblicherweise Ritornellen entsprächen. Auch ihre Polyphonie widerspricht der Konvention, in den Eckteilen prägnante Motive auszuformen, thematische Arbeit aber in die Episoden zu verlegen, wo sie wiederum hier nur schwach ausgebildet ist.
So wird auch in diesem Satz »Konzert« als Formmodell neu interpretiert, indem die qualitative Bestimmung und Hierarchie von Tutti- und Solo-Teilen umgekehrt wird. Diese Neubewertung resultiert, wie schon im voraufgehenden Satz, aus einer Integration eines choralhaften Momentes, dessen satztechnische Gestalt als Canzonetta zudem historisch hinter die Entstehungszeit des Instrumentalkonzerts zurückgreift. Auch die im Rahmen harmonischer Tonalität nicht zu fassende farben-

reiche Reihung von (Grund-)Akkorden zitiert eine andere Epoche, in der dem »Konzert« – etwa in den Werken von Heinrich Schütz oder der beiden Gabrieli – jene geistliche Dimension noch nicht fremd war, die nun der Bezug aufs Choralhafte wieder einholt. Und erneut ließe sich ein semantisches Motiv auch in den »choralfreien« Orchesterpartien ermitteln, indem die flackernden, irisierenden Einwürfe zumal der Flöten (»Flatterzunge«!) in einer plakativen, geradezu mutwilligen Direktheit pfingstliches Geschehen musikalisch apostrophieren.

Vermächtnis

Am Ende des Stückes steht mit der *Phantasy on Veni Creator Spiritus* die Cantus firmus-Bearbeitung eines gregorianischen Hymnus – ein so unmittelbar und ganz selbstverständlich mit der Orgel als Instrument der Kirche verbundenes Sujet, daß die Frage, warum Hindemith zu einem kompositorischen Verfahren griff, das weder Auftraggeber noch Konzertsaal forderten, obsolet schien. Nichts jedoch hätte den Komponisten gehindert, an den Schluß eines Inaugurationskonzerts für eine neue Orgel eine glanzvoll rauschende Toccata zu setzen, um nicht nur das Instrument selbst, sondern auch die Virtuosität des Spielers publikumswirksam in Szene zu setzen. Die Entscheidung Hindemiths, am Ende eines seiner letzten Werke auf einen gregorianischen Cantus firmus zurückzugreifen, verdient vor dem Hintergrund des (bewußten) Vermeidens aller geistlichen, gar liturgischen Bezüge in seinen anderen Orgelwerken besondere Beachtung, fügt sich jedoch in den Kontext seines Spätwerkes, wo explizit geistliche Musik verschiedentlich so stark Raum greift, daß Adornos vielzitiertes, bitter-böses Wort, Hindemith habe sich vom Revolutionär zum Reaktionär entwickelt, scheinbar neuerlichen Rückhalt gewinnt.

Denn auch kompositorisch ist dieses Finale nichts weniger als avanciert. Die Vielzahl von satztechnischen Finessen der voraufgegangenen Sätze findet hier, in einer Reihung von einem halben Dutzend Cantus-firmus-

Durchführungen, eine ausführliche Explikation, die als Summe von Verfahrensweisen thematisch-motivischer Arbeit erscheint und zugleich über alle früheren Anspielungen nun aufklärt. In der Rückbindung an den gregorianischen Hymnus, der alle Abschnitte leicht faßlich strukturiert, werden allerdings die (Binnen-)Form und die Intention des Konzertierens kompositorisch nicht problematisiert: Zeilenweiser Wechsel von Choral und Kommentar, Fugato mit Scherzando-Gestus oder die emphatische Präsentation des Cantus firmus im Baß oder einer anderen markanten Solostimme bezeichnen Techniken, die bereits in den ersten Sätzen vorgestellt wurden und hier nun für größere Abschnitte konstitutiv sind. Auch die Idee, mit den Instrumenten des Orchesters einzelne Register der Orgel nachzuahmen, findet eine Reminiszenz, kaum zufällig an einer Nahtstelle des Satzes, dem Beginn eines Schlußteils, der entgegen allen Konventionen und Erwartungen *Arioso, moderato e dolce* gehalten ist (T. 208ff.). Nicht das dröhnende Tutti, sondern eher verhaltene Klänge bestimmen das Ende eines Werks, dessen finaler Rekurs auf den gregorianischen Cantus firmus nicht nur ein historisches Obligo darstellt, sondern zur ästhetischen Konfession am Ende eines Künstlerlebens wird. Gewiß intendiert Hindemith keine Predigt in Tönen, und so unproblematisch es wäre, den sechs Abschnitten der Choralbearbeitung die sechs Strophen des Pfingsthymnus zuzuordnen, so wenig wird solche Substruktion dem programmatischen Zugriff des Komponisten gerecht. Vielmehr korrespondiert Hindemiths Evokation des *Creator spiritus* in diesem Orgelkonzert als einem seiner letzten Werke mit jener ungemein pessimistischen Diagnose der Musik seiner unmittelbaren Gegenwart, der er zur selben Zeit den defaitistischen Titel *Sterbende Gewässer* verlieh. Nurmehr und fast ausschließlich intellektuelles Konstrukt, lasse zeitgenössische Musik alle Klangfreude vermissen, die ihr doch so selbstverständlich wie von Natur aus eigne; aber auch die Gegenentwicklung einer Offenheit für die Spontaneität der Interpreten und die Suche nach völlig neuen Ausdrucksmöglichkeiten, die gegebenenfalls Manipulationen am herkömmlichen Instrumentarium bedingten, bezeichnen keine perspektivenreicheren Alternativen: *Fast bedauert man die armen Hinterwäldler, die sich noch immer mit der Dodekaphonik abgeben statt sich gleich jenen Methoden in die Arme zu werfen, denen unser Tonsystem gar nichts mehr bedeutet: der* Aleatorik, *in der dem blinden Zufall die Rolle des* Creator Spiritus *zugeschoben wird, oder* musique concrète *oder den* prepared pianos, *bei deren Klangspielereien man wenigstens gar nicht erst durch Erinnerungen an Musik gestört wird.*[3]

Der Zufall könne ebensowenig schöpferisch sein wie das Geräusch einem Begriff von Musik im emphatischen Sinne, als Ordnung von Tönen in einer Hierarchie von Klängen, entsprechen: Ein *Creator spiritus* firmiert für Hindemith nicht im eingeschränkt christlichen Sinne, sondern im Kontext abendländischer Kultur als Ordnungsmacht von Tonkunst schlechthin – als inspirierendes Moment, das Kreativität voraussetzt, doch einer geistigen Formung bedarf. Gleichwohl intendiert Hindemith keine Musik als Kunst nur des Verstandes: Musikalische Erfahrung ist sinnlich gebunden, und die historischen Bezugsgrößen solcher Musikauffassung sind kaum zufällig Augustinus und Boethius, weder Plato noch Plotin, aber eben auch nicht Aristoxenos als Verfechter einer ausschließlich durch Praxis bestimmten Musik.[4]

Hindemiths Anrufung eines solchen *Creator spiritus* am Schluß eines seiner letzten »großen« Werke ist mithin nichts weniger als eine Rückwendung zur Religion gegen Ende seines Lebens; vielmehr dient der gregorianische Hymnus zur Illustration einer Mahnung, die musikalisch umso subtiler formuliert, je weniger im Metier der Orgel die Basis einer Komposition auf einem geistlichen Cantus firmus auffällt. Zugleich stiftet gerade ein solch »alter« Choral den Anschluß an eine jahrhundertealte verbindliche kulturelle Tradition, deren Erbe – nach Hindemith – verpflichtet.

---

[3] Paul Hindemith, *Sterbende Gewässer*, in: ders. *Aufsätze, Vorträge, Reden*, hrsg. von Giselher Schubert, Zürich usw. 1994, S. 330.

[4] Vgl. Paul Hindemith, *Komponist in seiner Welt*, Zürich usw. 1959, S. 25ff.

Nichtsdestoweniger ist Hindemiths Orgelkonzert kein Werk der Restauration. Denn zumal im ersten Satz forciert er ein Moment, das zu Beginn der 1960er Jahre auf dem Gebiete der Orgelkomposition zu nachgerade spektakulären Innovationen führen sollte: Die Wiederentdeckung des Klangs, von Hindemith als Desiderat nach einer Phase seriellen Komponierens vehement eingefordert, ließ zur selben Zeit György Ligeti, Bengt Hambraeus und Mauricio Kagel mit ihren für Radio Bremen geschriebenen Werken völlig neue Dimensionen erschließen. Ligetis *Volumina*, bei ihrer Präsentation kirchlicherseits mit Aufführungsverbot belegt, zeigen freilich mit einem Tutti-Cluster im Fortissimo unmittelbar zu Beginn nicht nur die Grenzen der Leistungsfähigkeit traditioneller Instrumente auf, sondern führen in einer Radikalisierung des Parameters Klang zu einer Qualität des Hörerlebnisses, das für Hindemith nicht mehr mit seinem Musikbegriff kompatibel war. Was er mit einer konventionellen Satztechnik zu vereinen suchte, in der Annahme, hier noch einmal einen Weg eröffnet zu haben, mußte durch die kühne Aktion Ligetis rasch als veraltet erscheinen. Etliche Passagen von Hindemiths letzter Rede geraten in diesem Kontext nicht nur zu einer Kritik des Serialismus, sondern auch und vielleicht mehr noch einer Avantgarde, die sich in diesen Jahren bilderstürmerischer gab, als ihr im Rückblick der Musikgeschichte wohl zukommt. Im Zusammenhang mit Ligetis 1962 uraufgeführten *Volumina* aber gerät Hindemiths Rede wie sein Orgelkonzert aus derselben Zeit zum Vermächtnis: als nachdrücklicher, keineswegs nur resignativer Appell, sich einer Dignität der Musik zu besinnen, die er nun noch von einer weiteren Seite gefährdet sah. Vermutlich auch deshalb nahm er den Auftrag, ein Orgelkonzert zu schreiben, an. Doch nur scheinbar revozierte er hier eigene Positionen, indem er sich solchem »Fortschritt« auch der Klanggestaltung verweigerte. Vielmehr dokumentierte er nichts anders als die Konsequenz eines musikalischen Denkens, mit dem er eine kulturelle Tradition bewahren wollte, die allerdings seit 1945 nichts als eine Schimäre war.

Heinz-Jürgen Winkler

Zur Konzeption der Messen Hindemiths

1. Entstehungsgeschichte

Hindemiths Messe a cappella für gemischten Chor (1963)[1] ist sein letztes Werk, gleichzeitig sein erstes in engerem Sinne liturgisches. Hans Gillesberger, der ehemalige Leiter des Wiener Kammerchores und durch häufige Zusammenarbeit in einer *Art Arbeits-Freundschaft*[2] mit Hindemith verbunden, berichtet uns von den Umständen der Entstehung dieses Werkes[3]. Immer wieder habe er, Gillesberger, den Meister gebeten, sich einer Messe anzunehmen, doch jahrelang erfolglos. Hindemith hatte großen Respekt vor den altehrwürdigen Melodien des gregorianischen Chorals und den Kompositionen eines Palestrina, die

---

[1] Das Werk ist Gegenstand zahlreicher Untersuchungen. Folgende seien genannt: Hans Ludwig Schilling, *Paul Hindemiths Messe (1963)*, in: *Musica Sacra* 85 (1965), S. 312-318; Clytus Gottwald, *Hindemiths Messe*, in: *Melos* 32 (1965), S. 386-391; Richard F. French, *Hindemith's Mass 1963: An Introduction*, in: Laurence Berman (Hrsg.), *Words and Music: The Scholar's View*, Cambridge, Mass. 1971, S. 83-91; Hans Vogt, *Paul Hindemiths Messe (1963)*, in: Hans Vogt (Hrsg.), *Neue Musik seit 1945*, Stuttgart 1972, S. 317-332; Sabine Jahnke, *Materialien zu einer Unterrichtssequenz: Messekompositionen im 20. Jahrhundert*, in: *Musik und Bildung* 65 (1974), S. 374-380; Alfred Rubeli, *Paul Hindemiths a cappella-Werke*, Mainz 1975 (= *Frankfurter Studien* 1), S. 96-99 u. 187-202; Bruce Lynn Vantine, *Four Twentieth-Century Masses: an Analytical Comparison of Style and Compositional Technique*, DMA Diss. University of Illinois 1982; Theo Hirsbrunner, *Paul Hindemiths Traditionsverständnis dargestellt am Gloria der Messe*, in: *Hindemith-Jahrbuch* 1984/XIII, S. 111-121; Franz-Georg Rössler, *Paul Hindemith: Messe (1963)*, München 1985 (= *Meisterwerke der Musik*, Heft 41); Susanne Schaal, *Paul Hindemiths Messe für gemischten Chor a cappella*, in: *Musica Sacra* 115 (1995), S. 479-485; Maria Cristina Zanoletti, *Paul Hindemith: Messe für gemischten Chor a cappella (1963)*, Diss. Università di Pavia 1995/96.

[2] Siehe Hans Gillesberger, *Paul Hindemiths letztes Werk*, in: *Das Josefstädter Heimatmuseum*, Heft 38, Wien 1964, S. 335.

[3] Ebd., S. 334-337.

ihm als Höhepunkt der liturgischen Polyphonie galten, und glaubte nicht, das in diesen Stücken erreichte Niveau überbieten zu können[4]. *Doch da,* so berichtet Gillesberger, *im September 1963 ein Anruf aus Lausanne: »Hier Hindemith; ich habe eine Messe für Sie geschrieben.«*[5] Während der konzertfreien Sommermonate Juli und August arbeitete Hindemith an diesem Werk, das am 6. September während eines kurzen Ferienauenthaltes in Crans-sur-Sierre, Valais, vollendet wurde[6]. In einem Brief an Gillesberger avisiert Gertrud das neue Stück und fragt, wann Gillesberger mit den Proben beginnen könne und ob das Werk am 12. oder 13. November in einer Abendmesse zu machen sei. Dieser Termin paßte den Hindemiths ins Programm, da er unmittelbar nach zwei philharmonischen Wiener Abonnementskonzerten lag und vor weiteren Engagements in Deutschland. Umgehend machte sich Gillesberger an die Vorbereitungen. In einem Brief vom 20. September teilt er den Hindemiths folgendes mit: *Die Aufführung in der Piaristenkirche mußte ich nun doch auf Dienstag, den 12. November 19 Uhr vorverlegen, da der Kammerchor am 13. November in Linz Probe für die ›Schöpfung‹ hat. Jetzt aber leider eine große, bittere Pille. In der Liturgie gibt es bei Messen an Wochentagen kein Credo (eine Bestimmung des Papstes Johannes XXIII.) Wir haben hin und her überlegt, es gibt aber keinen Ausweg.*[7] Vier Tage später, am 24. September, antwortet Gertrud und macht Vorschläge, wie die Messe vollständig aufzuführen sei. *Dass das Credo ausfallen soll ist ihm aber gar nicht recht. Es ist schliesslich das Hauptstueck und wenn er schon extra 3 Tage in Wien bleibt, um die*

---

[4] Ebd., S. 335.

[5] Ebd., S. 336. Bei der Bemerkung von Hartmut Krones, *Paul Hindemith in Wien*, in: Norbert Bolín (Hrsg.), *Paul Hindemith – Komponist zwischen Tradition und Avantgarde*, Mainz 1999 (= *Kölner Schriften zur Neuen Musik* 7), S. 138, Hindemith habe aus Los Angeles Gillesberger angerufen, handelt es sich um ein Versehen.

[6] In Gertrud Hindemiths Notizbuch findet sich unter dem 30. August die Notiz: *Y* [=Paul] *schreibt Messe.* In Pauls Taschenkalender ist unter dem 6. September notiert *Messe fertig.*

[7] Zitiert nach dem im Hindemith-Institut, Frankfurt/Main aufbewahrten Original.

Messe aufzufuehren, moechte er unbedingt auch das Credo machen. Wenn es bei der liturgischen Abendmesse nicht gesungen werden darf, so wird doch sicher der Curatus der Piaristenkirche erlauben, dass nach Abschluss der Abendmesse, also gegen 8 Uhr, das ganze Stück nochmals vor einigen Freunden wiederholt werden kann. Es wuerden die 4 kleineren Stuecke waehrend der Messe als eine Art Generalprobe gesungen, und nach kurzer Pause, wenn die Messe-Teilnehmer fort gegangen sind, koennte man die 22 Minuten doch noch dranhaengen! [...] *Bitte geben Sie uns umgehend Bescheid, wir sind im Begriff nach Rom und nach Sizilien zu fahren, wir haben nun alles eingerichtet fuer den 12 Nov. und er bittet Sie, ihm nur ein kurzes Telegramm mit ‚Einverstanden Gillesberger' zu senden, damit er weiss, dass die Kirche die nochmalige Auffuehrung in geschlossenem Kreis gestattet und dass auch Sie mit dem Lernen fertig werden.*[8] Gillesberger konnte den angesetzten Termin einhalten, und am 12. November dirigierte Hindemith um 19 Uhr im Rahmen einer Abendmesse in der Piaristenkirche die Sätze Kyrie, Gloria, Sanctus/Benedictus und Agnus Dei an ihrem liturgisch »richtigen« Ort. Die Propriumsstücke wurden vom Wiener Organisten Anton Heiller intoniert und von einer Schola cantorum gesungen. Im Anschluß daran wurde das Werk samt Credo konzertant aufgeführt. Bereits zwei Tage nach diesem Konzert kehrten die Hindemiths nach Blonay zurück, wo Hindemith an seinem Geburtstag, dem 16. November, so schwer erkrankte, daß er sich in ärztliche Behandlung begeben mußte. Im Laufe der nächsten Wochen – auf Gertruds Drängen hin wurde Hindemith ins Frankfurter Marienhospital eingewiesen – mußten alle weiteren Konzertverpflichtungen abgesagt werden, damit auch die geplante »öffentliche« Uraufführung der Messe in Berlin am 3. Dezember unter Leitung Hindemiths. In einem Brief, datiert *am heiligen Abend 1963*, berichtet Gillesberger von der ersten öffentlichen

8 Brief von Gertrud Hindemith an Hans Gillesberger, zit. nach Hartmut Krones, *Paul Hindemith in Wien* (wie Anm. 5), S. 140.

Aufführung am 13. Dezember unter seiner Leitung im Wiener Konzerthaussaal. Offensichtlich wußte Gillesberger noch nicht, daß Hindemith schwer erkrankt war, fragte er doch, *wie kam es, daß unsere Wiener öffentliche Aufführung die Uraufführung war? Diese war doch für den 3. Dez. in Berlin geplant. Ich bin nun schon sehr neugierig auf Ihre zweite und in weiterer Folge auf Ihre dritte Messe. Ich bekomme sie doch gleich, wenn es so weit ist: bitte!*[9]
Tatsächlich liegt von einer zweiten Messe nur das Credo ausgeschrieben vor[10]. Auf einer Grußkarte zu Weihnachten und zum Jahreswechsel 1965/66 antwortet Gertrud Hindemith wohl auf eine nicht erhaltene Anfrage Gillesbergers zu den weiteren Meßkompositionen: *Die 2. Messe ist ja nur in Bleistiftskizzen da, nur das Credo ist ausgeschrieben. Ich muss es Ihnen einmal zeigen = ich glaube nicht, dass man daran herum-knabbern sollte? Wer auch? Es ist dann ein Bastard & dient Niemandem.*[11]

2. Skizzen zur Messe

Neben den in der Gesamtausgabe beschriebenen Skizzen zur Messe liegen in zwei querformatigen Skizzenheften weitere für die auskomponierte A-cappella-Messe nicht verwendete Skizzen und umfangreiche Skizzen zu einer Meßkomposition mit Instrumentalbegleitung vor[12].

Beide Skizzenhefte wurden von Hindemith selbst angelegt, indem er großformatiges, linienloses Papier (ohne Markenbezeichnung, Farbe: elfenbein) beidseitig rastrierte und auf das Querformat 19,1 x 8,8 cm mit vier Notensystemen pro Seite zurechtschnitt. Die Systemhöhe beträgt 0,75 cm, der Abstand zwischen den Sytemen 1,3 cm. Beigefarbene

---

9 Zitiert nach dem im Hindemith-Institut, Frankfurt/Main aufbewahrten Original.
10 Als Faksimile publiziert in Paul Hindemith, *Sämtliche Werke*, Band VII, 5: *Chorwerke a cappella*, hrsg. von Alfred Rubeli, Mainz 1989, S. XVI-XXII.
11 Siehe Hartmut Krones, *Paul Hindemith in Wien* (wie Anm. 5), S. 142.
12 Im Hindemith-Institut, Frankfurt/Main, aufbewahrt im Skizzenordner 15, Skizzenbücher VIII und IX.

Pappdeckel gleichen Formats wurden als Vorderdeckel hinzugefügt; die Rückendeckel bestehen aus grauem, kräftigen Karton, der bei Heft [VIII] schmaler ist als Vorderdeckel und Notenblätter (17,6 x 8,8 cm). Am schmalen linken Rand sind Vorderdeckel, Notenblätter und Rückendeckel mit zwei Metallklammern geheftet. Diese Heftung wurde mit einem 1,8 cm breiten grünen Isolierband überklebt. Bei Heft [IX] hat sich dieses Band auf der Vorderseite gelöst. Ob die Heftung vor der Beschriftung erfolgte oder nachher, ist nicht auszumachen. Insgesamt zeigt Heft [IX] stärkere Gebrauchsspuren und Verschmutzungen als Heft [VIII], insbesondere Wasserflecken auf den Umschlagsdeckeln und den Notenblättern.

Skizzenheft [VIII]
Es umfaßt zwanzig unpaginierte Blätter (Seite [13]-[52]), zusätzlich sechs lose Blätter gleichen Formats, die an den Rändern Heftungslöcher zeigen und vorne ins Heft gelegt sind (Seite [1]-[12]). Als Schreibmaterial wurde weicher Bleistift verwendet. Fünf Blätter wurden nach der Heftung herausgerissen (drei Blätter zwischen Seite [12] und [13], ein Blatt zwischen Seite [14] und [15] sowie das letzte Blatt). Auf der Innenseite des vorderen Deckels finden sich rechts mit Bleistift als Instrumentenleiste angedeutete Abkürzungen der Instrumente Piccoloflöte, Flöte, Oboe, 2 Klarinetten, 1 Fagott, Horn, Bratsche, Violoncello und Kontrabaß. Ob es sich bei den genannten Instrumenten um die Besetzung der Instrumentalbegleitung zu dieser zweiten Messe handelt, ist nicht zu entscheiden. In der Mitte des unteren Randes finden sich, auf dem Kopf stehend, in zwei Zeilen zwei Anschriften notiert: *W VIII Piaristengasse 12-14* und *1 Bln W*[62] *Kufsteinerstr. 69.* Die Wiener Adresse war im Jahre 1963 die Anschrift des Dirigenten des Wiener Kammerchors, Hans Gillesberger. Die Berliner Adresse konnte nicht ermittelt werden. Auf der Innenseite des hinteren Kartons ist links oben mit sehr weichem Bleistift die Zahl *50* notiert. Die Seiten [2]-[4], [8]-[10], [12] und [18]-[52] sind nicht beschrieben.

Skizzenheft [IX]
Es umfaßt zwanzig unpaginierte Blätter (Seite [11]-[50]), zusätzlich fünf lose Blätter gleichen Formats, die vorne eingelegt sind (Seite [1]-[10]). Auch diese fünf Blätter tragen am schmalen Rand Heftungslöcher. Als Schreibmaterial diente ein weicher Bleistift. Sechs Blätter wurden nach der Heftung herausgerissen (zwei Blätter zwischen Seite [14] und [15], ein Blatt zwischen Seite [18] und [19], ein Blatt zwischen Seite [28] und [29] sowie die beiden letzten Seiten). Auf dem vorderen Deckel befindet sich in der Mitte leicht nach links geneigt ein mit Bleistift geschriebenes Majuskel-M, dem eine römische II eingeschrieben ist. Links oben, um 90° gedreht, ist mit blauem Kugelschreiber ein weiteres Majuskel-M geschrieben. Auf der Innenseite des Vorderdeckels befinden sich am oberen Rand die Enden dreier Zeilen einer Markenbezeichnung *specify*, *rd*, und *52_*. Die Seiten [2], [7], [9], [18], [19] und [48]-[50] sind unbeschrieben.

Inhalt der beiden Hefte
Nach Vergleich mit dem Inhalt von Skizzenheft [IX] ergibt sich, daß die eingelegten Blätter des Heftes [VIII] (Seite [1]-[12]) Material aus einer zweiten, nicht vollendeten Messe mit Instrumentalbegleitung enthalten[13]. Bekanntlich liegt von dieser zweiten Messe eine nicht vollendete Reinschrift des Credo vor[14]. Die Skizzen zu dieser Credo-Reinschrift finden sich im Heft [IX], Seite [24]-[38]. Neben diesen Credo-Skizzen enthält dieses Heft Skizzen zu weiteren Meßsätzen, die keine Ähnlichkeit mit der bekannten A-cappella-Messe aufweisen und daher als Entwürfe zu einer zweiten Messe gelten dürfen. Auf den Seiten [15]-[17] des Heftes [IX] finden sich weiterhin Skizzen zur Motette Nr. 10 *Vidit*

[13] Hans Gillesberger, *Paul Hindemith in Wien* (wie Anm. 5), S. 336, berichtet: *Hindemith trug in seiner Mappe – da diese Messe nach seinen eigenen Worten dem Schwierigkeitsgrade nach nur für »Spitzenchöre gedacht war« – schon eine zweite, beinahe vollendete, nicht mehr so schwierige Messe mit sich, und er wollte außerdem gleich anschließend eine dritte – »ganz leichte« wie er sagte – schreiben.*

[14] Dieses Fragment ist ediert in: Paul Hindemith, *Sämtliche Werke*, Bd. VII, 5 (wie Anm. 10), S. XVI-XXII.

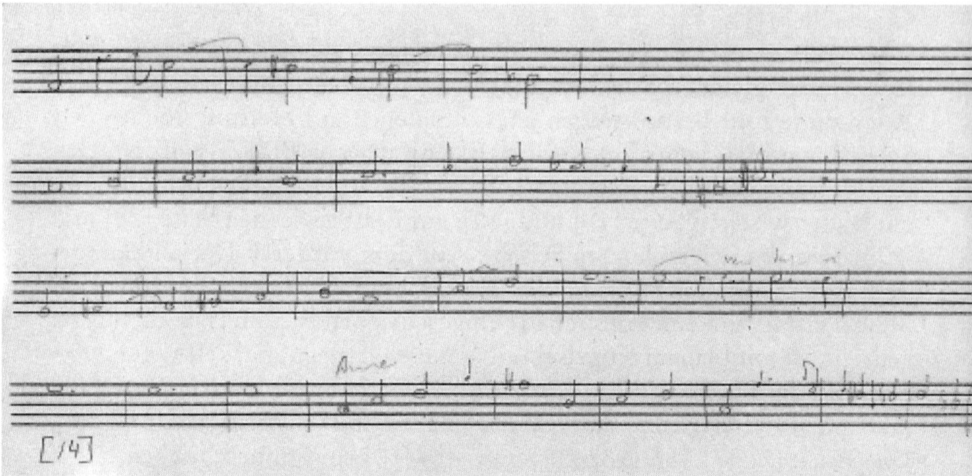

Skizzenheft [VIII], S. [14]

Joannes Jesum (Seite [15][15] und zur Motette Nr. 4 *Dixit Jesus Petro* (Seite [16]-[17])[16]. Allerdings ähneln die Skizzen zur Motette Nr. 10 lediglich im Duktus der edierten Motette. Seite [23] bringt Skizzen zum Kanon *Et obstinati quidam cantare volentes* anläßlich Ludwig Streckers 80. Geburtstag am 13. Januar 1963. Die Eintragungen Seite [20]-[22] konnten nicht identifiziert werden. Die Seiten [18]-[52] des achten Heftes blieben leer, auf den Seiten [13]-[17] finden sich Alternativen, oft nur eine Stimme zur A-cappella-Messe. Seite [13] enthält im oberen System und dritten System 9 Takte Sopran des Credo-Beginns der A-cappella-Messe und im zweiten System 2 Takte des Basses. Seite [14] notiert im oberen System das Basso ostinato-Thema des Schlußteils des Credos (T. 104-106). Im zweiten bis vierten System stehen die T. 104-124 des

[15] Siehe Paul Hindemith, *Sämtliche Werke*, Bd. VI, 3: *Klavierlieder III*, hrsg. von Howard Boatwright, Mainz 1999, S. 204-211.
[16] Ebd., S. 153-158.

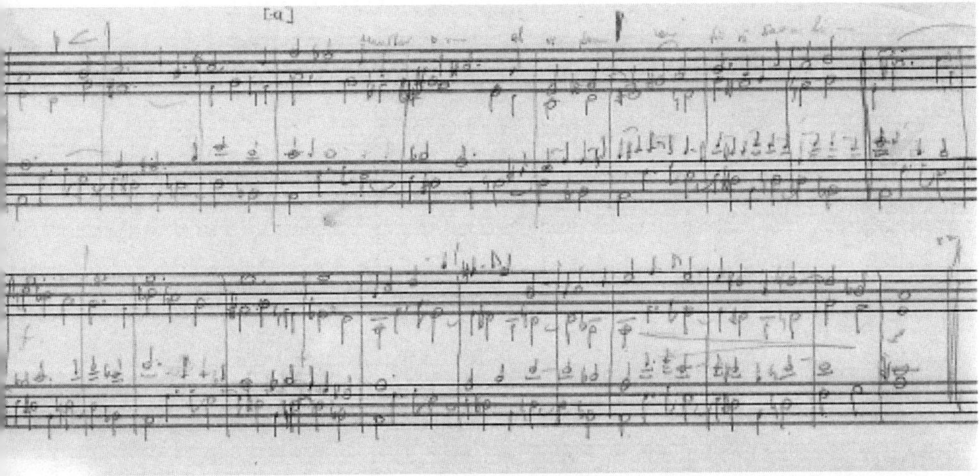

Skizzen zur Messe (neun Einzelblätter), S. [17a], ursprünglich im Skizzenheft [VIII] nach S. [14]

Soprans. An den Rißspuren läßt sich deutlich erkennen, daß es sich bei der zwischen den Seiten [14] und [15] herausgetrennten Seite um die Seite [17a] der Skizzen zur A-cappella-Messe handelt[17].
Die herausgerissene Seite [17a] bringt den Schluß des Credo-Satzes ab [ex]pecto, T. 104 bis Ende. Auf der Seite [14] des achten Skizzenheftes notierte er also lediglich den Basso ostinato im oberen System und die Sopranstimme, auf der ursprünglich folgenden Seite (jetzt [17a] der Skizzen zur A-cappella-Messe) arbeitete er diesen Abschnitt vierstimmig aus. In diesem Falle entspricht also eine sukzessive Notation einer sukzessiven Konzeption des Abschnittes[18]. Der Ausarbeitung eines

---

[17] Diese Skizzen sind beschrieben bei Paul Hindemith, *Sämtliche Werke*, Bd. VII, 5 (wie Anm. 10), S. 223.

[18] Zur Erörterung dieser Problematik siehe Giselher Schubert, *»Vision« und »Materialisation«. Zum Kompositionsprozeß bei Hindemith*, in: Hermann Danuser u. Günter Katzenberger (Hrsg.), *Vom Einfall zum Kunstwerk Der Kompositionsprozeß in der*

Skizzenheft [VIII], S. [15]

Baß-Sopran-Gerüstes folgte die Setzung des vierstimmigen Satzes, wobei in der Ausarbeitung im Sopran Durchgangs- bzw. Wechselnoten den starren Gerüstsatz auflockern. Diese Art der »progressiven« Skizzierung findet sich selten in Hindemiths Skizzen, schreibt er doch in der Regel ein Stück vollständig nieder, das sich vom endgültigen Werk lediglich in Details des Satzes unterscheidet[19].

Auf den Seiten [15]-[17] ist eine, letztendlich verworfene, Cantus-firmus-Anlage eines Credo skizziert, die im Alt in langen Pfundnoten die vier ersten Töne der gregorianischen Credointonation verwendet, während die beiden anderen skizzierten Stimmen frei kontrapunktieren.

Musik des 20. Jahrhunderts, Laaber 1993 (= *Publikationen der Hochschule für Musik und Theater Hannover* 4), S. 219-241, hier S. 225f.

[19] Ebd., S. 223.

Laut Text über den Systemen plante Hindemith das Credo-Thema zwölfmal *durch ganze T(onali)tät* zu variieren[20].

3. Zur Konzeption der beiden Messen

Ein Problem bei der Betrachtung Hindemithscher Werke und deren ästhetischer Konzeption besteht in der eigentümlichen Spannung zwischen musikalischer Autonomie und Funktion. Auf der einen Seite sucht er nach sozialer Fundierung seiner Musik, auf der anderen Seite lehnt er politische Musik ab. Den äußeren Anforderungen habe sich ein Komponist zu stellen, indem er gattungsspezifische Lösungen propagiert. »Neuheit« um jeden Preis ist für ihn keine Richtschnur, um die Qualität einer Komposition zu beurteilen. Anstrebenswert seien das *Ideal einer edlen und möglichst vollkommenen Musik*[21] oder *die Verwandlung von Musik in moralische Stärke*[22].
Hindemiths Stellung zur Kirchenmusik seiner Zeitgenossen wird in seinem Vortrag *Ethos* aus dem Jahre 1949 deutlich. Stichpunktartig notiert er: *Heutige kath. Kirchenkomposition: niedrigster Stand. Guter Wille, Berufung auf fromme Zwecke. Schlechte Technik, Komponisten dritten Ranges. Fast: nicht gut genug für anderes: dann Kirchenkomp. – Kirchenkitsch, fast Unterhaltungsmusik. – Kirchenbehörden anscheinend keinen Sinn für Qualität. Deshalb kaum Stätten, wo Kirchenmusik höchster Qualität gepflegt. Gregor. Choral (musikal. Lebenselement d. Kirche) nur ganz selten gut. Protest. Kirchen. Fast noch schlimmer. Von vornherein im Nachteil: Kein Erbe alter Musik* [...] *Nach Bach nur: Kopien von Kantaten, kleine Chorstücke, alles mit frömmelnden, aber kaum frommen Einschlag (kaum anders möglich, da auf einer Seite musikal. zu wenig, auf anderer zu viel, nicht im Gleichgewicht.*[23]

---

[20] Im Original: *Cr. Thema 12x durch ganze T.tät variiert.*
[21] Siehe Vorwort zur Neuausgabe des *Marienlebens*, Mainz 1948, S. III.
[22] Siehe Paul Hindemith, *Komponist in seiner Welt*, Mainz 1959, S. 20.
[23] Zitiert nach Giselher Schubert, *Im Geschirr des allgemeinen Narrenwagens. Aspekte des Hindemithschen Musikdenkens*, in: *Hindemith-Jahrbuch* 1984/XIII, S. 50.

Warum sich Hindemith nach langen Jahren der Zurückhaltung doch noch der Meßkomposition zuwandte, ist nicht bekannt. Vermutungen, er sei konvertiert[24] oder er habe sein nahes Ende gespürt, sind durch keine Hinweise zu belegen und daher als Ausgangspunkt einer Interpretation der Messe zu verwerfen[25].

Hindemith stellte sich das Problem, daß zum einen seine Messe den höchsten technischen Ansprüchen genügen sollte, zum anderen sollte das Werk nicht jenseits eines gesellschaftlichen Nutzens liegen, sondern als Teil der Liturgie fungieren. An seine Komposition stellt er hohe Ansprüche, indem er sich individueller Ausdrucksmanieren enthält und »Farbeffekte« vermeidet. Aus dieser Haltung resultiert die Dominanz einer sich aus selbständigen Stimmen konstituierenden Polyphonie, die auch da noch dominiert, *wo Hindemith in illustrativer Absicht* [...] *Klangfolgen aus rhythmisierten Tonfolgen bildet, in den Klangemanationen des Sanctus-Anfangs das Numinose anzudeuten sucht, im Pleni sunt coeli-Teil wechselnde, gänzlich ungebunden scheinende Stimmen (»aus allen Völkern und Ländern«) zu einer zwölfmal wiederholten (ostinaten) Tonfolge treten oder auch nur durch Parallelführung erzeugte Mixturwirkungen, stets textbezogen, sich auswirken läßt.*[26] In Hindemiths Spätwerken offenbare sich ein Beziehungsreichtum von satztechnischen Mitteln. Musikgeschichte werde verstanden *als Gesamtheit der zu letzlicher Ordnung sich zusammenschließenden Erfahrungen mit auf vielerlei Weise* [...] *rezipierter Musik* [...].[27]

Betrachtet man die Vielfalt dieser kontrapunktischen Mittel in der A-cappella-Messe, die Ostinato-Abschnitte, Mixturklangbereiche, vierfachen Kontrapunkt (siehe Schluß vom Gloria) und freie kontrapunktische Passagen umfaßt, fehlt von den historischen Modellen die

---

[24] Eine Besprechung dieser Aufführung im *Neuen Österreich* vom 14. November 1963 redet vom *Konvertiten Paul Hindemith*.

[25] Siehe Andres Briner, *Paul Hindemith*, Zürich/Mainz 1971, S. 300.

[26] Günther Metz, *Ein Spätstil Hindemiths?*, in: *Hindemith-Jahrbuch* 1984/XIII, S. 25.

[27] Ebd., S. 28.

Art Cantus-firmus-Satz, wie ihn franko-flämische Komponisten der Ockeghem-Generation mustergültig ausbildeten. Der nicht vollendete Entwurf im Skizzenheft [VIII], S. [15] wäre ein Typus dieser Art gewesen und hätte die Messe um ein weiteres satztechnisches Moment bereichert. Daß Hindemith sich mit dieser Konzeption auf Komponisten aus der zweiten Hälfte des 15. Jahrhunderts beruft und mit diesen Satztypen vertraut war, zeigen die Einrichtungen diverser Messen von Johannes Ockeghem und Guillaume Dufay zwecks Aufführungen mit seinen Studenten der Yale University in New Haven[28]. Ein Merkmal der Textbehandlung in Meßkompositionen um die Mitte des 15. Jahrhunderts ist in Hindemiths Messe anzutreffen: Das von Reinhard Strohm als *telescoping mass texts*[29] bezeichnete Verfahren, das verschiedene Textabschnitte eines wortreichen Meßsatzes (Gloria oder Credo) simultan in verschiedenen Stimmen kombiniert, findet sich bei Hindemith in den Takten 73-76 des Credo. Die beiden Mittelstimmen singen in Quartparallelen die Worte *judicare vivos et mortuos*, während der Sopran in emphatischen Septsprüngen das Bekenntnis *Credo* deklamiert. In ruhiger Bewegung setzt der Baß die Worte *cuius regni* entgegen. Wurde ursprünglich dieses Verfahren eingesetzt, um das Credo nicht zu umfangreich werden zu lassen, indem fortlaufender Text gleichzeitig vorgetragen wurde, gab es für Hindemith keinen solchen Anlaß der Verwendung. Bei ihm geschieht es im Bewußtsein der Zitation eines historischen Stilmittels, das organisch in die benachbarten Abschnitte eingegliedert werden kann.
Mag der äußere Anlaß für Hindemiths Plan, eine zweite, leichter auszuführende Messe zu schreiben, durch die Schwierigkeiten bei der Probe und Aufführung der ersten gegeben zu sein, fällt eine andere Präsenta-

[28] Im Hindemith-Institut, Frankfurt/Main, sind Hindemiths Sparten zahlreicher Meßzyklen aus dem 15. Jahrhundert aufbewahrt. Darunter auch die Missa *Se la face ay pale* von Dufay, eine der bedeutendsten Meßkompositionen seiner Zeit.

[29] Siehe Reinhard Strohm, *The Rise of European Music, 1380-1500*, Cambridge 1993, S. 203 und 251.

tion und damit Interpretation des Meßtextes ins Auge. Auch in der klanglichen Konzeption dieser Messe bedient sich Hindemith diverser klangräumlicher Stimmentfaltung und verwendet Mixturklänge beispielsweise im Abschnitt *Et in unum Dominum* T. 21ff. analog des Abschnitts *Ex Patre natum* im Credo der A-cappella-Messe T. 14ff. Jedoch weist das unvollendete Credo dieser zweiten Messe nicht die kontrapunktischen Verwicklungen der ersten Messe auf. Sekund-Quartklänge als Haltestimmen mit langgezogenem Aussingen der zweiten Silbe des Credo, unter denen der Baß in sprunghafter syllabischer, nur am Ende dieses ersten Abschnitts melismatisch singender Melodieführung rezitativartig gehalten ist, prägen den ersten Abschnitt des zweiten Meßentwurfes. Vermeidet Hindemith bei der Melodiegestaltung in der ersten Messe bewußt symmetrische Gliederung oder Fortspinnung als Satzprinzipien und folgt damit dem im 15. Jahrhundert exemplarisch durch Johannes Tinctoris formulierten *varietas*-Gebot[30], das Wiederholungen verpönt, wiederholt er im Credo der zweiten Messe ab T. 40 notengetreu Instrumentalritornell und Beginn des Credos. Damit rückt nach plakativer Intonation zu Beginn erneut das Wort *Credo* in den Mittelpunkt des Geschehens und hebt die Bedeutung des Wortinhalts hervor. Als bekenntnishafter Ausruf wird das Wort *Credo* im Sekundschritt in Baß und fortgesetzt dreimal repetiert im Tenor deklamiert (T. 33-37). Eine ähnlich plakative Präsentation des Credo begegnet in der A-cappella-Messe in den T. 73-77, wo der Sopran in Septsprüngen dreimal das Credo bekenntnishaft rezitiert. Die Binnenabschnitte dieses ersten Teils werden durch das genannte mottoartige, lediglich drei Halbe währende Instrumentalritornell markiert. Als kontrastierendes Zwischenglied fungiert ein zunächst aus Quart- dann Oktavparallelen gebildeter, in gleichmäßigen Vierteln schreitender Mittelstimmensatz, dem der Sopran bzw. Baß in synkopischer Kleinschritt-

[30] Siehe Johannes Tinctoris, *Liber de arte contrapuncti*, *Liber tertius*, ed Albert Seay, [Rom] 1975–78, S. 155 (= *Corpus scriptorum de musica* 22/2).

bewegung entgegengesetzt ist. Somit entsteht der Eindruck eines Schwebens zwischen von den Mittelstimmen angedeutetem Metrum und synkopiertem Rhythmus des Soprans. Diese Art der rhythmischen Gestaltung simultaner Klangverbände ist bereits im ersten Thema des ersten Satz des Oktetts (1957/58) zu beobachten. Erneut kontrastiert der folgende Teil klanglich als Tenor-Baß-Stimmpaar in freiem Kontrapunkt, dessen fünftöniges Anfangsmotiv unisono vom Instrument allein vorgestellt wird. Anders als in den vorhergehenden Passagen wird das Instrument in einen Imitationsabschnitt eingebunden, der unvermittelt in ein Sopransolo übergeht, das das Imitationsthema aufnimmt und fortführt. Dem wird als rhythmische Folie eine klavierartige, motorische Staccato-Instrumentalbegleitung unterlegt, die in T. 62 unvollendet abbricht, während der Sopran mit der Wiederholung des Imitationskopfes für eine Abrundung dieses Abschnittes sorgt.

Während Hindemith in seiner A-cappella-Messe verschiedene historische Modelle verwendet, sie miteinander kombiniert und somit einen komplexen, höchst anspruchsvollen Satz kreiert, trachtet er in der begonnenen zweiten Messe danach, mittels Gegenüberstellung verschiedener Klangflächen und -schattierungen Abwechslung zu erzeugen. Für ihn scheint die Integrationsmöglichkeit historischer Satzmodelle einer altehrwürdigen Gattung wie der Messe seine Vorstellung von der überzeitlichen Naturgegebenheit des Tonsystems zu »belegen«. Wohl nicht von ungefähr wählt Hindemith in seinen letzten Jahren neben der Messe noch die nicht minder geschichtsträchtigen und in seiner Zeit obsoleten Gattungen Madrigal und Motette. Für ihn vertreten diese Gattungen dank ihrer historischen Bewährung und Innerlichkeit überzeitliche Ideale einer in seiner Zeit nicht mehr existenten Gemeinschaft von Komponist, Ausführenden und Zuhörern[31]. Die Messe entspricht den

[31] Siehe das Vorwort zu den Weinheber-Madrigalen in Paul Hindemith, *Sämtliche Werke*, Bd. VII, 5 (wie Anm. 10), S. [47].

Kategorien Umgangs- und Darbietungsmusik, erstere gemeint als das Auftreten eines Berufsensembles vor Zuhörern, letztere verstanden als *Selbstmusizieren von Liebhabern*[32]. Die Gattung Messe als kompositorischer Zyklus konstituiert sich nicht ausschließlich durch die Liturgie, sondern auch durch musikalische Mittel, wie z.B. die Wiederaufnahme des Kyrie-Themas zu Beginn des Agnus bei Hindemith. In Cantus-firmus-Messen des 15. Jahrhunderts dient die Präsenz einer oft weltlichen Vorlage als einendes Band aller Meßsätze. Die Art der Uraufführung zunächst im liturgischen Rahmen, anschließend im privaten Kreis von Liebhabern verleiht dem Werk polyfunktionalen Charakter als liturgisches und absolutes Kunstwerk.
Hindemiths Vorstellungen nähern sich der Denkweise Igor Strawinskys, dessen Verhalten *ein tiefes Wissen von der Distanz des Vergangenen, von der Vergänglichkeit und der Versteinerung alles Geschichtlichen, das neues Leben nur erlangen kann, wenn es als ein »Gültiges« angenommen und mit dem »Gegenwärtigen« verschmolzen wird durch schöpferische Erneuerung*[33] repräsentiert. Allerdings wäre Hindemith wohl nie so weit gegangen wie Strawinsky, der postulierte, daß *man nicht nur an »symbolische Gestalten«, sondern auch an die Person Gottes, an die Person des Teufels und an die Wunder der Kirche glauben* muß, um in kirchlichen Formen zu komponieren[34].

[32] Heinrich Besseler, *Umgangsmusik und Darbietungsmusik im 16. Jahrhundert*, in: *Archiv für Musikwissenschaft* 16 (1959), S. 43.
[33] Siehe Ernst Ludwig Waeltner, *Strawinskys musikgeschichtliche Vorstellungen*, in: Rudolf Stephan (Hrsg.), *Zwischen Tradition und Fortschritt. Über das musikalische Geschichtsbewußtsein*, Mainz 1973 (=*Veröffentlichungen des Instituts für neue Musik und Musikerziehung* 13), S. 129.
[34] *Neue Dialoge: Igor Strawinsky – Robert Craft*, in: *Melos*: 25 (1958), S. 273.

Walter Salmen

»Volksgesang« im Unterricht und Werk Hindemiths

Im Programmheft zur Uraufführung der Oper *Mathis der Maler* am 28. Mai 1938 in Zürich erläuterte Paul Hindemith: *Alte Volkslieder, Streitgesänge aus der Reformationszeit und der gregorianische Choral bilden den nährenden Boden für die Mathis-Musik.*[1] 1934 hatte der Komponist in Berlin bekräftigt, daß die Partitur dieses Werks *auf dem Boden unserer großen Überlieferung* [...] *geschrieben wurde*[2]. 1935/36 setzte sich Hindemith in seinen *Vorschlägen für den Aufbau des türkischen Musiklebens* nachdrücklich dafür ein, der Staat möge ein *Volksliederbuch* herausgeben lassen, dienlich als *die bedeutsamste Grundlage der musikalischen Volksbildung*[3]. Der Komponist und der Pädagoge engagierte sich somit sowohl für notierte Relikte aus alten Zeiten als auch für solche aus mündlicher Überlieferung. Er schätzte dieses – vor allem aus der eigenen Geschichte stammende – Melodiengut ein als einen »Quell«, der von vielen seiner Zeitgenossen gemieden, verachtet, bekämpft wurde, den er allerdings nicht versiegen lassen wollte. Vielmehr mühte er sich darum, diesen wiederaufzuwerten, um damit sein Musizieren im 20. Jahrhundert erneut *sozial zu fundieren*[4].

---

[1] Abgedruckt in: *Werkeinführungen und Vorworte von Paul Hindemith*, hrsg. von Susanne Schaal-Gotthardt, in: *Hindemith-Jahrbuch* 2000/XXIX, S. 127–208, hier S. 146.

[2] Paul Hindemith, Einleitung zur *Symphonie »Mathis der Maler»*, in: ders., *Sämtliche Werke*, Bd. II, 2: *Orchesterwerke 1932-34*, hrsg. von Stephen Hinton, Mainz 1991, S. XIXf.

[3] Paul Hindemith, *Vorschläge für den Aufbau des türkischen Musiklebens*, (1935/36), hrsg. von Gültekin Oransay (türk./dt.), Izmir 1983, S. 72.

[4] Paul Hindemith, *Über Musikkritik*, in: *Melos* 8 (1929), S. 106, abgedruckt in: ders.; *Aufsätze – Vorträge – Reden*, hrsg. von Giselher Schubert, Mainz/Zürich 1994,

Hindemith setzte sich vor allem in seiner zweiten Lebenshälfte merklich ab von der zeitgenössischen Avantgarde, die aus der seit langem schwelenden gesellschaftlichen Krise der Musik die Konsequenz zog, musikalische Kunstwerke setzen zu sollen, die aller Konvention entrückt sind und keinen außermusikalischen Zwecken zu genügen haben. Aus frei mit dem Material umgehender Subjektivität heraus, die bereit ist, elitär auf sich verwiesen und unter Erleiden einer zuweilen quälenden Einsamkeit zu existieren, Kompositionen anzubieten, die ohne Rücksicht auf die Mitwelt ausschließlich an künstlerischen Notwendigkeiten orientiert zu sein haben. Neben der Tendenz der Anbiederung an die gemeine Menge mittels verbindlichen, gefälligen, auch von Trivialitäten und Klischees durchwirkten Werken der großen Zahl, rangen um keinen Konsensus nachsuchende, frei sich im Umgang mit »Materialien« wähnende »Schöpfer neuer Musik« um die Realisation von Tonstücken, die die Allgemeinheit z. T. brüskiert ablehnte. Auch Paul Hindemith ist als »Bürgerschreck«, als aufrührerisches enfant terrible sowie als rücksichtslos eingeschätzter »Neutöner« dieser Strömung während einiger Jahre gefolgt. Mit dreistem Gestus schrieb und interpretierte er eine antiromantisch gemeinte Musik ohne Weihe, Pathos und konventionelle Schönheit. Die frech wirkende Demonstration des Unbehagens am Etablierten wurde ihm zeitlebens nicht vergessen und mancherseits auch nicht verziehen, obwohl Hindemith in einem Prozeß von »Selbstbescheidung« (Winfried Zillig) davon abließ und gesellschaftlich wie

S. 37ff. Dieses soziale Engagement brachte Hindemith nach 1925 in ein zeitweiliges Nahverhältnis zu Repräsentanten der Jugend- und Singbewegung, dazu vgl. Thilo Medek, *Berührungsängste und Paul Hindemith*, in: *Hindemith-Jahrbuch* 1981/X, S. 18-31, hier S. 23; Dieter Rexroth, *Paul Hindemith und Brechts* Lehrstück, in: *Hindemith-Jahrbuch* 1983/XII, S. 41-52, hier S. 44f.; Gerd Sannemüller, *Gebrauchsmusik im Schaffen von Paul Hindemith*, in: *Hindemith-Jahrbuch* 1992/XXI, S. 26-46; Klaus-Dieter Krabiel, *Das* Lehrstück *von Brecht und Hindemith. Von der Geburt eines Genres aus dem Geist der »Gebrauchsmusik«*, in: *Hindemith-Jahrbuch* 1995/XXIV, S. 157ff. sowie in Briefen an Otto Ernst Sutter (1927) und Elizabeth Sprague Coolidge (1930), abgedruckt in: Dieter Rexroth (Hrsg.), *Paul Hindemith. Briefe*, Frankfurt/Main 1982, S. 131 bzw. S. 147.

auch künstlerisch um ein erneuertes Einverständnis mit möglichst vielen Menschen bemüht war.
Das hier darzustellende »Zurück« in die bewährte Solidität der Tradition, in die Lehrmeisterschaft, die Schule bildend wirken will, sowie in den fest gefügten eigenen Stil bedingte eine schrittweise Versöhnung wenigstens mit einem Teil der Mitwelt. Hindemith setzte sich dazu, mit dem Blick in die Vergangenheit, auch als »Neutöner« das »moralische Ziel«, mit seiner Musik wieder etwas Brauchbares anbieten zu können, ohne damit Popularität im Sinne des Sich-Anbiederns zu intendieren. Er suchte sich mit seinen Werken verständlich zu machen, Konvenables nicht gänzlich zu eliminieren zugunsten des Noch-nie-Dagewesenen[5]. Aus ernster Reflexion über seinen Standort und den Erfahrungen eines gründlichen kompositorischen Arbeitens an der Sache legte er sich die Verpflichtung auf, daß er als Künstler mit einer Verantwortung gegenüber dem Leben aller gehalten sei, sich vor allem im Geben statt ausschließlich im Nehmen zu bewähren. Hindemith nahm den erreichten Standard der nur ästhetischen Gültigkeit von Kunstwerken zurück, indem er die Sachverbundenheit mit den Benutzern betont wieder hervorkehrte. Gesellig wie er war, intendierte er Musik machen zu wollen, die man in seiner Gegenwart und nicht erst in einer fernen Zukunft »gebrauchen« konnte. Mit Nachdruck setzte er sich insbesondere in seiner Spätzeit, als ihm ein altmeisterlicher Rang zugebilligt wurde, dafür ein, daß der Komponist *die Befriedigung der Musizierwünsche des Laien* nicht außer acht lassen dürfe, daß die *Anpassung des Kompositionshandwerks an Zwecke und Verbraucher* nichts Verwerfliches, sondern vielmehr ein notwendig zu erfüllender Dienst sei[6]. Als Devise formulierte er den Satz: *Denke nicht an dich selbst, frage immer nur, was kann ich dem Nächsten geben.*[7]

[5] Vgl. Paul Hindemith, *Komponist in seiner Welt*, Zürich 1959, S. 265.
[6] Ebd., S. 261ff.
[7] Ebd., S. 265.

Hindemith, der wiederholt um das Einverständnis der *Musikverbraucher*[8] warb, entsagte aus *Verantwortung gegen die menschliche Gemeinschaft* dem selbstzwecklichen Material-Experiment und dem Anbieten von rücksichtslos Neuem, das vom Publikum nicht als sinnvoll gefügt aufgenommen zu werden vermochte. Er suchte mittels des Musizierens und des versachlichten Werks Kommunikation herzustellen, oder gar Gemeinschaft zu stiften. Er setzte nichts Utopisches, nicht Realisierbares. Statt dessen dachte er als versierter Praktiker stets an die Praktizierbarkeit jeder Stimme, jedes Taktes. Ohne Dünkel und Arroganz nahm er sich vor, nicht nur für den Genuß im festlichen Konzertsaal wirkungsvolle Musik verkaufen zu können, sondern auch für den gewöhnlichen Alltag geeignete Kompositionen bereitzustellen. Schon 1922 bemerkte er in der *Neuen Musikzeitung*, er habe alles *beackert*, nämlich *Kammermusik aller Art, Kino, Kaffeehaus, Tanzmusik, Operette, Jazz-Band, Militärmusik*[9]. So wenig wie er für sich den elitären Rang eines »Begnadeten« in Anspruch nahm, der nur die high society als seinesgleichen anzuerkennen bereit war, so wenig reservierte er sein Werk für Snobs, für Kenner, für die Wohlhabenden. Im Jahre 1948 äußerte er aus dieser unprätentiösen Einstellung eines zwar Arrivierten, aber dennoch allseits verbindlich Gebliebenen heraus die Bitte, man möge seine Musik im *Musikhaushalt* wie einen Gegenstand aufnehmen, *von dem man kein Aufhebens macht, dessen Nützlichkeit aber als selbstverständlich hingenommen wird*[10]. Dieser Verzicht auf die Anerkennung der Tonkunst als einer außerordentlichen »ars« ist ein bestimmendes Merkmal vieler seiner Kompositionen geworden. Manchen Werken ist eine Zwecksetzung mit

---

8 Vgl. Paul Hindemith, *Ansprache zur Entgegennahme des Balzan-Preises* (1963), in: ders., *Aufsätze – Vorträge – Reden* (wie Anm. 4), S. 310ff.

9 *Neue Musikzeitung* 43 (1922), S. 329; abgedruckt in: Paul Hindemith, *Aufsätze – Vorträge – Reden* (wie Anm. 4), S. 7.

10 Paul Hindemith, Vorwort zum *Marienleben*, in: *Melos* 15 (1948), S. 321, abgedruckt in: *Werkeinführungen und Vorworte* (wie Anm. 1), S. 150ff.; siehe auch Paul Hindemith., *Über Musikkritik*, abgedruckt in: ders., *Aufsätze – Vorträge – Reden* (wie Anm. 4), S. 37-41.

dem Ziel einer sozialen Akzeptanz im Titel mitgegeben, andere enthalten in Worten oder in Tönen mehr oder wenig deutliche Verweise auf geschichtlich Bewährtes, aus der Volksmusik mit der Anmutung von Dauerhaftigkeit Überkommenes, oder im populären Genre allgemein Vertrautes. Dieses sollte dazu dienen, das gesuchte »Einverständnis« erleichtern zu helfen. Hindemith will nicht Gewohntes, Tradiertes zerstören, sondern vielmehr dieses »Alte« in »Tönen«, Liedern, Formen oder Techniken erneuern oder auch collagiert wiederbeleben. Dazu diente Hindemith die fast gänzlich verklungene und daher ihm nur mehr aus Niederschriften zugängliche Volksmusik als ein Fundus für »Ausgangsmaterial«. Mit Hilfe dessen war er bestrebt, jenen Grundsatz zu verwirklichen, den er in der Oper *Mathis der Maler* (I. Bild) in den Versen aufstellte:

Was an Taten in dir aufblühen soll,
gedeiht an der Sonne Gottes allein,
wenn deine saugenden Wurzeln
tief hinein in den Urgrund des Volkes greifen.

Unterweisung im Liedsatz

Hindemith, der »homo ludens«, Komponist und Schriftsteller, war auch ein passionierter Lehrer. Nach 1927 unterrichtete er engagiert während dreier Jahrzehnte Schüler in mehreren Ländern in der Theorie und den Satztechniken der Musik[11]. In »gradus« wies er die Studierenden ein in die Elemente, Regeln, Modelle, historische wie gegenwärtige Praktiken. Der Komponist Harald Genzmer berichtete 1997, daß dieser Unterricht nicht allein an der Notentafel stattfand, sondern das Spielen auf Instru-

[11] Erwin R. Jacobi, *Paul Hindemith als Pädagoge*, in: *Schweizer Monatshefte* 45 (1966), S. 1045ff.; Andres Briner, *Paul Hindemith*, Zürich 1971, S. 323ff. und S. 368; Giselher Schubert, *Vorgeschichte und Entstehung der »Unterweisung im Tonsatz. Theoretischer Teil«*, in: *Hindemith-Jahrbuch* 1980/IX, S. 16ff.; Eckhart Richter, *Training Prospective Composers to be* Compleat *Musicians. Hindemith's Teaching at the Berlin Musikhochschule*, in: *Hindemith-Jahrbuch* 1991/XX, S. 26ff.

menten, das Singen und Stimmenschreiben stets inkludierte[12]. Es galt das Geschriebene in die Praxis umzusetzen mit dem Ziel, so *wie es in alten Zeiten war*, alle *musikalischen Fähigkeiten* zur Gewinnung wahrer *musikalischer Erkenntnis* einzubringen. Der mittelalterliche Lehrsatz »musica est ars canendi« war bei Hindemith noch präsent. 1955 dozierte er in Zürich: *Bis vor 250 Jahren waren die menschliche Stimme und das Zusammensingen das Regulativ für die musikalische Satztechnik.*[13] An diesem Standpunkt hielt er fest[14]. Materialbasis für die ersten Versuche der Schüler im Analysieren und mehrstimmigen Satz bildeten stets Bicinien sowie geistliche und weltliche Lieder des 16. Jahrhunderts. Dieses »Fundieren« des Unterrichts auf ausgewählten Volksgesängen war allerdings weder neu noch außergewöhnlich, denn Tonsatzlehrer wie etwa Hermann Grabner, Ernst Pepping oder Wolfgang Fortner legten ihren Lektionen ebenfalls ältere Liedweisen als cantus firmi zugrunde[15].

Hindemith war in diese Verfahrensweise eingeübt worden seit seiner Ausbildung in Dr. Hoch's Konservatorium in Frankfurt am Main von 1912 bis 1914. Als Standardwerke wurden eigens für die Schüler dieser Lehranstalt zusammengestellt und gedruckt: Iwan Knorr, *Aufgaben für den Unterricht in der Harmonielehre*[16], und Bernhard Scholz, *Lehre vom Kontrapunkt und den Nachahmungen*[17]. Beide Bücher wurden von Hindemith ausgiebig zur Lösung von Aufgaben bis in das Kriegs-

---

[12] Harald Genzmer, *Der Unterricht bei Paul Hindemith*, in: *Hindemith-Jahrbuch* 1997/XXVI, S. 10f.

[13] Paul Hindemith, *Hören und Verstehen unbekannter Musik*, abgedruckt in: ders., *Aufsätze – Vorträge – Reden* (wie Anm. 4), S. 295.

[14] Andres Briner, *Hindemith* (wie Anm. 11), S. 248.

[15] Siehe Hermann Grabner, *Allgemeine Musiklehre*, [9]Kassel 1966, S. 162f.; Ernst Pepping, *Der polyphone Satz I: Der cantus-firmus-Satz*, Berlin 1943, S. 23ff.; Walter Salmen, *Der Lehrer und Komponist Wolfgang Fortner an der Wende 1944/1945*, in: *Festschrift Prof. Jiří Fukač*, hrsg. von Stanislav Bóhadlo, Hradec Králové 1998, S. 124ff.

[16] Leipzig 1903, S. 45ff.

[17] Leipzig 1904, S. 127ff. und S. 147ff.

jahr 1918 hinein genutzt[18]. Die *Aufgaben* des damaligen Direktors des Konservatoriums Knorr enthalten etliche »Choräle«, die seitdem zum Fundus Hindemiths gehörten; die Kontrapunktlehre von Scholz enthält *Volkslieder in den Kirchentönen*, die der Autor dem *Altdeutschen Liederbuch* von Franz Magnus Böhme in der Auflage von 1877 entnommen hatte und zur Bearbeitung *mit Dreiklängen und in moderner Harmonik* empfahl. Unter diesen Melodien findet man das Abschiedslied *So wünsch' ich ihr eine gute Nacht*, sowie *Zwischen Berg und tiefem Tal* oder *Entlaubet ist der Walde*, die Hindemith zu seinen unverzichtbaren »favorits« und Lebensbegleitern erkor[19]. Allerdings machte er sich diese satztechnisch anders zueigen als seine Lehrer. Er benutzte die vermeintlich »phrygischen« oder »mixolydischen« Weisen als *idealen Arbeitsstoff* vor allem deswegen, *weil in ihm die Melodik in der vollen Frische unbefangener Freude am Linienspiel sich entwickelt, ohne durch zu stark hervortretende harmonische Rücksichten in das später die Gestalt bestimmende Schema entschiedener Kadenzen und sehr ausgeprägten symmetrischen Periodenbaues eingespannt zu sein*[20]. Er möchte diese nicht harmonisieren, sondern cantus firmus gebundenen, kontrapunktisch angelegten Sätzen zugrundelegen. Die oben genannten »Melodievorlagen« sind auch unter seinen Exempeln zu finden, freilich in Fassungen, die weniger von jenen in Böhmes *Altdeutschem Liederbuch* abweichen[21]. Eine seiner Schülerinnen, die Cembalistin Silvia Kind, berichtet: *Wenn man mehrstimmige Sätze in Form von Choral-Vorspielen und Fantasien schreiben mußte, gab Hindemith als cantus firmus mit Vorliebe altdeutsche Volkslieder aus dem Lochamer Liederbuch und*

[18] Luitgard Schader, *Hindemiths Skizzenbücher Nr. 1 bis 41. Entstehungszusammenhang und Inhalt einer Quellengruppe*, in: *Hindemith-Jahrbuch* 2001/XXX, S. 210ff.

[19] Paul Hindemith, *Sämtliche Werke*, Bd. VII, 5: *Chorwerke a cappella*, hrsg. von Alfred Rubeli, Mainz 1989, S. 183ff.

[20] Paul Hindemith, *Unterweisung im Tonsatz II. Übungsbuch für den zweistimmigen Satz*, Mainz 1939, S. 161 und S. 178ff.

[21] Vgl. z. B. Franz Magnus Böhme, *Altdeutsches Liederbuch*, [3]Leipzig 1925, Nr. 163 und Nr. 435.

andern Sammlungen. Erst jetzt wird mir klar, wie wichtig es für ihn selber war, solche Liedthemen immer wieder von seinen Schülern bearbeiten zu lassen. Damals schrieb zum Beispiel ein Schüler Variationen über das Thema des Schwanendreher-*Tanzes für Harfe und Orchester – einige Jahre später komponierte Hindemith selbst das Bratschenkonzert* Der Schwanendreher, *wobei er im langsamen Satz, über das Lied* Laube Lindlein, laube *die Solobratsche von der Harfe begleiten läßt. Wir Schüler haben dieses Lied und das Fugenthema des letzten Satzes* Der Gutzgauch Kuckuck auf dem Zaune saß – *wie auch das Thema vom* Engelkonzert *aus* Mathis der Maler – *alle einmal unter den Fingern gehabt. Hindemith – indem er solche Themen durch seine Schüler quasi ausprobieren ließ – ging ähnlich vor wie ein Professor der Physik oder Chemie, dem die Experimente der Studenten zu höherer Erkenntnis dienen. Und in ihm lebte noch jener gute Werkstatt- und Arbeitsgeist der Renaissancemaler, die große Werke von den Schülern vorbereiten ließen.*[22]

Hindemith intendierte in seinem Unterricht, *von der Melodik aus die Satztechnik zu beeinflussen.* Diese sollte, basierend auf dem »Ausgangsmaterial« Lied, stufenweise zu einem an Vielfalt gewinnenden Können entwickelt werden. Deswegen weitete er in den Übungen im dreistimmigen Satz das Arbeitsmaterial aus auf *Lieder aus den verschiedensten Regionen unseres weiteren musikalischen Kulturkreises*[23]. Er empfahl als abzuwandelnde Muster die Bearbeitungen von Béla Bartók und Zoltán Kodály, aber auch Volksliedsammlungen aus Nordamerika, England, Spanien und Österreich, um daraus eine tonale Schreibweise zu gewinnen, *die über allen Stilen steht, die naturnahe ist.* Zwischen der historistischen Stilkopie, die Hindemith – falls gefragt – souverän zu setzen vermochte, und dem Einbringen eigener Klangvorstellungen regte er stets zu vielfältig angelegten Satzstrukturen an.

---

[22] Silvia Kind, *Mein Lehrer Paul Hindemith*, in: *Melos* 32 (1965), S. 396.
[23] Paul Hindemith, *Unterweisung im Tonsatz. III. Übungsbuch für den dreistimmigen Satz*, Mainz 1970, S. 164.

Daß Hindemith angesichts dieser Offenheit in der Lage war, sich den jeweiligen Verhältnissen anzupassen, bewies er, als man ihn 1935 einlud, in der Türkei als »Musikspezialist« umgreifend tätig zu werden[24]. Er gab Konzerte, studierte die Lehrpraktiken in Schulen und arbeitete Vorschläge aus für grundlegende Reformen eines westlich orientierten Unterrichtssystems. Für die Gründung eines Staatskonservatoriums in Ankara entwarf er Pläne, wonach die türkische Musiktradition mit den Techniken der europäischen Polyphonie verschmolzen werden sollte. Den Gesang in den Schulen hatte er dabei ebenso im Blickfeld wie die Ausstattung eines Opernhauses und die *Gestaltung der türkischen Kunstmusik*. In einer Denkschrift von 1936 plädierte er für die *Herausgabe eines Volksliederbuches* und gegen die verfälschende *Verpflanzung fremder Erzeugnisse* in dieses Land. Er regte an das Erarbeiten einer brauchbaren Musik für musizierende Laien und die Grundierung einer Musik mit nationellem Charakter auf dem *festen Boden* der einheimischen Volksmusik[25].

»Einfiltrierte« mittelalterliche Stücke und altdeutsche Gesänge

Im Jahre 1949 bezeichnete Hindemith sein Verfahren, vorgegebene und aus der Erinnerung vergegenwärtigte Musikstücke in seine Werke einzuverarbeiten, als ein »Einfiltrieren«. Das bedeutete: nicht auf tongetreue Zitate zielte sein Bestreben, ausgesuchte alte und neue Lieder oder Tänze als Einlagen zu adaptieren, sondern diese in seine eigentümliche Kompositionsweise als ein Ferment eingehen zu lassen und damit *neu zu bewahren*[26]. Während er noch 1920 *alle möglichen Altertümlichkei-*

---

[24] Cornelia Zimmermann-Kalyoncu, *Paul Hindemiths Türkei-Jahre – oder: Wie organisiert man Atatürks Musikreformen*, in: *Hindemith-Jahrbuch* 1986/XV, S. 34ff.

[25] Vgl. Paul Hindemith, *Vorschläge für den Aufbau des türkischen Musiklebens* (wie Anm. 3), S. 70ff.

[26] So lauten die Schlußworte des *Zwiegesprächs*, das dem vierten Satz der *Sonate für Althorn in Es und Klavier* (1943; Ed. Schott 4635) vorangestellt ist.

ten zu ignorieren trachtete[27], mutierte später diese Abwendung von den Gütern der Vergangenheit zu einer Hinwendung. Hindemith wußte sich fortan in der Verpflichtung, Tradiertes nicht als den Restbestand abgestorbenen, verklungenen Lebens abzutun, sondern diesem in stilisierter Fassung ein erneuertes Dasein zu ermöglichen. Er bemühte sich – unter der Kontrolle eines streng steuernden Ichs –, viele seiner Kompositionen mit »Früherem« zu verknüpfen.

Hindemith macht alle Epochen der abendländischen Musikgeschichte auf seine Weise wieder präsent. In seinem letzten Orgelkonzert legt er mittels einer Phantasie über die Sequenz *Veni, creator spiritus* ein Bekenntnis ab zum lateinischen Mittelalter. In op. 33 Nr. 2, einem Chorsatz für 3 Frauenstimmen über einen Text von Burggraf zu Regensburg, versucht er den Ton der *Frauenklage* aus der Zeit des Minnesangs nachzugestalten. Dem instrumentalen *Rezitativ über ein altenglisches Lied* im vierten Satz der *Sonate für zwei Klaviere* (1942) legte er Silbe für Silbe das anonyme Gedicht *This World's Joy* aus der Zeit um 1300 zugrunde. In A-cappella-Chorwerken versuchte er mittels einem *den Niederländern verwandten Streben der Tonkunst neue Wege zu erschließen*[28]. In der Tanzlegende *Nobilissima Visione* (1938), in welcher das Leben und Mysterium des Franziskus von Assisi im 13. Jahrhundert dargestellt werden, basiert die aus elf Sätzen bestehende Komposition gänzlich auf einem *Lied des Troubadours.* Gemeint ist das Stück *Ce fut en mai* des Trouvères Moniot d'Arras[29], das einleitend als cantus firmus zitiert, sodann mit wechselnder Begleitung abgewandelt wiederholt wird und in mehreren Sätzen als Kopfmotiv das Ganze durchwirkt. In Nr. 3 beispielsweise kennzeichnet es insbesondere durch die Veränderung des Rhythmus das stolze Selbstbewußtsein eines Rit-

---

[27] Dieter Rexroth, *Paul Hindemith. Briefe* (wie Anm. 4), S. 94.

[28] Johannes Wolf, *Altniederländische Kunst und Chormusik von Krenek und Hindemith*, in: *Die Musikerziehung* (1926), S. 114-120, hier S. 119.

[29] Abgedruckt bei Friedrich Gennrich, *Troubadours, Trouvères und Meistergesang*, Köln 1960, S. 13.

ters, in Nr. 11 wird daraus als Passacaglienthema eine Apotheose' auf den *Sonnengesang* gewonnen.

Paul Hindemith, *Nobilissima Visione*, Nr. 1: *Einleitung und Lied des Troubadours*

Nr. 2: *Tuchkäufer und Bettler*

Nr. 3: *Der Ritter*

Nr. 7: *Schluß des Festes*

Nr. 10: *Kärgliche Hochzeit*

in Nr. 10: äußerste Verdichtung des »Themas«, vor Ziffer 84

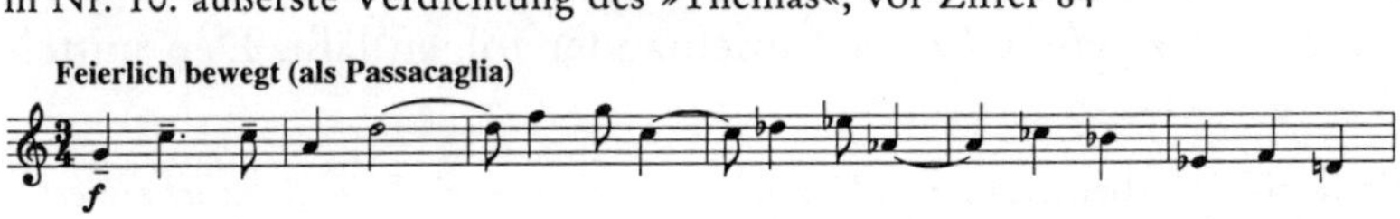

Nr. 11: *Incipiunt laudes creaturarum*

In der auf das hohe Mittelalter szenisch und musikalisch zurückverweisenden Tanzlegende *Nobilissima Visione* ist zudem das Antönen mittelalterlicher Spielmannspraxis mit der Einhandflöte und kleinen Trommel enthalten, das sich für Hindemith durch die Heraushebung des Zusammenspiels von Flöte und Pauke darstellen ließ. Dieser Versuch des Nachgestaltens von Spielmannspraktiken der Vergangenheit ist kein vereinzelter im Werke des passionierten Streichers und Bläsers. Die kompositorisch fixierte und verdingliche Einvernahme von Spielmännischem gestattete sich Hindemith aus einer ihm eigentümlichen Affinität zu diesem historischen Vorstellungszusammenhang heraus auf unterschiedliche Weise. Beispielsweise verwies er indirekt dadurch auf geschichtlich alte, musikalisch offene Interpretationsweisen zurück, daß er in etlichen seiner Spielmusiken die ansonsten üblich gewordene Verbindlichkeit des als Kunstwerk Gesetzten teilweise aufhob durch Vortragsanweisungen, die zur Nutzung des auch in Stadtpfeifereien bis ins 18. Jahrhundert hinein üblich gewesenen »ad libitum« der Ausführung und Stimmenbesetzung auffordern. In dem Konzert für Bratsche und kleines Orchester *Der Schwanendreher* von 1935 weist er gar den Leser der Partitur expressis verbis auf ein ihm vorschwebendes *mittelalterliches Bild* hin, welches das Auftreten eines fahrenden Spielmannes *in froher Gesellschaft* zum Inhalt haben soll[30]. Als Teil einer *Sing- und Spielmusik für die Jugend* vertonte er für drei Stimmen den *Spruch eines Fahrenden* aus dem 14. Jahrhundert. Wohl am beachtenswertesten ist in diesem Zusammenhange der dritte Satz des *Konzerts für Klavier und Orchester* aus dem Jahre 1945. Hierin macht Hindemith nämlich Musik über Musik, indem er quodlibet- oder potpourriartig (wie aus einem klingenden Museum zusammengestellt und nur locker in eine Beziehung versetzt) die Teilstücke *Canzona – March – Valse lente – Caprice – »Tre fontane«, medieval dance* aufeinander folgen läßt. Den mittel-

[30] Paul Hindemith, Vorbemerkung zu *Der Schwanendreher*, in: ders., *Sämtliche Werke*, Bd. III, 4: *Bratschenkonzerte*, hrsg. von Hans Kohlhase, Mainz 1997, S. 84.

alterlichen Tanz entnahm er einer Veröffentlichung aus der Handschrift London British Library add. 29987, fol. 57[31]. Diese Quelle bietet Tänze und instrumentale Vortragsstücke italienischer Provenienz aus dem 14. Jahrhundert, die man gewöhnlich als das hauptsächliche Dokument der nur spärlich überlieferten Notierungen von hochmittelalterlicher Spielmannsmusik würdigt. Das war Hindemith, der mit dem Herausgeber Johannes Wolf in Berlin persönlich bekannt gewesen ist, geläufig. Vielen Interpreten oder Betrachtern seines Klavierkonzertes mangelt indessen dieses Wissen, so daß diese Verwendung von Altem, dem nicht die sonderliche Evidenz etwa eines populären Klischees eigen ist, nur von wenigen historisch »Gebildeten« in ihrem Stellenwert erkannt zu werden vermag. Nur diesen erschließt sich die Absicht dieser Mitteilung. In dem dritten Satz reiht Hindemith Bewegungsmuster verschiedener Zeitalter aneinander. Der Tanz *Tre Fontane* repräsentiert als ein Stück Altertum in einem neuen und umfunktionalisierten Zusammenhang die Blütezeit der mittelalterlichen Hofkultur, deren Bediener der Spielmann war. Hindemith zitiert davon lediglich die »prima pars«, der er eine codaartige Finalwirkung aufnötigt.
Ohne das zum Zitat Ausgewählte mit seinem eigenen Material voll zu integrieren, verleiht er diesem hier den Stellenwert eines »fast« zu spielenden Hinauswurfs. Das Zitat wirkt um so mehr als eine angehängte Schlußverlängerung, weil er mittels der Instrumentierung betont archaisierende Absichten deutlich werden läßt. Oktavparallelen, Quint-Oktav-Leerklänge und insbesondere Parallelkadenzen mit Verdopplung des Oberstimmenleittons in der Unterquart (z. B. T. 341) verweisen als altertümliche Floskeln den historisch geschulten Hörer auf das Gemeinte[32].

[31] Siehe Johannes Wolf, *Tänze des Mittelalters*, in: *Archiv für Musikwissenschaft* 1 (1918-19), S. 10ff.
[32] Dazu vgl. Heinrich Besseler, *Bourdon und Fauxbourdon*, Leipzig 1950, S. 33.

I: London, British Library, Ms. Add. 29987, *Tre fontane*
II: Paul Hindemith, *Konzert für Klavier und Orchester*

Spielmannspraktiken anderer Art und aus einer anderen Epoche beschäftigten Hindemith auch beim Arrangement der *Suite französischer Tänze* aus den von Pierre d'Attaignant gedruckten *Livres de Danceries* des Claude Gervaise und Estienne du Tertre, für kleines Orchester eingerichtet (1958). Er versuchte aus einer um die Mitte des 16. Jahrhunderts erschienenen Tanzsammlung etwas gegenwärtig Brauchbares zu machen. Seine Ehrfurcht vor dem Original war so tief, daß er die Stimmbücher gar in *Originalform* faksimilieren ließ, um eine *möglichst getreue Rekonstruktion historischer Aufführungsbedingungen* den daran interessierten Ensembles oder Spielkreisen nahezulegen. Als eigenständiger Komponist trat er derart hinter der Vermittlung eines geschichtlichen Relikts zurück, daß er gar dazu auffordert, mittels Schalmeien, Krummhörnern und anderen museal gewordenen Instrumenten der Zeit Klänge und Spielweisen des 16. Jahrhunderts *nachzuahmen*. Das von ihm *Beigefügte ist nicht verpflichtend*, denn die unverbindlichen Vorschläge zum Diminuieren und erweiternden Improvisieren sollen lediglich dazu dienen, es den *Kollegen von dazumal gleichzutun*, also so weit als möglich historisch getreu zu musizieren. Hindemith dachte bei der Einrichtung dieser in Notenzeichen nur gerüsthaft notierten Tanzstücke auch an die Praxis *dörflicher Tanzmusiker* im 20. Jahrhundert. Diese schienen ihm zwar die *uralten Spielpraktiken* lediglich noch *in der abgesunkenen und verflachten Form* realisieren zu können, weswegen auch er nur eine fiktive Vorstellung vom einstigen *echten* Tun der Spielleute hatte[33]. So wie für die Getreuen der Jugend- und Singbewegung war auch für ihn das vergangene Spielmännische, das nur wenig mit der Praxis des modernen Tanzmusikers gemein hatte, etwas idolhaft Verklärtes, das weder hinreichend real erfahren noch mittels historischen Quellenstudiums in wiederbelebbare Erinnerung gebracht zu werden vermag.

[33] Vgl. Vorwort zu Pierre d'Attaignant, *Suite französischer Tänze*, für kleines Orchester eingerichtet von Paul Hindemith, Ed. Schott 4983.

Neben dem Spielmännischen im weitesten Sinne machte Hindemith in vielen seiner Werke das »Alte«, das für ihn noch nicht veraltet war, in Gestalt von Liedern (insbesondere Volksliedern) wieder präsent. Er war auf das Lied angewiesen; es diente als Kontrastmittel zu dem von ihm entwickelten freien linearen Melos, das die Stimmen frei setzte zu einem periodisch nicht gebundenen Verlauf. Lied wurde darum in dieses oft sehr eilige, hektisch-motorische Spiel mit Figuren und Kontrapunkten wie ein stabilisierender Ruhepunkt eingelagert oder als eine konstruktive Stütze benutzt, dessen prägnante Gestalt in traditioneller metrischer Ordnung das allzu Flüchtige der schnellen Sätze auffängt. Beispielhaft dafür sind etwa die *Sonate für Violine solo* op. 31 Nr. 1, deren vierter Satz bemerkenswerterweise aus einem *Intermezzo, Lied. Ganz leise und zart zu spielen* mit der Gliederung A – B – A – Coda besteht[34], oder die *Sonate für Harfe* von 1939 mit dem Schlußsatz *Lied. Sehr langsam* über ein dazu in verschwiegenem Mitsingen vorzustellendes Gedicht von Ludwig Christoph Heinrich Hölty, oder die *Sonate für Kontrabaß und Klavier* von 1949 mit dem Schlußteil *Lied, Allegretto grazioso* in der Abfolge A – B – A^1. Zudem bestätigt das *Lied* betitelte Stück in der *Klaviermusik* op. 37 von 1927, daß für Hindemith in der Regel mit dieser Satzbezeichnung gemeint war: *sehr zart und ruhig, ausdrucksvoll* zu musizieren, mithin als Kontrast zur Geläufigkeit des Übrigen[35].

Die Vorstellung von *Lied* ist bei Hindemith häufig spezifiziert auf den Ausdrucksbereich des Chorals (= Kirchenlied) fixiert. Diese Liedart repräsentiert etwas Ehrwürdiges, ein aus Gesangbüchern des 16. bis 18. Jahrhunderts überkommenes kollektives Singgut, das zur Verdeutlichung intendierter Gehalte eingesetzt wird. Dies geschieht z. B. im dritten Satz der *Sonate für Trompete in B und Klavier* von 1939, in dem eine *Trauermusik. Sehr langsam* angetönt wird mit der allgemein bekann-

---

[34] Paul Hindemith, *Sämtliche Werke*, Bd. V, 5: *Streicherkammermusik II*, hrsg. von Hermann Danuser, Mainz 1993, S. 89.

[35] Paul Hindemith, *Sämtliche Werke*, Bd. V, 9: *Klaviermusik I*, hrsg. von Bernhard Billeter, Mainz 1990, S. 120.

ten, in breiten Notenwerten lapidar schlicht vorzutragenden Melodie des Kirchenliedes *Alle Menschen müssen sterben*. Dieser Choral gibt Assoziationen auf und vermittelt eine semiotische Information, die zu geistlicher Betrachtung anregen soll. Die an das »memento mori« gemahnende Melodie symbolisiert den Ausdrucksgehalt von Vergänglichkeit und Gewesenem, von Eingedenken und Abschiednehmen. In dieser bestimmten Funktion eines am Satzende weihevoll zitierten Steigerungsmittels, das auch die Divinität und Ungebrochenheit der »musica« herauszustellen hat, erscheint ein Choral auch am Ende des kurzen vierten Teils der *Trauermusik* für Bratsche (oder Violoncello oder Violine) und Streichorchester von 1936. Im Tonfall der Grablegungszene aus *Mathis der Maler* wird hier betont schlicht der *Choral, Für deinen Thron tret ich hier mit* vom Orchester in A-Dur intoniert, während dem Soloinstrument dazu mit kargen Figuren zwischen den Zeilen vermittelnde Paraphrasen aufgegeben sind. Hindemith verfährt in einer Art gemäßigter Moderne hier so, als ob das Tradierte noch unbeschädigt und noch nicht entleert sei[36].
Häufiger als Melodien aus alten Kirchengesangbüchern nutzte Hindemith den Fundus des profanen altdeutschen Volks- und Gesellschaftsliedes. Er war nicht (wie etwa Arnold Schönberg oder Milko Kelemen) davon überzeugt, daß die großen Formen und die *naturgemäß primitiven Gedanken des Volksliedes*[37] eine unüberbrückbare Kluft trennt. Vielmehr meinte er auch davon einiges sozial und material-immanent verbindlich nutzen zu können. Er beharrte bei dem, was ihm vertraute

[36] Hierzu siehe ergänzend Günther Metz, *Ein Spätstil Hindemiths*, in: *Hindemith-Jahrbuch* 1984/XIII, S. 16-28, bes. S. 21, und Giselher Schubert, *Im Geschirr des allgemeinen Narrenwagens. Aspekte des Hindemithschen Musikdenkens*, ebd., S. 44-70, bes. S. 50; Rudolf Stephan, *Der frühe Hindemith*, in: *Hindemith-Jahrbuch* 1987/XVI, S. 9-17, bes. S. 15; Kim H. Kowalke, *For Those We Love. Hindemith, Withman, and »An American Requiem«*, in: *Hindemith-Jahrbuch* 1998/XXVII, S. 102-154, bes. S. 117.

[37] Arnold Schönberg, Vorwort zu *Drei Satiren für gemischten Chor* op. 28, in: ders., *Sämtliche Werke*, Abteilung V: Chorwerke, Reihe A, Bd. 18: *Chorwerke I*, hrsg. von Tadeusz Okuljar, Mainz/Wien 1980; vgl. auch Milko Kelemen, *Abschied von der Folklore*, in: *Melos* 26 (1959), S. 178-80.

Heimat sowie nachwirkende Geschichte bedeutete, und huldigte außerdem den ihm Gastfreundschaft gewährenden Ländern vermittels beziehungsvoller Bearbeitungen meist alter Airs, Songs oder »Töne«. Noch 1959 bekannte er sich – nach einem an Ortswechseln reichen Leben – zu Deutschland als seinem *heimatlichen musikalischen Lebenselement*[38]. Davon sagte er sich trotz aller Diffamierungen als »Undeutscher« während des Dritten Reiches nicht los[39]. Hindemith wollte auf die Volksliedüberlieferung ebensowenig verzichten wie etwa auf die Werke Bachs oder Bruckners. Volkslieder vermittelten ihm die nicht aufkündbare Verbundenheit mit einer sozial breit angelegt gewesenen Musikkultur, die für ihn in dieser Hinsicht im 16. Jahrhundert kulminierte, denn *die Aufsaugung des gesamten Volksliedschatzes einer Nation in den deutschen Liederbüchern* dieser Epoche pries er als einen ihm unvergeßlichen, herausragenden Höhepunkt der Geschichte[40].

Eine favorisierte Quelle für seine Kenntnisse war das 1877 erschienene *Altdeutsche Liederbuch* von Franz Magnus Böhme. Dessen dritte Auflage aus dem Jahre 1925 begleitete ihn ständig[41]. Bis in seine letzten Lebenstage in seinem Haus in Blonay lag dieses in der Arbeitsloggia zur Benutzung bereit. Der Autor dieser Studie sah es dort neben seinem Sterbebette liegen. In das im Hindemith-Institut in Frankfurt nunmehr aufbewahrte Handexemplar markierte er mit dem Bleistift all jene Nummern, die ihm als memorierwürdig aufgefallen waren. Dazu gehört *Das Hildebrandlied* (S. LXVIII) ebenso wie die Ulinger-Ballade (Nr. 13a), der *Halewyn* (Nr. 15), deren mittelniederländischen Text er ins

[38] Paul Hindemith, *Komponist in seiner Welt* (wie Anm. 5), S. 12.
[39] Gegen dieses Verdikt verteidigte ihn u. a. Wilhelm Furtwängler am 25. November 1934 in der *Deutschen Allgemeinen Zeitung* mit der Feststellung: *Unermüdlich ist er hier bestrebt, auf seine Weise die verhängnisvolle Kluft zwischen Volks- und Kunstmusik produktiv zu überwinden*. Zit. nach Joseph Wulf, *Musik im Dritten Reich. Eine Dokumentation*, Frankfurt/Main/Berlin 1982, S.373-376, hier S. 375.
[40] Paul Hindemith, *Komponist in seiner Welt* (wie Anm. 5), S. 148.
[41] ND Hildesheim 1966.

Hochdeutsche übertrug, der *Tanhuser* (Nr. 22) oder das Lied *Reiters Abschied* (Nr. 435), dessen ersten Takt er umschrieb. Zumeist markierte er die Zeilenenden sowie die Rhythmuswechsel (z. B. Nr. 114 und 199). Zur Nr. 163 *Zwischen berg vnd tiefem tal* notierte er *cf Sopran*, die erste Strophe von Nr. 267 *Warumb wilt du wegziehen, o du mein einiger trost?* übertrug er in: *Warum willst du wegziehen, o du mein einziger Trost?* Die vielen Beischriften lassen auf ein intensives Studium dieser repräsentativen Sammlung von Liedern aus der verehrten Dürer- und Reformationszeit schließen. Diese Wertschätzung war um 1930 nicht singulär. Zeitgenossen wie Joseph Haas, Carl Orff, Wilhelm Petersen (op. 34,1) oder Günter Bialas komponierten ebenfalls im Umfelde der Jugend- und Singbewegung Sätze über Weisen wie *Mein G'müth ist mir verwirret*, *Frisch auf, ihr Musikanten*, *Von edler Art* u. a.[42]
Weltliche altdeutsche Lieder bezieht Hindemith reich an Bewandtnissen als Einlagen, cantus firmi oder Variationsthemen in etliche seiner Hauptwerke ein. Er belegt die Zitate mit einer Fülle möglicher Assoziationen und verwendet diese zwecks Andeutung ironischer Distanz, der Wehmut, des Solidität verheißenden historischen Genres sowie der Huldigung an ein noch nicht gänzlich verloren gegangenes Ideal. Das von den genuinen Bezügen abgelöste Lied wird als ästhetisches Gebilde geschmückt und mittels Umgestaltungen oder Zusatzstimmen entweder der Kunst so angepaßt, daß es zum Kern der Sache wird, oder aber als ein abgehoben Andersartiges erscheint. Das Einlagern von fremdartig nicht Eigenem bzw. das montierende Aufsetzen geschieht bei Hindemith häufiger mit dem Hinweis auf das polar Entgegengesetzte, einer künstlerischen Ordnung dennoch Einvernehmbare, als daß er Volkslieder gänzlich in seine Kunst aufgehen läßt. Darin liegt der Verzicht auf eine ungebrochene Selbstdarstellung zugunsten einer Anleihe an *ande-*

[42] Günter Bialas, *Die alte Weise im neuen Satz für gemischten Chor zu 3 Stimmen*, Schott Verlag, Mainz, Baustein-Reihe B 103; Schott's Chorblätter Nr. 302; Wolfgang Mechsner, *Wilhelm Petersen, Leben und Werk*, Frankfurt/Main 1996, S. 94.

rer Leute Eigentum (A. Schönberg 1948, Brief an O. Downes), einer »Musik für viele«.

In der Oper *Mathis der Maler* werden altdeutsche Volkslieder neben Zitaten aus dem Bereich gregorianischer Melodien, archaisierender Organal- und Hymnentechnik sowie chorischer Vokalpolyphonie mit unterschiedlicher Bewandtnis eingesetzt. Deren Auswahl wurde bestimmt durch die Zeit der Handlung, damit sie dazu dienen, ein auf der Bühne in sieben Bildern darzustellendes Milieu aus dem 16. Jahrhundert als Nachklänge aus der Vergangenheit zu repräsentieren. Für das Festheft zur Uraufführung 1938 in Zürich schrieb der Komponist die einführenden Sätze: *Was sie* [die Hauptpersonen] *reden, scheint nur die Gesinnung und Meinung von Menschen wiederzugeben, die ich aus meiner Heimat kenne; und auch was sie singen, ist nicht durchweg freie Erfindung.*[43] Er will somit in Gestalt von Kulissen und Kostümen das Publikum nicht nur optisch in das Zeitalter der Reformation zurückversetzen, sondern auch mittels akustischer Anspielungen ansprechen. Deutlich wird diese mit dem Rückgriff auf präexistent Altes verbundene Absicht im ersten Bilde bei Ziffer 18, wo mit semantischer Bedeutung Regina ein *Lied* mit dem Textanfang *Es wollt ein Maidlein waschen gehn* als historisierende Einlage *matt vor sich hin* zu singen hat[44]. Dieses schlicht harmonisierte Lied ist die nach 1534 mehrmals gedruckte Volksballade von den *Winterrosen* (vgl. Notenbeispiel 3). Diese symbolisiert die Naivität, auch die Zugehörigkeit Reginas zur unteren Klasse. Hindemith gibt dieser eine artifizielle Ausschmückung, indem er dem Präfigurierten eine Begleitung hinzufügt und durch dessen Veränderung in der Wiederholung das Merkmal eines variierten Strophenliedes verleiht. Das textlich und rhythmisch umgestaltete Volkslied ist dreimal von Regina zu singen, die vierte Wiederholung bei Ziffer 23 übernimmt von Zeile 1–3 das Orchester, Zeile 4 singt sodann Regina in der bei

---

[43] Programmheft zur Uraufführung der Oper *Mathis der Maler* (wie Anm. 1).

[44] Vgl. Franz Magnus Böhme, *Altdeutsches Liederbuch* (wie Anm. 21), Nr. 60: *Es wolt ein meidlin wasser holn.*

Franz Magnus Böhme vorliegenden, jedoch um eine Quint höher transponierten Fassung[45].

I: J. Ott 1534, Nr. 62
II: Paul Hindemith, *Mathis der Maler*, 1. Bild, 2. Auftritt: *Lied*

Altdeutsches Volkslied ging außer als genrehafte Einlage auch mit einem gewichtigeren Stellenwert in diese Oper über die Passion *eines der größten Künstler, die wir je besaßen*[46], ein. In Gestalt des geistlichen Bittliedes *Es sungen drei Engel ein süßen Gesang* wird ein simpler Zweizeiler zur *Basis seiner melodischen Gestaltung*[47], aus welcher Hindemith *sein motivisches Material* gewinnt[48]. Dieses folkloristische Relikt dient ihm dazu, als Reaktion gegen die totale Subjektivierung der Themensetzung in Hauptwerken seiner Zeit aus dem Volkston etwas für die gesamte Oper Verbindliches, Leitmotivartiges zu entfalten. Er bindet

45 Ebd.
46 Programmheft zur Uraufführung der Oper *Mathis der Maler* (wie Anm. 1).
47 Franz Magnus Böhme, *Altdeutsches Liederbuch* (wie Anm. 21), Nr. 540.
48 Heinrich Strobel, *Paul Hindemith*, Mainz 1948, S. 52.

die Komposition weitgehend an diesen cantus firmus, den er in seiner Vorliebe für Gerüst-Techniken variierend umspielt, zeilenweise kontrapunktisch verarbeitet und zur Verfestigung des Diatonischen in ein Spiel auf erweiterten tonalen Ebenen aufnimmt, die von den Modi des Mittelalters bis an die Grenze der Atonalität reichen. So ist dieses die Welt der Ordnung und die musica coelestis gegen die des Teufels repräsentierende Lied latent im gesamten Werk (siehe z.B. nach Ziffer 41 oder das Duett Mathis – Regina im 6. Bilde) mit der Bedeutung enthalten, Symbol zu sein für eine den Gläubigen erreichende jenseitige Verheißung[49]. *In der Beschwörung solchen Volksliedgeistes, im Archaisch-Volkstümelnden, ist die Komposition so reich wie begrenzt.*[50]

Die Verbindung von Liedmelodien und Kontrapunktik machte sich Hindemith ebenfalls in *Der Schwanendreher, Konzert nach alten Volksliedern für Bratsche und kleines Orchester* von 1935/36 zum Hauptproblem[51]. Auf der Suche nach Lösungen für eine Satzstruktur außerhalb des auf Kontraste angelegten Sonatensatzes verzichtete er auf eine eigenständige Themensetzung und hielt sich gänzlich an vier altdeutsche Lieder aus dem 16. Jahrhundert. Dieses Konzept interpretierte und legitimierte der Komponist verbal mittels einer Vorbemerkung, die dem Hörer Assoziationen auf Außermusikalisches nahelegt, die nicht unvermittelt aus der Sache selbst hervorgehen. Es soll nämlich beim Hören des mehrsätzigen Konzertes das romantisierte *mittelalterliche Bild* erweckt werden, daß ein Spielmann aus der Ferne vor einer frohen Gesellschaft Lieder und Tänze *ausbreitet.* Als ein *rechter Musikant* [...]

---

[49] Paul Hindemith, *Symphonie »Mathis der Maler«*, in: ders., *Sämtliche Werke*, Bd. II, 2: *Orchesterwerke 1932-34*, hrsg. von Stephen Hinton, Mainz 1991, 1. Satz, *Engelkonzert*, S. 82, Takt 8ff., in 9/4!

[50] Hans Heinz Stuckenschmidt, *Rückblick auf Hindemiths »Mathis« von Berlin aus*, in: *Melos* 26 (1959), S. 93. Siehe auch Gerald Kilian, *Paul Hindemiths* Symphonie »Mathis der Maler«, in: *Hindemith-Jahrbuch* 1999/XXVIII, S. 262ff., sowie *Werkeinführungen und Vorworte* (wie Anm. 1), S. 139ff.

[51] Paul Hindemith, *Der Schwanendreher* (wie Anm. 30), S. XXIIIf. sowie S. 85ff.; vgl. auch Andres Briner, Dieter Rexroth, Giselher Schubert, *Paul Hindemith. Leben und Werk in Bild und Text*, Zürich/Mainz 1988, S. 150.

erweitert und verziert er die Weisen, präludiert und phantasiert. Da dies in *rechter* Weise indessen nicht mehr spontan vollzogen werden kann, mimt der Solist den Gestus des Als-Ob. Quasi-Improvisato und strenger polyphoner Satz wechseln ab in einer potpourrihaft lockeren Reihung. Die geschickt organisierte Zugrundelegung der Volks- und Gesellschaftslieder in Aufzeichnungen aus der Zeit zwischen 1512 und 1603 binden das Spiel mit den vier cantus firmi an traditionelle tonale Verläufe. Radikale tonale Konsequenzen werden damit ausgeschlossen. Allein polytonale Überschichtungen läßt dieses Verfahren zu. Hindemith überzieht die ausgewählten Lieder, die er allesamt Franz Magnus Böhmes *Altdeutschem Liederbuch* entnahm[52], nicht mit einem romantisierenden Stimmungszauber à la Brahms, vielmehr war er darum bemüht, den schlichten Melodien, die wie alle *folk-songs are limited in their scope* (Ralph Vaughan Williams[53]) und daher künstlerisch wenig verheißen, mehrere Möglichkeiten des Abwandelns und Hinzusetzens abzugewinnen. Dies war für ihn, wie der oben zitierte Bericht von Silvia Kind ergibt, ein kompositionstechnisches Werkstattproblem, an dem er auch seine Schüler probierend teilnehmen ließ. Im ersten Satz macht er das Lied *Zwischen Berg und tiefem Tal* in der Fassung Ludwig Senfls zum Thema eines konzertanten Satzes, das er indessen nicht sonatenartig durchführt, sondern als cantus firmus begleiten, paraphrasieren und von Stimme zu Stimme wechseln läßt (Takt 6 Blechbläser, bei Buchstabe K Holzbläser, L Posaune und Bässe, T Oboe). Im zweiten Satz wird (nach einem Präludieren der Solobratsche zur Harfenbegleitung) in homophonem Satz *Nun laube, Lindlein, laube* als stilles Lied vorgetragen. Während die Holzbläser dieses (Spielanweisung *langsam*) im 2/4-Rhythmus spielen, kontrastiert dazu die Solobratsche mit ruhigen 6/8 Spielfiguren, womit als rhythmischer Kontrast das vorgeprägte Lied vom »freien« Solovortrag deutlich abgehoben wird. An der in diesen

[52] Hindemith wählte aus die Nummern 163, 175, 167 und 315.
[53] Mündliche Mitteilung; ähnlich auch in *National Music*, London 1934.

Satz eingeschobenen Fuge über *Der Gutzgauch auf dem Zaune saß* nimmt die Bratsche hingegen als integrierte, nicht solistisch herausgehobene Stimme teil. Komplementär rhythmisierte Stellen dieses Satzteiles erinnern den historisch versierten Hörer an Vorbilder aus dem 16. Jahrhundert[54]. Die Rückführung nach Buchstaben P zum Teil A dieses Satzes verändert die zitierte Liedweise *Nun laube* vor allem insofern, als nun die Hörner die Melodie im 6/8-Rhythmus umstilisiert vortragen und somit den rhythmischen Kontrast des Anfangs aufheben. Der Schlußsatz über das scherzhafte Tanzlied *Seid ihr nicht der Schwanendreher* bietet eine quasi improvisatorische Variationenfolge über den auf C, D, E und C versetzten cantus firmus, in deren Verlauf die vorgegebene Gestalt recht kunstvoll auseinandergelegt, als Material für ein witziges Spiel benutzt und in Hindemiths eigene Satzmanier einvernommen wird. Diese Einvernahme ist als eine komplexe zu verstehen. Die Abfolge der vier Lieder scheint verschlüsselt auch autobiographische Implikationen zu beinhalten, denn in den Jahren 1935/36 war der Komponist bereits ein aus der »Volksgemeinschaft« Ausgestoßener. Die Lieder *Zwischen Berg und tiefem Tal* und *Nun laube, Lindlein, laube* mit der Textzeile *Nicht länger ich's ertrag* handeln vom Abschied eines heimatlos Gewordenen. Das als Fugato einfiltrierte Kuckuckslied steht ein als Metapher für Verhöhnung und Verdrängung. Das vierte Lied, *Seid ihr nicht der Schwanendreher*, möchte trotz allem Erlittenen der Rückbindung an das Verlorene Ausdruck geben.
Dieses Konzept des Zugrundelegens von altdeutschen Liedern unter alle Sätze eines Werkes wandte Hindemith nochmals an im Jahre 1940, als er in Buffalo die *Dritte Sonate über alte Volkslieder für Orgel* schrieb[55]. Hier benutzt der Komponist das Lied als eingelagertes und

---

[54] Ein anderes Kuckuckslied, *Ein Guguck auf dem Birnbaum saß* (= Liebeslied), hatte Hindemith 1925 für sechsstimmigen Chor gesetzt, siehe Paul Hindemith, *Sämtliche Werke* Bd. VII, 5 (wie Anm. 19), S. 188ff.

[55] Otto Bruckner, *Betrachtungen zu Paul Hindemiths Orgelsonaten*, in: *Hindemith-Jahrbuch* 1995/XXIV, S. 117ff.

durch den Satz oft klanglich widerlegtes Zitat noch stärker als zerdehnten, nach Art von Orgelchorälen verlangsamten cantus firmus. Die Sonate ist somit insgesamt nach Modellen aus einer vergangenen Epoche komponiert. Das Volkslied als abgeschlossen Vorgegebenes gibt hier nichts auf als Motiv oder Thema, es läßt sich nicht entwickeln, deswegen dient es lediglich als Gerüst für ausschmückende Kontrapunkte und zwingt zu formaler Disziplin, so daß der Satz nur ein umkleidender Zusatz ist. Die hierzu ausgewählten, durch die Zerdehnung ihrer prägnanten Liedhaftigkeit weitgehend beraubten Volks- und Gesellschaftslieder entstammen dem 16. Jahrhundert. Die besondere Faktur der Zeilen und Klauseln von Tenorliedsätzen kam seinem an historischen Mustern orientierten Ideal von linearer Polyphonie offenbar besonders entgegen. Im ersten Satz dient das 1542 original in F-Dur und im 4/4-Rhythmus abgefaßte Lied eines verlassenen Liebhabers *Ach Gott, wem soll ichs klagen*[56] nach As-Dur versetzt und in 12/8 umnotiert als cantus firmus im Baß, sodann in H-Dur und in 4/4-Takte verändert wiederholt als Oberstimme. Das im zweiten Satz angewendete Verfahren erinnert noch deutlicher an Praktiken der Intavolierung von Liedern für den Gebrauch auf Tasteninstrumenten im 16. Jahrhundert. Zugrunde liegt das Tagelied *Wach auf, mein Hort*[57], welches in der Tenorlage streng in einen vierstimmigen Satz eingewoben wird. Die Dur-Tonalität des Liedes, die der Komponist im Verlaufe des Stückes zu umgehen trachtet, wird am Schluß um so kräftiger bestätigt. Im dritten, nicht sonderlich zum Vorhergehenden kontrastierenden Satz wird in *ruhig bewegter* Marschmanier das Abschiedslied eines Reiters *So wünsch ich ihr ein gute Nacht* in der 4-Fuß-Tenorlage mit zeilenweise erheblich verlängerten Finaltönen nach Hans Newsidlers Lautenbuch von 1536 zitiert[58]. Dieses im 16. Jahrhundert weit verbreitet gewesene Lied hat Hindemith zeit-

[56] Franz Magnus Böhme, *Altdeutsches Liederbuch* (wie Anm. 21), Nr. 216.
[57] Ebd., Nr. 105.
[58] Ebd., Nr. 435.

lebens beschäftigt[59]. Bereits unter den *Liedsätzen aus dem Kontrapunkt-Unterricht* von 1912/14 ist es zu finden[60]. 1930 gab er diesem einstigen Übungsstoff im Schlußsatz seiner *Konzertmusik für Klavier, Blechbläser und Harfen* op. 49 in H-Dur einen einzigartigen Stellenwert. Ab Ziffer 32 intonieren Klavier und Harfe in ppp intermezzoartig diese Tenorweise als elegisch wirkenden Kontrast zu den starken Blechbläsern, die im wiederholten Abschnitt A im ff in dieses verhaltene Spiel heftig einfallen und damit der wehmütigen Reminiszenz barsch ein Ende bereiten.
Volkläufige Weisen nutzte Hindemith als Vorlagen für Variationen sowohl instrumental als auch vokal. In den *Variationen über ein altes Tanzlied* für vierstimmigen Männerchor verwendete er betont altertümelnd das Ehestandslied *Das jung und auch das alte, das reimet sich nit wohl* im Allemandenrhythmus, den er zu 4/2-Takten verlangsamte[61]. Aus dem zwölfstrophigen Text wählte er die 3., 4., 6., 7., 9., 10. bis 12. Strophe aus, die er in seinem Handexemplar von Böhmes *Altdeutschem Liederbuch* markierte. Unter Verwendung von Liedsatztypen des 16. Jahrhunderts läßt er den cantus firmus in der 1. Variation im Baß II, in der 2. Variation im Baß I, in der 4. Variation im Tenor II, in der 7. Variation fugiert durch alle Stimmen und am Schluß im Tenor I als »verbreiterte« Oberstimmenmelodie durchlaufen. Die 3., 5. und 6. Variation sind dazwischen frei gesetzt mit parodistischen Effekten, die der Text (z. B. das Fühlen von *der Liebe Feurrr*) als musikalische Späße anregte.

---

[59] Siehe u. a. das in Nürnberg o. J. gedruckte Liedflugblatt Nr. 3822 im Deutschen Volksliedarchiv Freiburg, die vierstimmige Bearbeitung durch Melchior Franck von 1602 (= *Das Chorwerk*, Heft 38, 1936, S. 26ff.) oder den Satz 1928 von Walter Rein (Ed. Schott 5401, S. 110); Gerhard Heilfurth u. a. (Hrsg.), *Bergreihen. Eine Liedersammlung des 16. Jahrhunderts*, Tübingen 1959, S. 146 und S. 267f.
[60] Paul Hindemith, *Sämtliche Werke*, Bd. VII, 5 (wie Anm. 19), S. 186, Nr. 5.
[61] Ebd., S. 147ff.; Text und Melodie aus Franz Magnus Böhme, *Altdeutsches Liederbuch* (wie Anm. 21), Nr. 316.

So wie Hindemith zur Bereicherung der Literatur für Männergesangvereine bekunden wollte, daß das altdeutsche Volkslied keineswegs ein historisches Dokument abgestorbenen Lebens sei, sondern sich in produktiver Veränderung als wiederbelebbar erweisen kann, so benutzte er für den letzten, *auch einzeln* (!) aufführbaren Satz der *Sonate für vier Hörner* von 1952 das Jagdlied *Ich schell mein Horn* als thematische Vorlage[62]. Die Niederschrift aus dem Liederbuch des Arnt von Aich von 1519 änderte er in bemerkenswerter Weise ab, indem er die Notenwerte der Schlußtakte der 2. und der letzten Zeile verdoppelte:

Paul Hindemith, *Sonate für vier Hörner*, 3. Satz, Thema und Variationen

[62] Franz Magnus Böhme, *Altdeutsches Liederbuch* (wie Anm. 21), Nr. 443; siehe auch Daniel Geldenhuys, *Paul Hindemith's Late Sonatas: A Documentation from the Letters*, in: *Hindemith-Jahrbuch* 1990/XIX, S. 20-38, hier S. 33; Notenausgabe: Paul Hindemith, *Sonate für vier Hörner*, Ed. Schott 4417. Vgl. außerdem Andres Briner, *Hindemith* (wie Anm. 11), S. 216.

Außerdem gab er ein *ritenuto* sowie die Vortragsanweisung *getragen* an. Damit bestimmte er für dieses Lied einen eindeutig fixierten Charakter, der vom Text her aus der zweiten Zeile [...] *mein freud seind mir verschwunden* erschlossen werden kann. Diesen Duktus mit dem Ausdrucksgehalt einer Liebesklage wandelt Hindemith sodann in einer Reihe von Variationen in andere Befindlichkeiten um. Er verbindet Einfaches mit komplexen Strukturen, den spezifischen Hörnerklang bringt er in Einklang mit Linearität. Dabei läßt er ebenso viel Hornmäßiges zur Wirkung kommen, wie er in der *Sonate für Posaune und Klavier* von 1941 in Variationen über das englische »Lied des Raufbolds« (*Swashbuckler's Song*) den massiven Posaunenton sich deftig ausbreiten läßt.

Deutsche Lieder des 16. und 17. Jahrhunderts beschäftigten Hindemith bis in die letzten Jahre seines Lebens. In zwei Spätwerken ist dieses Interesse besonders eindrücklich niedergelegt: in der Oper *Die Harmonie der Welt* von 1956/57 sowie in dem am 24. Mai 1960 abgeschlossenen *Marsch für Orchester über den alten »Schweizerton«*, geschrieben für die Universität Basel zur Feier ihres 500-jährigen Bestehens. Die Handlung der Oper ist – wie in *Mathis der Maler* – an einem historischen Schauplatz, um 1613 und 1630, angesiedelt. Der Komponist und Librettist läßt Gesänge aus dieser Epoche als gleichsam authentische klingende Zeugnisse, die zu den Kostümen passen sollen, vortragen. Er zitiert eine Komposition, als ein Trostlied für Keplers Tochter, von Johann Hermann Schein (unter Hinweis auf das Entstehungsjahr 1627 in der Partitur) neben dem rhythmisch zerdehnten Hymnus »Dank sagen wir alle« (= *Grates nunc omnes*), den im zweiten Aufzug eine Kirchengemeinde unter Auslassung der Zeile *Dem steht allein zu, daß wir mit den Engeln singen* vorträgt[63]. Im fünften Akt wird die zweite Szene strophisch strukturiert anhand eines *Alten Kriegsliedes, Variationen. Im Zeitmaß*

[63] Vgl. die Nr. 8619c in: J. Zahn, *Die Melodien der deutschen evangelischen Kirchenlieder mit dem Klavierauszug*, Ed. Schott 4925, S. 124-129.

eines schwerfälligen Marsches. Gemeint ist das Soldatenlied des Dreißigjährigen Krieges *Es geht wohl zu der Sommerzeit*[64], das der Komponist zu dem eigenen Text *Der Krieg schon dreizehn Jahre währt* eine Stufe höher transponierte und in 2/2-Takte umschrieb. Die Szene zeigt eine Versammlung der katholischen Kurfürsten vor Kaiser Ferdinand III. Das Orchester spielt zunächst bei geschlossenem Vorhang die Landsknechtsmelodie präludierend vor, dann singen diese die Kurfürsten und Parteigänger zweistimmig auf a. Bei Buchstabe C begegnet das Lied als cantus firmus im Baß auf fis; nach D wird es vom Orchester variiert intoniert, wozu der Chor kontrapunktierend begleitet. Dem folgt bei E eine weitere Variation. Nach F wird das Liedthema vom Chor vierstimmig erweitert vorgetragen und die erste Zeile *Breit* bekräftigend wiederholt, um der Bitte Nachdruck zu verleihen, daß der Kriegsbrand erlöschen möge. Zum sechsten Male erklingt es bei Buchstabe I, nun vom Kaiser solistisch zu veränderter Begleitung gesungen. Diese auf der abgewandelten strophischen Repetition einer populären Melodie basierende Szene ist streng strukturiert, das Volkslied wird hier mit einer dramaturgischen Bedeutung befrachtet eingesetzt.
Daß aus einem Volkslied auch der Eindruck von feierlicher Größe und Erhabenheit gewonnen werden kann, demonstriert Hindemith am Beispiel eines *Liedes für die Landsknecht gemacht*, das um 1546 als Einzeldruck unter die Menge verteilt wurde. Dieses zeitgeschichtlich-politische Straßenlied setzte der Komponist aus als *Marsch für Orchester über den alten »Schweizerton«*[65]. Dieser wurde »gebraucht« und erklang 1960 in der ehrwürdigen Universität Basel zur Eröffnung der »Festlichen Versammlung zur Entgegennahme der Gratulation und der Geschenke«. Die Melodie des Liedes *Ach Karle, großmechtiger man* bringt Hindemith nach einer festlich stimmenden Einleitung ab Takt 91 als Kern

[64] Franz Magnus Böhme, *Altdeutsches Liederbuch* (wie Anm. 21), Nr. 424 sowie Giselher Schubert, *Typ oder Charakter? Zu Hindemiths Frauengestalten*, Druck in Vorbereitung.
[65] Franz Magnus Böhme, *Altdeutsches Liederbuch* (wie Anm. 21), Nr. 401.

einer Finalapotheose ins Spiel, die ähnlich wie die *Akademische Festouvertüre* von Johannes Brahms das Hochgefühl eines Feiertages erwecken soll.

I: »Schweizerton«
II: Paul Hindemith, *Marsch über den alten Schweizerton*

Absichtsvoll nutzte der Komponist dazu in bezug auf den Ort und Anlaß einen »Schweizerton«, womit er den traditionsbewußten Baslern zu schmeicheln vermochte. Außerdem vermochte er damit wiederum ein nahezu authentisches Dokument weihevoll für starkes Orchester gesetzt zu nutzen, an dem er sowohl seine altmeisterliche Handwerklichkeit wie auch sein Bekenntnis zur Beständigkeit im Tradierten erweisen konnte. Das Ausklingenlassen eines auch die sentimentale Ergriffenheit nicht scheuenden, großflächig angelegten Werkes in den das freie Spiel mit Stimmen bindenden cantus firmus eines Liedes (oder Marsches) war in Hindemiths klassizistischer Phase zu einem an Vorbildern des 19. Jahrhunderts geschulten Verfahren adaptiert worden.

Volksweisen wie die hier zugrundegelegte wurden stilisiert und mit Assoziationen befrachtet, die man ansonsten (etwa bei Bach oder Bruckner) mit erhaben stimmenden Chorälen oder Hymnen verbindet. Hindemith gab einer kleinen Sache den Anschein von Größe, der ihr genuin nicht eigen gewesen ist.

»Allbekannte Lieder« aus der Neuzeit

Im Programmheft zu einem Konzert vom 15. März 1952 in Köln erläuterte Hindemith, er habe in seiner *Konzertmusik für Blasorchester* op. 41 von 1926 das *allbekannte Lied »Prinz Eugen, der edle Ritter«* in sechs Variationen verschieden beleuchtet[66]. Ein homo ludens, der als Militärmusiker[67], Tanzmusiker, Orchester- und Kammermusiker in allen Bereichen des instrumentalen Musizierens gewirkt hatte, verfügte über ein dementsprechend vielfältig zusammengesetztes Repertoire. Triviales, Gassenhauer und Schlager der Saison waren ihm ebenso vertraut wie Favorittänze, Spielmusiken oder Gepflogenheiten *primitiver Blechorchester* auf dem Lande[68]. Da er dies alles nicht vorsätzlich verwarf, »filtrierte« er auch aus diesem Reservoir vieles in sein Werk ein. Er verwendete dieses Ausgangsmaterial in unterschiedlichen Bezügen. Den Gassenhauer *Ein Jäger aus Kurpfalz, der reitet durch den grünen Wald* gestaltete er in der Spielmusik für Streicher und Bläser op. 45 Nr. 3 zu einem Thema mit einer bemerkenswerten Phrasierung für die erste Geige (vgl. Notenbeispiel 6). Er erlaubt sich außer freitonalen Abwandlungen auch manchen Schabernack, der das Lied auf eine erheiternde Weise mißtönend macht. Zunächst wird nach einer *Breit Majestätisch*

---

[66] Paul Hindemith, *Symphonische Musik für Blasinstrumente*, in: *Werkeinführungen und Vorworte* (wie Anm. 1), S. 180.

[67] Paul Hindemith, *Notizen zu meinen »Feldzugs-Erinnerungen«*, in: *Hindemith-Jahrbuch* 1989/XVIII, S. 55-159.

[68] Vgl. Gunther Nickel/Susanne Schaal (Hrsg.), *Die Dokumente zu einem gescheiterten Opernplan von Paul Hindemith und Ernst Penzoldt*, in: *Hindemith-Jahrbuch* 1999/XXVIII, S. 88-253, hier S. 249f.

zu spielenden Introduktion, die Ernsteres ankündigt als wirklich darauf folgt, das Lied durchgespielt über dem auf den Grundton F fixierten Baß. Sodann übernehmen die Bratschen, die Violoncelli und die Bläser neckisch sich ablösend die Melodie, aus der zum Schluß der markante Sextsprung des Liedanfangs pointiert verselbständigt wird.

Paul Hindemith, *Ein Jäger aus Kurpfalz* op. 45 Nr. 3

Parodistisch verfuhr Hindemith mit dem Popularen und im Sing- und Spielbetrieb seiner Gegenwart allzu Abgegriffenen insbesondere in den zwanziger Jahren. In der *Kleinen Kammermusik für fünf Bläser* op. 24 Nr. 2 nahm er sich das Bewegungsmuster des Walzers aufs Korn; im *Quintett für Klarinette in B und Es, 2 Violinen, Viola und Violoncello* op. 30 verfremdete er den Ländler und das stupide bajuwarische Dudeln im Dreiklang; in der *Kammermusik Nr. 2 für obligates Klavier und 12 Solo-Instrumente* op. 36 Nr. 1 stellte er aus populären Gemeinplätzen ein *Kleines Potpourri* zusammen. Unter diesen erinnert die nach Ziffer 39 von der Trompete achtmal rollend wiederholte stereotype Figur an den in den meisten Liederbüchern stehenden Kanon *Kommt und laßt uns tanzen, springen*, der hier ad absurdum geführt wird. In der *Kammermusik Nr. 5 für Solo-Bratsche und größeres Kammerorchester* op. 36 Nr. 4 wird der *Bayerische Defiliermarsch* in Gestalt von Variationen als Spielobjekt gebraucht und dementsprechend seines militärisch stolzen Gehabes entkleidet, was auf dem Hintergrunde der desolaten Verhältnisse in Deutschland um 1927 zu verstehen ist. In der *Symphonia serena* läßt Hindemith auch den *Yorkschen Marsch* von Beethoven von dieser Freude am scherzhaften Musizieren über Musik nicht aus. Derartige Manifestationen kritischer Distanzierung von der platten Gewöhnlichkeit und Volkstümlichkeit verletzen und entblößen allerdings nicht sonderlich. Zu sehr hing trotz dieser Gesten wider das Populare Hindemith selbst, besonders im Alter, an allgemein geläufigen Topoi, Formeln, Bewegungsmustern. Der behäbig-zivile Marsch im 2/2-Takt (z. B. in der *Sonate für Flöte und Klavier* von 1936) gehört ebenso dazu wie der gleichförmig pastoral wiegende 6/8-Rhythmus (z. B. am Schluß der *Sonate für Fagott und Piano* von 1938) im *Ludus tonalis* oder die stilisierten Walzer und Songs in der Oper *The Long Christmas Dinner* von 1960[69].

»Songs« aus England, Irland, Kanada und den USA

Hindemith reiste 1937 erstmals in die USA, 1940 übersiedelte er von der Schweiz aus dorthin und nahm 1946 die amerikanische Staatsbürgerschaft an. Mit diesem Rechtsakt blieb er diesem Lande auch über das Jahr 1953 hinaus verbunden, nachdem die Hindemiths ihren Wohnsitz zurück in die Schweiz verlegt hatten. Das Verhältnis zum way of life in der Neuen Welt war und blieb ein ambivalentes. Hatte der Komponist sich doch demonstrativ z. B. in *1922. Suite für Klavier* op. 26 um die Adaption und Umsetzung damals modischer Tänze wie Shimmy, Boston oder Ragtime bemüht, oder 1951 für die mit Saxophonen kompakt besetzte Army Band in Washington die *Symphony in B flat for Concert Band* einzurichten gesucht. Trotz dieser Annäherungen blieb seine Einschätzung insbesondere des urbanen Lebens eine kritisch distanzierte. Nachdem er als Pädagoge und Wegbereiter des wiederbelebenden Umgangs mit alten Instrumenten und Werken ab dem 14. Jahrhundert eine ausreichende Resonanz gefunden hatte, nahm er auch »songs« in

[69] Zudem siehe Paul Hindemith, *Sonate für Violine allein* op. 31 Nr. 2, vierter Satz, in: *Sämtliche Werke*, Bd. V, 5 (wie Anm. 34); *Quintett für Klarinette und Streichquartett* op. 30, dritter Satz, in: *Sämtliche Werke*, Bd. V, 1: *Bläserkammermusik I*, hrsg. von Peter Cahn, Mainz 2001, S. 193ff. Vgl. außerdem Paul Hindemith, *Symphonische Musik für Blasinstrumente,* in: *Werkeinführungen und Vorworte* (wie Anm. 1), S. 180; Günther Metz, *Hindemiths* Oktett, in: *Hindemith-Jahrbuch* 1985/XIV, S. 166f.; Peter Cahn, *Hindemiths Klarinettenquintett op. 30 und seine beiden Fassungen*, in: *Hindemith-Jahrbuch* 1987/XVI, S. 144.

englischer Sprache vermehrt in seine Werke und Lehrveranstaltungen auf. Er empfahl die Nutzung von Quellen wie der Standardsammlung des Engländers Cecil J. Sharp *English Folk Songs from the Southern Appalachians* (London 1932), in der er wie der reputierte Sammler eine Altschicht des englischen Liedes suchte, Alfred Percival Graves *The Celtic Song Book* (London 1928) oder den *Romancero du Canada* (Toronto 1937) von Marius Barbeau. Damit öffnete er sich für die darin enthaltenen Materialien gemäß der in einem Brief an Willy Strecker von 1947 geäußerten Einsicht:

In jüngeren Jahren mag Landschaft, Stimmung, Erziehung und persönliche Verbundenheit zu Dingen und Ereignissen ein wichtiger Stimulus für die künstlerische Arbeit sein, ich finde aber nun, daß die Geschichte von Personen, Ereignissen und Erlebnissen sowie ihre Interpretation und Gestaltung durch künstlerische Mittel gar nicht mehr so sehr mit diesen Äußerlichkeiten verbunden ist. Es kommt darauf an, wie einer seine Erfahrungen verarbeitet und nicht darauf, immer wieder neue an Ort und Stelle zu sammeln. Wäre es anders, dann müßte einem ja das Gelüst, einen deutschen Stoff zu behandeln, im Laufe der letzten zwölf Jahre endgültig abhanden gekommen sein. Zum Ausarbeiten tieffundierter Pläne scheint für etwas gesetztere Gemüter der Rhein nicht wichtiger zu sein als der Mississippi, das Connecticut Valley oder die Wüste Gobi.[70]

Hindemith vermittelte als Dirigent und als Lehrer an der Yale University nach 1940 auch weiterhin (und hier z. T. erstmals) Sätze altdeutscher Lieder aus dem Glogauer Liederbuch, von Heinrich Isaac, Ludwig Senfl oder Lorenz Lemlin[71] . Daneben freilich ging er spielerisch auch um mit einer *Old Irish Air* oder einem *Swashbuckler's Song*. Das alte irische Lied entstand 1940 in Tanglewood während eines Kurses an der Tafel, *mit einer Klasse im Berkshire Music Center*, gesetzt für gemischten Chor mit Harfe und Streicher nach Art eines zeitfernen Volksliedes.

---

[70] Zit. nach Dieter Rexroth, *Paul Hindemith. Briefe* (wie Anm. 4), S. 245.

[71] Howard Boatwright, *Hindemith's Performances of Old Music*, in: *Hindemith-Jahrbuch* 1973/III, S. 59f.

Das »Lied eines Raufboldes« infiltrierte er paraphrasierend 1941 in den dritten Teil einer *Sonata for Trombone and Piano*[72]. Ein heiteres Kinderlied *A frog he went a-courting* gestaltete er zu *Variations on an Old-English Nursery Song for Violoncello and Piano*, welche 1941 in New Haven für den befreundeten Cellisten Gregor Piatigorsky geschrieben wurden[73]. Fragment blieb das im gleichen Jahre für das Chicago Symphony Orchestra konzipierte Werk *Poor Lazarus and the rich man. A Virginian Ballad*[74], dessen Melodie Hindemith der Sammlung *Traditional Ballads of Virginia* von Arthur Kyle Davis entnahm[75].
Diesen Annäherungen an die vielgestaltig ethnisch geprägten Intonationen, die er in dem Einwanderungsland USA zur Kenntnis nahm, gab Hindemith einen herausragenden Stellenwert in der *Pittsburgh Symphony* von 1958 sowie in der Oper *The Long Christmas Dinner* von 1960/1961 mit einem Text von Thornton Wilder.
Wie gewichtig Hindemith den Einsatz eines unscheinbaren Volksliedes insbesondere an der Stelle eines pathetischen Werkbeschlusses nahm, zeigt die *for the Bicentennial of the City of Pittsburgh* 1958 verfaßte und am 30. Januar 1959 uraufgeführte *Pittsburgh Symphony*[76]. Darin legt Hindemith – auch in dazu geschriebenen Begleitworten – ein Bekenntnis ab zu seiner alten wie neuen Heimat mit ihren für ihn noch nicht völlig zerbrochenen Traditionen. Der Komponist nutzt ein Volkslied deutscher Zunge aus der »Diaspora« zum Rühmen des bäuerlichen Lebens im Althergebrachten. Der 1951 von Walter E. Boyer, Albert F. Buffington und Don Yoder herausgegebenen Sammlung *Songs along the Mahantongo* entnahm er das (S. 84ff. abgedruckte) Scherzlied *Hab*

[72] Ed. Schott 3673.
[73] Paul Hindemith, *Sämtliche Werke*, Bd. V, 7: *Streicherkammermusik IV*, hrsg. von Dorothea Baumann, Mainz 1992, S. 81ff.
[74] Paul Hindemith, *Sämtliche Werke*, Bd. II, 4: *Orchesterwerke 1940-43*, hrsg. von Klaus Kropfinger, Mainz 1988, S. 191.
[75] Cambridge Mass. 1929, Nr. 14.
[76] Paul Hindemith, *Sämtliche Werke*, Bd. II, 7: *Orchesterwerke 1958-60*, hrsg. von Günther Metz, Mainz 1984, besonders S. XVIf.

Lumbedruwwel mit me Lumbeschatz für den Mittelteil des zweiten Satzes, der das *inhaltliche Zentrum der Sinfonie* bildet (vgl. Notenbeispiel 7)[77]. Dieser wird kontrastierend umrahmt von einem *Slow March*, so daß ähnlich wie in der *Konzertmusik* op. 49 zwei stilistische Ebenen gegeneinander gestellt werden, dessen eine Hindemith frei bestimmte, dessen andere etwas melodisch Andersgeartetes als Einlage bietet. Dieses wird nach einem stilistischen Bruch tonal und harmonisch einvernommen, so daß die Rückführung in den Rahmenteil verbindlicher vonstatten geht als das erstmalige Vorspielen der Volksliedmelodie ab Takt 82. Hindemith bedient sich dabei der Kunst des fortführenden Ableitens, wobei er die Eingangszeile des Liedes als ein symphonisches Motiv (z. B. T. 184f.) auswertet. Zur brauchbaren Eignung für diesen Zweck hat er den sechsten Ton der Volksliedzeile gegenüber der Quelle geändert. Er will damit ein motivisches Material gewinnen, das er wie in einem Konzert für Orchester durch alle Stimmlagen und Instrumentengruppen durchspielen lassen kann. Dies geschieht so, daß ab T. 82 Piccoloflöte und Trompete I den *Dutch Song* aus dem Munde eines deutschsprachigen Mannes aus Pennsylvania spielen, worauf ab Takt 100 Klarinetten und andere Holzbläser diese Weise bis zur verfremdenden Verzerrung verändernd übernehmen, gefolgt ab Takt 141 von den Bässen und Takt 167 von den Pauken. Die damit verbundene Absicht erläuterte Hindemith im Programmheft wie folgt:
It is driven through six-fold variants of instrumentation. The last of these bridges again to the initial, broad melodic part, which at this time is accompanied by the ditty »Lumbedruwwel«. This group, too (and thus the movement), are concluded by the aforementioned coda. In spite of its light weight, and its grotesque mood, I would like to consider this song the core of the symphony. The »Dutch« are very familiar to me; their German

[77] Andres Briner, *Hindemith's »Pittsburgh Symphony«*, in: *Melos* 26 (1959), S. 254, sowie ders., *Hindemith* (wie Anm. 11), S. 280f. Bemerkenswert für Hindemiths Ziel einer umgreifend sozialen Zwecksetzung seiner Musik ist dessen Einladung von bäuerlichen Pennsylvania Dutch zur Uraufführung in den Konzertsaal, den diese ansonsten aus religiösen Gründen gewiß nicht betreten hätten.

dialect is almost the same as that of my old home. I have always been acquainted with their way of life. And their Lieder are those which to this very day are sung in the countryside where they once originated.
I did not want to omit setting a tonal monument – in a musical piece addressing the inhabitants of Pennsylvania – to this very blend of the early American colonial scene with the southern German language and the southern German style of life. This integration played a crucial part in the shaping of Pennsylvania, but it has escaped (and still does) general attention because of the super-structure of the English element.[78]

I: Pennsylvania, Mahantongo Valley, 1947, Scherzlied *Hab Lumbedruwwel*
II: Paul Hindemith, *Pittsburgh Symphony*, 2. Satz, *Allegro assai*

Das Volkslied der ersten Heimat, verpflanzt in die Neue Welt im Osten der USA ist ihm somit ein würdiges Dokument, um damit konservatives Bauerntum rühmen und diesem ein klingendes »Denkmal setzen« zu können. Dieses hymnische Feiern ergänzt Hindemith im dritten Satz dadurch, daß er nach dem Umland auch *the celebrating city* selbst mittels einer Hymne *Pittsburgh is a great old town* preist. *And thus are juxtaposed old Pennsylvania – forthright, bound by tradition, agricultural, adhering to her old face and old customs – with new Pennsylvania restless, industrial, progressive. They are contrasted here in terms of tonal symbolism.*[79] Ein Song neueren Datums wird von Hörnern in Takt 144 im Wechsel von 2/2 und 3/2 jazzmäßig akzentuiert. Hindemith huldigt der Paganität wie auch der gigantischen Urbanität, indem er das musikalische Symbol für die industrielle Großstadt am Schluß des Werkes mit einem Ostinato »zusammenführt«, der der Apotheose die jedermann ergreifen sollende Wucht und pseudosakrale Stimmung verleiht. Mit dieser Werkidee einer Symphonie für großes Orchester geht Hindemith auf einen Standard zurück, der vor den Ereignissen des Einbruchs Neuer Musik im ersten Drittel des 20. Jahrhunderts gesetzt worden war. Er will mit handwerklichen Kunststücken das vollkommene, geschlossene Kunstwerk – verbal legitimiert – durch einen den ideologischen Kontext entschlüsselnden Kommentar trotz allem durchsetzen. Die seit den Klassikern gültige Gattungsidee von der großen Symphonie ist für ihn noch gültig, ja er erweitert diese noch in einer etwa mit Gustav Mahlers ironischem Verfahren nicht vergleichbaren Weise, indem er Volksliedzitate betont zur rühmenden Steigerung einer Hochkunst einsetzt, die das Einfache sowie das Komplizierte gleicherweise zu umfassen vermag. Berücksichtigt man, daß die Stadt Pittsburgh schon 1932 gekennzeichnet wurde als eine *great, noisy, smoky city, with its showy millionaires, its hordes of unskilled laborers, its great extremes of*

[78] Zit. nach *Werkeinführungen und Vorworte* (wie Anm. 1), S. 191.
[79] Ebd., S. 192.

wealth and poverty[80], dann gibt dieses symphonische Finale die Frage auf, inwieweit der Komponist mit dieser »Glorifizierung« einen diesen industriellen und sozialen Verwerfungen angemessenen Ton zu finden vermochte.

Die einaktige Oper *The Long Christmas Dinner*[81], Text von Thornton Wilder, uraufgeführt in Mannheim am 17. Dezember 1961, entstand in einem engen Zusammenwirken mit dem Librettisten[82]. Beide Autoren erörterten Details der Dramaturgie, änderten und fanden zu abgestimmten Lösungen einer *unity of words and music.* In einer Hinsicht allerdings ging der Komponist nicht auf die Wünsche des Dichters ein, nämlich auch hier (wie in dem 1960 projektierten Einakter *The Seven Ages of Man*) etwas gänzlich *american in subject* und Musik zu erarbeiten. Das bedeutete für Wilder nicht nur, daß in einer Szene ein *Jig* intoniert wird, sondern vor allem, daß die melodische Grundlage für das Ganze aus einem der *favorite American Christmas hymns* (z. B. *Joy to the world*) gewonnen würde und nicht aus *Stille Nacht, Heilige Nacht*, auch nicht aus dem altenglischen carol *Got rest you merry, gentlemen* besteht, welches Hindemith zitierend benutzte[83]. Dieser cantus firmus steht einstimmend zu Anfang in f-Moll und a-Moll intoniert im 6/8-Takt, am Ende *Calmo* vorzutragen im 5/8. Er bildet einen musikalisch gesetzten Rückbezug auf ein einprägsames Lied und damit auf eine regulierte Gestalt, der im Verlaufe des Werks metrisch freie Passagen

[80] L. M. Hacker/B. B. Hendrick, *The United States since 1865*, New York 1932, S. 183. Hindemith schrieb seiner Frau 1938 nach einer Durchreise: *Schön ist das alles nicht*, und am 24. Juli 1958 an Oscar Cox: *Pitts with all their coal dust and smog atmosphere.* Zit. nach dem Vorwort zur *Pittsburgh Symphony* in: Paul Hindemith, *Sämtliche Werke*, Bd. II, 7 (wie Anm. 76), S. X.

[81] Paul Hindemith, *Sämtliche Werke*, Bd. I, 11: *Das lange Weihnachtsmahl*, hrsg. von Norbert J. Schneider, Mainz 1986, besonders S. XIII.

[82] Norbert J. Schneider, *Thornton Wilder und Paul Hindemith. Zu ihrem Briefwechsel anläßlich der Entstehung von* The Long Christmas Dinner, in: *Hindemith-Jahrbuch* 1982/XI, S. 147ff.

[83] Paul Hindemith, *Sämtliche Werke*, Bd. I, 11 (wie Anm. 81), S. 3ff., Takt 1ff. und Takt 1254ff.

entgegengesetzt sind. So wurde Einheit gestiftet mit einem Gebilde, dessen landläufiger pastoraler Rhythmus zu einem eigenständigen umgeformt ist.

Russische Lieder

Hindemith hatte die Absicht, auch russische Lieder zur Kennzeichnung einer couleur locale in einer projektierten Oper einzusetzen. Mit diesem Genre war er seit seiner Studienzeit in Frankfurt vertraut, denn in der 1904 gedruckten *Lehre vom Kontrapunkt* von Bernhard Scholz werden auch Übungen in den Kirchentönen mittels russischer Volkslieder (in der Übersetzung von Iwan Knorr, S. 129 ff.) zur Aufgabe gestellt. 1932/33 arbeitete er daran, gemeinsam mit Ernst Penzoldt eine Oper wahlweise anhand der Novelle *Die Portugalesische Schlacht* oder anhand von *Etienne und Luise* zu gestalten[84]. Letzteres Vorhaben gedieh bis zu einem detaillierten Entwurf der Szenenabfolge. Wiederholt wies der Komponist in seinen Briefen an den Librettisten und den möglichen Verleger in Mainz darauf hin, daß darin *viele alte Soldaten- und sonstige Lieder vorkommen* sollen, im zweiten Akt *auch irgendein russischer Nationaltanz, Mundharmonika- und Ziehharmonikastücke und so*[85]. Er hoffte, mit diesen Implantaten *das Stück auch für Nichtmusiker interessant machen zu können*[86]. Daß Hindemith diese Versatzstücke so verstand, erhellt ein Brief vom 18. Januar 1933, wonach er vor der Ausarbeitung der Partitur bereits *an den Volksliedern herumlaborierte*. Er erläuterte seine Verfahrensweise damit, daß man Musikstücke *wie Backsteine aneinandersetzen muß*[87].

---

[84] Gunther Nickel/Susanne Schaal (Hrsg.), *Die Dokumente zu einem gescheiterten Opernplan von Paul Hindemith und Ernst Penzoldt* (wie Anm. 68), S. 88ff.
[85] Ebd., S. 190. Gedacht war an ein zu tanzendes Liebeslied mit Refrain (S. 197).
[86] Ebd., S. 204.
[87] Ebd., S. 218.

»Like a folksong«

Als Hindemith im Mai 1960 die *Distribution of the music* von *The long Christmas Dinner* für den Librettisten entwarf, sah er in der Szene VIII *two equal verses of a song-like piece, very simple, like a folksong* vor[88]. Bereits 1919 hatte er das Thema des Mittelsatzes der *Sonate für Bratsche und Klavier* op. 11 Nr. 4 überschrieben: *Ruhig und einfach, wie ein Volkslied zu spielen*; auch hatte er das erste Lied in op. 13 nach Gedichten von Christian Morgenstern, *Die Primeln blühn und grüßen*, mit einer gleich lautenden Vortragsanweisung versehen: *Ein wenig bewegt; einfach, wie ein Volkslied*[89]. Was soll ein heutiger Interpret damit ausrichten, wenn er (ebensowenig wie der Komponist) die Fülle der Singarten im genuinen Volksgesange nicht erfahren hat, sondern lediglich die in die Normen der Notation gezwängten Abbilder usueller Praktiken als Lesestoff vermittelt bekam? Hindemith hat nie (wie etwa Bartók) intensiv Feldforschung betrieben oder (wie Goethe) den Gesängen der »ältesten Müttergens« gelauscht. Dementsprechend gewann er seine Vorstellungen von dieser an Intonationen reichen Singgattung vornehmlich anhand der ihm zugänglichen, nur einen unzureichenden Eindruck vom ursprünglich Gewesenen vermittelnden Ausgaben sowie der während der ersten Hälfte des 20. Jahrhunderts allgemein verbreiteten Klischees vom Einfachen und Rustikalen. Ähnlich wie vor ihm bereits Komponisten wie Robert Schumann (»im Volksliedton«) oder Felix Mendelssohn vertraut auch Hindemith darauf, daß Musiker in aller Welt wissen könnten, wie ein schlichtes Volkslied beschaffen sei. Daß das Singen im Volk auch kompliziert, unruhig und vielgestaltig in der Intonation sein kann, wird dabei offenbar nicht erwogen. Diese Seiten des lebendigen Volksliedes paßten nicht ins Bild. Volksliedartiges soll betont als ein

---

[88] *Paul Hindemith. Die letzten Jahre. Ein Zeugnis in Bildern*, zusammengestellt von Martin Hürlimann, Mainz/Zürich 1965, S. 31.

[89] Paul Hindemith, *Sämtliche Werke*, Bd. V, 6: *Streicherkammermusik III*, hrsg. von Peter Cahn, Mainz 1976, S. 51; Bd. VI, 4: *Sologesänge mit Instrumenten*, hrsg. von Reinhard Gerlach, Mainz 1994, S. 3.

Zeichen von Resignation vor dem unbedingt Neuen, als ein Hinweis für etwas gegen das allzu artistisch und avantgardistisch Gesetzte sowie gegen die maßlose Übersteigung äußerst differenzierter tonaler wie klanglicher Mittel wirksam werden. Hindemith intendiert mit der Geste des Versöhnenden einen Brückenschlag über einen Abgrund hinweg, den beispielsweise sein Antipode Schönberg nicht überspannt haben wollte.

Volksliedartiges, also gleichsam den reduziert vereinfachten Ton dieser Gattung, suchte Hindemith nachzubilden, wenn es ihm darum ging, eine allgemein verbindliche, jedermann zugängliche Musik mit deutlicher Zwecksetzung anzubieten. 1930 komponierte er das Spiel für Kinder *Wir bauen eine Stadt*, worin er pädagogisch engagiert einen neuartig wirkenden Kinderliedton anhand von simplen Formen und verfremdeten Floskeln aus dem Bereich elementaren Singens zu schaffen bestrebt war. An die allgemeine Vertrautheit von landläufigen Zeilenmodellen und Bewegungsmustern gemahnt er auch, wenn er etwa im vierten Bild der Oper *Mathis der Maler* Bauern während des Zechens ein sozial anklagendes Lied singen läßt, das einem vom 15. bis ins 17. Jahrhundert hinein sehr populär gewesenen Landsknechts- und Pilgerliede nachgestaltet ist[90].

Paul Hindemith, *Mathis der Maler*, 4. Bild: Bauern während des Zechens

Forster V, 1556, Nr. 37, Landsknechtslied

---

[90] Zur Überlieferung dieser Melodie siehe Walter Salmen, *Zur Geschichte eines mittelalterlichen geistlichen Fahrtenliedes*, in: *Jahrbuch für Liturgik und Hymnologie* 1965, S. 145ff.

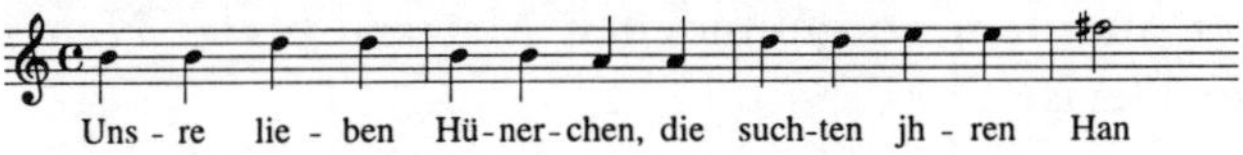

Franck, Facs. quodlibet, 1611, Nr. 6, Scherzlied

Aus dem entlehnten Spiel mit allgemein Umgänglichem, dem Erwecken des Scheins von geborgtem Elementarem ergab sich auch der sendungsbewußte Anspruch in der 1953 für die UNESCO geschriebenen Kantate *Gesang an die Hoffnung*, die *Scheidung in Ausführende und untätig Genießende* aufzuheben[91]. In den letzten beiden Nummern soll seine Musik die »Menge« insgesamt erfassen und zum gesungenen Bekenntnis bewegen. »Wir« alle sollen als eine globale Gemeinde der Hoffnung ein säkularisiertes, sechsmal wiederkehrendes Lob singen mittels einer alttradierten, von jedermann leicht lernbaren Kehrreimformel.

Paul Hindemith, *Cantique de l'Espérance*, Nr. 6

Nach Art des Volksliedes und damit im Kostüm der Zeitferne konzipiert sind schließlich auch diejenigen Stücke, die wie das 1940 komponierte *Old Irish Air* für gemischten Chor mit Klavier oder Orchester sowie das *Landsknechtstrinklied* op. 33 Nr. 6 von 1923 für gemischten Chor a cappella[92] nur einen vom gedruckten Lied abgezogenen volkläufigen Text berücksichtigen. Bei letzterem Werk war es 1923 Hindemiths Absicht, *nach dem alten Text »Frisch auf, gut gsel, laß vmher gahn«* Singkreisen seine neuen Stilmittel vereinfacht zugänglich zu machen[93]. Hier formte der Komponist mit Hilfe des tradierten Volksliedes etwas

[91] Paul Hindemith, *Cantique de l'Espérance*, in: *Werkeinführungen und Vorworte* (wie Anm. 1), S. 182.
[92] Paul Hindemith, *Sämtliche Werke*, Bd. VII, 5 (wie Anm. 19).
[93] Franz Magnus Böhme, *Altdeutsches Liederbuch* (wie Anm. 21), Nr. 321.

Originelles, indem er aus dem vorgefundenen Material etwas Neues machte, gemäß seiner Devise:

An dir ist's, hinter Eile, Lärm und Mannigfaltigkeit
das Ständige, die Stille, Sinn, Gestalt
zurückzufinden und neu zu bewahren.[94]

[94] Beischrift zum vierten Satz der *Sonate für Althorn in Es und Klavier* von 1943.

Ann-Katrin Heimer

... wie sie vom praktischen Standpunkt des Geigers aus notiert werden müsse ...

Hindemiths Bearbeitung der Solostimme des Violinkonzerts von Robert Schumann

Am 26. November 1937 fand im Deutschen Opernhaus in Berlin anläßlich der »Gemeinsamen Jahrestagung der Reichsmusikkammer und der NS-Gemeinschaft Kraft durch Freude« die Uraufführung von Schumanns Violinkonzert d-Moll durch Georg Kulenkampff und die Berliner Philharmoniker unter Leitung Karl Böhms statt. Gespielt wurde jedoch nicht die von Schumann in seiner autographen Partitur hinterlassene Fassung, sondern eine Bearbeitung durch den zum damaligen Zeitpunkt aus naheliegenden Gründen nicht genannten Komponisten Paul Hindemith. Wie es zu dieser Bearbeitung und der damit verbundenen »Wiederentdeckung« und Drucklegung des Konzertes kam, soll im folgenden näher ausgeführt werden.

Zur Entstehungsgeschichte des Konzertes

Über die Entstehung des Violinkonzertes ist an anderer Stelle schon ausführlich berichtet worden, weshalb hier nur in knapper Form die wichtigsten Fakten nochmals wiedergegeben werden sollen[1].
Erste Pläne zu dem (wohl durch die mit Schumann befreundeten Geiger Ferdinand David und Joseph Joachim) angeregten Violinkonzert gehen

[1] Ich stütze mich insbesondere auf die folgenden Arbeiten: Michael Struck, *Die umstrittenen späten Instrumentalwerke Schumanns. Untersuchungen zur Entstehung, Struktur und Rezeption*, Hamburg 1984; ders., *Schumann. Violinkonzert d-Moll*, München 1988 (= *Meisterwerke der Musik* 47).

auf das Jahr 1850 zurück. Doch erst Ende 1853 kommt es tatsächlich zur Komposition, die laut autographem Titelblatt des Werkes in *Düsseldorf, von 21*^{sten} *Sept. – 3*^{ten} *Oct. 1853* entstand. Vier Tage später lernt Clara Schumann das Werk kennen[2], und Schumann selbst will es dem nachfolgend zitierten Brief an Joachim beilegen, wozu es jedoch nicht kommt, da die Kopistenabschrift nicht rechtzeitig fertig wird:

Hier lege ich auch etwas Neues bei, was Ihnen vielleicht ein Abbild von einem gewissen Ernst gibt, hinter dem oft eine fröhliche Stimmung hervorsieht. Oft waren Sie, als ich schrieb, meiner Phantasie gegenwärtig, was wohl zu der Stimmung beitrug. Sagen Sie mir Alles, was Ihnen nicht zu schwer, wie ich denn Ihnen wirklich schon zum Genießen unmögliche Gerichte oder wenigstens Bissen vorgesetzt habe. Streichen Sie alles durch, was nach Unausführbarkeit schmeckt.[3]

Obwohl er in diesem Brief in humoristischer Form auf mögliche spieltechnische Schwierigkeiten hinweist, scheint sich Schumann hinsichtlich der grundsätzlichen Spielbarkeit des Werkes sicher gewesen zu sein, denn nur wenig später schlägt er Joachim die Uraufführung des Konzerts bereits für den 27. Oktober des Jahres im Rahmen der Düsseldorfer Abonnementkonzerte vor, wobei er darauf hinweist, es sei leichter als die zuvor entstandene *Phantasie* op. 131[4]. Joachim willigt ein, und der

---

[2] Im Tagebuch schreibt sie dazu: *Robert hat ein höchst interessantes Violinkonzert beendet, er spielte es mir ein wenig vor; doch wage ich mich nicht eher darüber näher auszusprechen, als bis ich es erst einmal gehört. Das Adagio und der letzte Satz waren mir gleich ganz klar, nicht so ganz der erste.* Zit. nach: Berthold Litzmann, *Clara Schumann. Ein Künstlerleben*, Bd. 2, ^{4}Leipzig 1910, S. 282.

[3] Zit. nach: Andreas Moser, *Joseph Joachim. Ein Lebensbild*, Bd. 1, Berlin ^{2}1908, S. 172. In Schumanns Briefverzeichnis ist der Brief mit dem Epitheton *lustig* bezeichnet.

[4] Auch in dem der Phantasie op. 131 beiliegenden Brief an Joachim schreibt Schumann: *Schreiben Sie mir, was daran vielleicht nicht praktikabel. Auch bitte ich, die Bogenführung bei den Harpeggien, wie überhaupt, mir in dem Manuscript zu bezeichnen, und mir die Partitur dann für einige Tage zurückzuschicken.* (14. September 1853, zit. nach: Andreas Moser, *Joseph Joachim* (wie Anm. 3), Bd. 1, S. 159) Hier wird schon ein Aspekt angesprochen, der auch für das Violinkonzert entscheidend ist: Schumann kann bei Violinwerken nicht auf eigene Erfahrungen mit diesem Instrument zurückgreifen und entsprechend auch nicht aus der »instrumentenspezifischen Bewegung«

Komponist veranlaßt eine Konzertankündigung in den *Signalen für die Musikalische Welt* vom 20. Oktober 1853. Aus diversen Gründen, die nicht im Werk selbst begründet sind, kommt es jedoch nicht zu dieser Aufführung, und auch weitere Versuche, das Konzert aufzuführen, scheitern. So kann es Schumann lediglich anläßlich eines Besuches in Hannover vom 19. bis 30. Januar 1854 in zwei Proben mit Joachim hören. Struck vermutet, daß die violintechnischen Änderungen innerhalb der Solostimme, die Schumann in seinem Autograph bzw. den Abschriften[5] vornahm, in Zusammenhang mit diesen Proben stehen könnten.

Die Entstehungsgeschichte der Erstausgabe

Da Schumann schon bald nach seiner Rückkehr aus Hannover einen Selbstmordversuch unternimmt und schließlich in die Nervenheilanstalt nach Endenich gebracht wird, kommt es zu seinen Lebzeiten zu keiner Drucklegung des Konzertes, obwohl es durchaus noch Gegenstand einiger Briefe zwischen Clara und Robert Schumann sowie Joseph Joachim ist.

Nach seinem Tode wandelt sich im Freundes- und Familienkreis die zunächst positive Einstellung zu dem Konzert in eine plötzliche Abneigung, die wohl auch in Zusammenhang mit einer generellen Skepsis gegenüber den späten Werken Schumanns zu sehen ist. Demgemäß wird es nicht in die von Clara Schumann und Brahms betreute Schumann-Gesamtausgabe übernommen, wie überhaupt generell von einer

---

heraus komponieren. Dadurch entstehen Unsicherheiten, die sich besonders in der Phrasierung, die bei der Violine eng mit der Bogenführung verbunden ist, zeigen.

[5] Neben Schumanns Autograph befinden sich in der Berliner Staatsbibliothek eine Kopistenabschrift des Klavierauszugs und der Solostimme sowie eine Kopistenabschrift der Partitur samt Orchesterstimmen (alle aus dem Nachlaß Joachims). Im Schumannhaus Zwickau liegt ferner eine Kopistenabschrift des Klavierauszugs, die wohl aus dem Nachlaß Clara Schumanns stammt. Vgl. auch Michael Struck, *Instrumentalwerke Schumanns* (wie Anm. 1), S. 367f.

Publikation Abstand genommen wird, obwohl das Werk in der frühen Schumann-Literatur immer wieder Erwähnung findet. Joseph Joachim, der sicherlich nicht unerheblich zur gewandelten Einstellung beitrug und zu diesem Zeitpunkt im Besitz des Autographs und zweier Abschriften ist, legt 1898 in einem Brief an Andreas Moser[6] seine Gründe für eine Nichtveröffentlichung des Konzertes dar:

- es zeige eine gewisse Ermattung der geistigen Kräfte,
- die Schwere des Violinsatzes stehe in keinem Verhältnis zu dessen Wirkung.
- die Solostellen seien fast zu intim für ein Konzert,
- die Tonlage der Violine und die Instrumentation hindere manche Entwicklung.

Nach Joachims Tod im Jahr 1907 verkauft sein Sohn Johannes die Quellen zu Schumanns Konzert an die Preußische Staatsbibliothek in Berlin mit der Auflage, daß das Konzert frühestens 100 Jahre nach Schumanns Tod veröffentlicht werden dürfe. Diese Sperrklausel wird zunächst auch eingehalten, obwohl es immer wieder Anfragen von Geigern und Musikwissenschaftlern zu dem Werk gibt. Im Jahre 1930 erfolgt sogar in Zwickau eine Aufführung des ersten Satzes (für Violine und Klavier), wobei als Notentext die in Zwickau befindliche Abschrift des Klavierauszugs benutzt wird[7]. Doch erst eine skurrile »Geistergeschichte«[8], in deren Verlauf der Schott-Verlag auf das Werk aufmerksam wird, sowie ein erhöhtes Interesse durch das Fehlen eines großen

[6] Vgl. Andreas Moser, *Joseph Joachim* (wie Anm. 3), Bd. 2, S. 375f.

[7] Vgl. Michael Struck, *Instrumentalwerke Schumanns* (wie Anm. 1), S. 323.

[8] Einer Nachfahrin Joseph Joachims soll bei okkulten Séancen der Geist Schumanns erschienen sein, der ihr den Auftrag gegeben habe, sich um eine »Wiederentdeckung« des Werkes zu bemühen. Zu den Einzelheiten vgl. R. Müller-Iserlohn, *Das verlorene Schumannkonzert durch Geisterhilfe gefunden?*, in: *Unsere Welt* 30 (1938), S. 39-43; im Faksimile wiedergegeben bei Michael Struck, *Instrumentalwerke Schumanns* (wie Anm. 1), S. 336-338.

romantischen Violinkonzerts nach dem Verbot des Mendelssohnschen Konzerts, vor allem aber die Bereitschaft des neuen Direktors der Musikabteilung der Preußischen Staatsbibliothek, bewirken die Aufhebung der Sperrklausel und somit die Drucklegung, an der die folgenden Personen maßgeblich beteiligt waren:

Willy Strecker
An den Leiter des Schott-Verlages wendet sich die Geigerin Jelly d'Aranyi, eine Nichte Joachims, im November 1933 mit der Bitte um Hilfe bei den Nachforschungen über den Verbleib des Violinkonzertes. Strecker, der schnell herausfindet, daß sich das Manuskript dieses Werkes in der Berliner Staatsbibliothek befindet, versucht daraufhin das Konzert für die Uraufführung und Drucklegung frei zu bekommen. Dies gelingt ihm aber erst 1935, nachdem Georg Schünemann Direktor der Musikabteilung geworden ist und Johannes Joachim, mit dem Strekker seit der gemeinsamen Zeit in englischer Kriegsgefangenschaft im I. Weltkrieg freundschaftlich verbunden ist, seine Zustimmung gibt.

Johannes Petschull
Er kümmert sich als Prokurist innerhalb des Schott-Verlages um die organisatorischen Fragen rund um die Uraufführung, vermittelt zwischen den einzelnen an der Drucklegung beteiligten Personen und führt die Verhandlungen mit den kulturpolitischen Vertretern der Partei.

Franz Willms
Er ist innerhalb des Schott-Verlages als Cheflektor tätig und wird von Hindemith sehr geschätzt (zuletzt hatte er dessen *Drei Stücke für fünf Instrumente* für eine Ballettaufführung unter dem Titel *Der Antiquar* eingerichtet). Er kümmert sich vor allem um die Einrichtung des Klavierauszuges, aber auch um alle anderen musikpraktischen Fragen der Drucklegung.

Georg Schünemann[9]
Der Flötist und promovierte Musikwissenschaftler ist seit 1920 als Professor und stellvertretender Direktor der Berliner Musikhochschule (von 1932 bis 1933 Direktor) und somit seit 1927 Kollege und Vorgesetzter von Hindemith. 1933 aus politischen Gründen entlassen, leitet er bis 1935 die Musikinstrumentensammlung der Berliner Musikhochschule, bevor er 1935 zum Direktor der Musikabteilung der Preußischen Staatsbibliothek berufen wird. In dieser letztgenannten Tätigkeit erschließt er durch musikwissenschaftliche Aufsätze und praktische Ausgaben zahlreiche zuvor unaufbereitete Materialien der Bibliothek - darunter auch das Violinkonzert von Robert Schumann.

Georg Kulenkampff
Er studierte an der Berliner Musikhochschule Violine und lehrt dort seit 1923 als Professor. Daneben betätigt er sich solistisch (u.a. im Sommer 1936 mit Hindemiths *Sonate in E*, die vom Publikum mit so ostentativem Beifall aufgenommen wird, daß die Reichsmusikkammer ein Aufführungsverbot der Werke Hindemiths verfügt). An ihn wendet sich Schünemann zunächst mit der Bitte, bei der Einrichtung der Violinstimme zu helfen. Kulenkampff spielt auch die Uraufführung[10].

Paul Hindemith
Seine große Erfahrung als Geiger und Komponist legten ebenso wie seine beruflichen und z.T. auch freundschaftlichen Beziehungen zu den

[9] Für nähere Informationen zu Schünemann siehe auch die Dissertation von Heike Elftmann, *Georg Schünemann (1884-1945). Musiker, Pädagoge, Wissenschaftler und Organisator. Eine Situationsbeschreibung des Berliner Musiklebens*, Sinzig 2001 (*Berliner Musik-Studien* Bd. 19). Dort gibt es auch ein ausführliches Kapitel zu Schünemanns Beteiligung an der Edition des Konzertes.

[10] Da Kulenkampff, wie bereits erwähnt, die von Hindemith angefertigte Bearbeitung des Konzertes spielte, gebührt eigentlich Yehudi Menuhin die Ehre, am 6. Dezember 1937 in Philadelphia die »richtige« Uraufführung, d.h. Schumanns Originalfassung gespielt zu haben.

anderen Protagonisten der Drucklegung seine Mitwirkung nahe. Entsprechend wenden sich bald sowohl Kulenkampff als auch Willy Strecker an ihn und bitten um seine Mithilfe. Er bearbeitet die Solostimme für Kulenkampff und bezeichnet die Stimmen im Orchestersatz.

Gustav Lenzewski
Da Hindemith durch seine Reisen in die Türkei und in die Vereinigten Staaten zeitlich sehr eingeschränkt ist, bittet der Schott-Verlag den in Frankfurt – und somit in der Nähe des Verlages wohnenden – Geiger und Streichquartett-Primarius, der schon mehrere Werke für den Verlag ediert hatte, um seine Mithilfe. Er richtet die Violinstimme für den Klavierauszug und die Partitur ein.

Chronologisch stellt sich die Drucklegung folgendermaßen dar: 1936 wendet sich Schünemann – nachdem er mit dem Verleger Willy Strecker übereingekommen war, als Herausgeber des Violinkonzertes tätig zu werden – an Georg Kulenkampff mit der Bitte, gemeinsam das Autograph unter geigenspieltechnischen Gesichtspunkten durchzugehen. Dieser ist interessiert und möchte auch gerne die Uraufführung spielen, was der Verlag unterstützt[11], obwohl man das Werk auch anderen Solisten zeigen will und zunächst wohl sogar eine Uraufführung durch Menuhin ins Auge faßt, die sich aber aufgrund der politischen Situation bald als unmöglich herausstellt.

---

[11] Der Wunsch Kulenkampffs nach einem einjährigen Alleinaufführungsrecht wird allerdings vom Verlag verständlicherweise, wie aus einem Brief von Petschull an Schünemann vom 21. Dezember 1936 deutlich wird, abgelehnt – zumal zumindest bei Schünemann, Kulenkampff und dem Verlag auch handfeste finanzielle Interessen dahinter standen: *Daß Professor Kulenkampff das Alleinaufführungsrecht des Violinkonzertes für ein Jahr zu haben wünscht, ist einmal für die raschere Verbreitung des Werkes nicht angenehm. Zum anderen würde ich ihm aus unserer Erfahrung in ähnlichen Fällen auch in seinem Interesse davon abraten; denn ein solcher Exklusivvertrag wird zumal heute oft sehr kritisiert und schafft dem Solisten mehr Feinde als Freunde. Nehmen Sie an, daß die Uraufführung, wie wir hoffen, ein großer Erfolg wird, dann kommt am nächsten Tag schon eine ganze Reihe von Anfragen nach dem Material. Wenn wir dann antworten*

Als Ergebnis seiner Untersuchung teilt Kulenkampff in einem Brief an Petschull vom 3. Januar 1937 mit: *Es läge mir sehr viel daran Sie in allernächster Zeit einmal persönlich zu sprechen zu* [sic] *können. Es handelt sich um die Angelegenheit des neuen Schumann-Konzertes. Die Violinstimme z.B. müsste an vielen Stellen geändert werden aus klanglichen und technischen Gründen.*

Der Name Hindemiths als möglicher Bearbeiter taucht in der Korrespondenz erstmals[12] in einem Brief Petschulls an Schünemann vom 18. Februar 1937 auf:

---

müssen, daß Professor Kulenkampff für ein Jahr das Vorrecht besitzt, führt dies todsicher zu unliebsamen Auseinandersetzungen. Man wird nicht ganz ohne Unrecht darauf hinweisen, daß es nicht angängig sei, ein derartiges Werk zugunsten eines einzelnen der Allgemeinheit länger vorzuenthalten. Im übrigen hat es Professor Kulenkampff m.E. garnicht nötig, sich ein solches Vorrecht zu sichern. Wenn er das Werk uraufgeführt und wir diese Tatsache durch eine geschickte Pressereklame entsprechend herausstellen, wird jeder namhafte Konzertveranstalter sich zu allererst an ihn wenden. – In diesem Zusammenhang ist auch Kulenkampffs Argumentation bezüglich des Alleinaufführungsrechtes interessant, die er in besagten Brief vom 3. Januar 1937 formuliert: *Ferner müsste die Frage des Aufführungsrechtes besprochen werden und zwar besonders im Hinblick auf das Ausland, das uns deutsche Künstler jetzt fernhält. Es ginge doch wohl nicht an, dass wir hier ein neues Schumann Konzert herausbringen und in der Folge der deutsche Künstler von Aufführungen im Ausland einfach ausgeschlossen würde. Hier müsste deutsches Kulturgut auch von deutschen Künstlern dem Ausland interpretiert werden und ihm das Alleinaufführungsrecht für mindestens 2 Winter gesichert werden. Für Deutschland wäre dieser Punkt etwas anders gelagert, da erstens sowieso kein anderer Interpret in Frage käme (Verzeihung! oder wissen Sie jemanden?) für die Ur- und Erstaufführungen und das Werk ja erst am Tage der Uraufführung zum Verkauf kommt.* – Sofern nicht anders vermerkt, werden Briefe nach den im Archiv des Schott-Verlages befindlichen Originalen bzw. Durchschriften zitiert. Der dortigen Archivarin Frau Motzko-Dollmann möchte ich ganz herzlich für ihre Hilfe danken. Briefe von und an Paul Hindemith werden nach den im Hindemith-Institut/Frankfurt Main befindlichen Kopien wiedergegeben.

12 In seinem Taschenkalender (aufbewahrt im Hindemith-Institut, Frankfurt/Main) vermerkt Hindemith im November/Dezember 1936 folgende Termine: 18. November: *Kulenkampff, Boettchers etc. da*; 27. November: *Petschull da*; 29. November: *bei Kulenkampff*; 2. Dezember: *Vortrag okkulte Gesellschaft*. Es ist deshalb mehr als wahrscheinlich, daß Hindemith – ohne Wissens Schünemanns – schon wesentlich früher von Kulenkampff und dem Verlag in dieser Sache um Rat bzw. Mithilfe gebeten wurde (vgl. auch den weiter unten abgedruckten Brief Petschulls an Schünemann vom 17. März 1937).

Kulenkampff war inzwischen hier, und er legt, wie er sagt, gar keinen Wert darauf, als Revisor der Violinstimme genannt zu werden. Er möchte vielmehr für seinen eigenen Gebrauch eine Spezialbearbeitung der Violinstimme machen, die sein »Geheimnis« bleibt, d.h. die nicht gedruckt werden solle. Diese Lösung kann Ihnen und uns nur die angenehmste sein; denn auf diese Weise haben wir freie Hand bezüglich eines anderen Bearbeiters, und in erster Linie käme hierfür Hindemith in Betracht, der selbstverständlich eine Nennung seines Namens nicht wünschte. Je nachdem, wie einschneidend die Änderungen sind, die er vorzunehmen empfiehlt, würden wir dann eine oder zwei Violinstimmen veröffentlichen, so, wie wir es schon besprochen hatten. Hindemith, der, wie Sie wissen, augenblicklich in der Türkei ist, kommt auf der Rückreise in den letzten Februartagen nach Mainz. Er ist nur kurz in Berlin und fährt dann nach Amerika[13]*. Ich hielte es nun für das praktischste, wenn wir den Klavierauszug und evt. die Violinstimme bis dahin zur Arbeit fotokopiert haben könnten; denn mit der einen Abschrift reichen wir natürlich nicht aus. Außerordentlich wichtig wäre es auch, daß unser musikalischer Mitarbeiter, Herr Willms, bis zum Kommen Hindemiths den Klavierauszug genau studiert hätte. Aus diesem Grunde möchte ich Sie bitten, mir doch den Klavierauszug und die Partitur auf dem schnellsten Wege zu schicken*
Schünemann schickt daraufhin das von ihm eingerichtete Manuskript, das Hindemith bei einem Besuch in Mainz erstmals sieht.

Wie Hindemith das Werk beurteilt und welche Konsequenzen der Verlag daraus zieht, berichtet Ludwig Strecker, Willy Streckers Bruder und Mitinhaber des Schott-Verlages, in seinem nächsten Schreiben vom 6. März 1937 an Kulenkampff:

---

[13] Laut Eintragungen in seinem Taschenkalender traf Hindemith am 26. Februar 1937 in Frankfurt ein, besuchte am 27. Februar Willy Strecker und Franz Willms in Mainz und fuhr am 28. Februar nach Berlin. Seine Amerika-Tournee dauerte vom 24. März bis zum 5. Mai, und bereits am 8. Mai folgte eine Italienreise, von der er erst am 29. Mai nach Frankfurt zurückkehrte, um sich sogleich in Mainz erneut mit Strecker und Willms zu treffen.

Über das Schumann Konzert kann ich Ihnen heute mitteilen, dass das Manuskript von Professor Schünemann vergangene Woche bei uns eintraf. Wir hatten zufällig Gelegenheit, mit Hindemith, der auf der Durchreise von der Türkei uns hier besuchte, über die Herausgabe zu sprechen und ihm Partitur und Klavierauszug zu zeigen. Nach ziemlich eingehender Besichtigung meinte Hindemith, dass es sich bei dem Werk aus Pietätsgründen nur um Änderungen der Violinstimme vom praktischen Gesichtspunkt aus handeln könne, nicht aber um irgendwelche textliche oder sonstige einschneidende Änderungen. Auch rate er die Orchestration nicht anzurühren, da sie vielleicht etwas ungewandt, wie bei fast allen Schumann'schen Orchesterwerken, aber doch echter Schumann sei. Er selbst erklärte sich bereit, die Violinstimme umzuschreiben, wie sie vom praktischen Standpunkt des Geigers aus notiert werden müsse. Allerdings kann er leider diese Arbeit nicht vor Ende Mai – seiner Rückkehr aus Amerika / Italien – vornehmen.
Ich teile Ihnen dies vertraulich mit, mit der Bitte den Namen Hindemith als Bearbeiter nicht zu erwähnen, da unter den augenblicklichen Gesichtspunkten weder für ihn, noch für das Werk die Bekanntgabe dieser Tatsache wünschenswert erscheint.
Der Klavierauszug wird augenblicklich von einem anderen Mitarbeiter revidiert, da in dem vorliegenden Manuskript, das sich zum Teil sogar auf Schumanns eigenen Klavierauszug stützt, manche Ungeschicklichkeiten sich befinden. Diese Arbeit wird bis Mitte nächster Woche beendet sein. Wir wollen dann das Manuskript fotokopieren und Ihnen als Exemplar zuschicken. Die Original Violinstimme bleibt bei dieser Revision unangetastet. Für etwaige Änderungen ist im Klavierauszug eine zweite darüberliegende freie Linie vorhanden. Wir beschlossen gemeinsam mit Hindemith, die Original-Violinstimme beim Druck des Klavierauszuges neben der geänderten Fassung zu drucken, als Solo-Violinstimme die neue Fassung beizulegen. Da Sie ohnedies beabsichtigen, sich selbst Ihre eigene Violinstimme einzurichten, nehme ich an, dass es Ihnen nach der Fotokopie des Klavierauszuges möglich sein wird. Die

Hindemith'sche Fassung der Violinstimme lasse ich Ihnen dann sofort zugehen, sobald er diese Arbeit beendet hat. Ich hoffe, dass Sie sich an Hand des Klavierauszuges schon für die Uraufführung des Werkes entscheiden können, die unter allen Umständen eine Sensation bedeuten wird.

Ganz ähnlich referiert auch Petschull Hindemiths Meinung über das Konzert in seinem Schreiben vom 13. März 1937 an Schünemann:

Professor Hindemith war Anfang der vergangenen Woche hier. Herr Strecker und Herr Willms haben ihm das Schumann-Konzert gezeigt. Ich selbst war leider verreist. Hindemith ist der Ansicht, daß die Violinstimme einer gründlichen geigenmässigen Revision unterzogen werden müsse, um spielbar zu werden. Selbstverständlich dürfe man die Schumann'sche Substanz dabei nicht antasten. Leider hat er selbst jetzt vor seiner Reise nach Amerika keine Zeit, die Arbeit durchzuführen. Er käme erst Ende Mai oder Anfang Juni dazu. Bis dahin können wir aber nicht warten, da das Material dann nicht rechtzeitig fertig wird.

Nun sind wir auf folgenden Ausweg verfallen: Wir müssen von einem präzis arbeitenden Geiger, der ohne virtuosen Ambitionen mit der nötigen Achtung vor dem Autor an die Sache herangeht, die Violinstimme vorbezeichnen lassen, sodaß Hindemith, wenn es überhaupt nötig erscheint, nach seiner Rückkehr nur noch einmal darüber zu sehen braucht. Die musikalische Kontrolle über die Arbeit wird Herr Willms übernehmen, den Hindemith unbedingt als hierzu am fähigsten bezeichnet, und dessen Arbeiten Hindemith, wie sich schon aus ähnlichen Fällen gezeigt hat, restlos anerkennt.

Am geeignetsten hierzu schien mir Gustav Lenzewski in Frankfurt, den Sie vermutlich kennen. Ich bin am Donnerstag abends mit Willms bei ihm gewesen. Lenzewski hat uns das Konzert in geradezu erstaunlicher Wiese aus dem Manuskript vom Blatt vorgespielt. (Das gab zum ersten Mal einen richtigen Eindruck von dem Werk. Es ist von einer so unerhörten Tiefe und Schönheit, daß der Standpunkt von Joachim und seinen Zeitgenossen völlig unverständlich erscheint.) Er ist grundsätzlich

bereit, die Revision der Violinstimme nach den gegebenen Gesichtspunkten vorzunehmen und würde hierfür ungefähr 14 Tage bis drei Wochen benötigen. Ich möchte ihn ohne Ihre vorherige Zustimmung zu dem ganzen Plan jedoch nicht beauftragen. Ich warte deshalb erst Ihre Nachricht hierüber ab.
Im einzelnen schwebt mir folgendes vor:
1) Die originale Bezeichnung, die Schumann der Violinstimme gegeben hat, ist so völlig unspielbar, daß es nur ein Ballast bedeutet, sie in dem [sic] *Klavierauszug und in der Partitur mit aufzunehmen. Man sollte sie lieber ganz herauslassen. Hindemith und Lenzewski weisen mit Recht daraufhin, daß auch ein großer Teil anderer berühmter Konzerte in der Originalbezeichnung des Komponisten unspielbar wären, und daß im vorliegenden Fall gar keine Bedenken bestünden, dasselbe zu tun, was man bei einem Werk von Beethoven oder Tschaikowsky ohne weiteres zuläßt. (Wenn es unbedingt sein muß, so könnte man die Violinstimme in genauer Übereinstimmung mit dem Autograph gesondert drucken, damit sie für ein rein philologisches Interesse zur Verfügung stünde.)*
Das Honorar für Lenzewski übernimmt der Verlag. Lenzewski hat auch keinerlei Ansprüche an Aufführungsgebühren etc. Er ließ lediglich bei der Unterredung durchblicken, daß er die Nennung seines Namens bei der Violinstimme als gerecht empfände. Wenn Sie hiermit grundsätzlich einverstanden wären, so könnte dies entweder in der Violinstimme selbst über dem ersten Notensystem wie üblich ganz klein geschehen oder Sie könnten es im Vorwort kurz erwähnen. Die Nennung Ihres Namens als Herausgeber des ganzen Werkes wird hierdurch natürlich in keiner Weise beeinträchtigt.
2) Lenzewski sollte auch die Partitur bzw. die Stimmen durchsehen und auch die nach Ansicht Hindemith's für die praktische Aufführung unbedingt notwendigen Strichbezeichnungen (in von dem Original deutlich unterscheidbarer Weise) einfügen. Hierfür trägt der Verlag die Kosten. Der Name Lenzewski wird dabei nicht erwähnt.
3) Den Klavierauszug wird Herr Willms einmal genau durchsehen und

ihn so ausarbeiten, daß er auch für kammermusikalische Aufführungen des Werkes ohne weiteres verwendbar ist. Wie ich schon sagte, besitzt Herr Willms hierin wohl die größte Erfahrung. Die Kosten hierfür trägt der Verlag. Ob Sie den Namen Willms bei dem Klavierauszug irgendwie nennen wollen, ist ganz Ihnen überlassen.
Ich bin mir darüber im klaren, daß wir hierfür noch ziemliche Aufwendungen zu machen haben. Aber ich bin überzeugt, daß wir auf diese Weise die beste überhaupt denkbare Veröffentlichung des Werkes zustande bringen. Die Unmöglichkeit, das Autograph zu photographieren, wie Sie es in Ihrem Brief vom 26. Februar schildern, sehe ich völlig ein, und wir werden so verfahren, wie Sie es vorschlagen: unklare Stellen während der Arbeit anmerken und Ihnen zur Revision einsenden, wie Sie selbstverständlich überhaupt vor Beginn der Drucklegung die ganzen Manuskripte noch einmal zur Durchsicht und Approbation erhalten.
Auf diese Vorschläge von Seiten des Verlages reagiert Schünemann postwendend mit Empörung, da er *Schumanns Konzert herausgeben wollte, aber keine Umgestaltung eines Dreimännerkollegiums.*[14] Petschull versucht ihn daraufhin zu besänftigen, indem er ihm am 17. März 1937 schreibt:
vielen Dank für Ihren Brief vom 15. März, der heute morgen hier eintraf. Es tut mir leid, wenn ich Sie mit meinen Vorschlägen beunruhigt habe. Ich möchte aber alles tun, um Ihre Bedenken zu zerstreuen. Insbesondere weise ich noch einmal auf den Schluß meines Briefes vom 13. März hin, in dem ich schrieb, daß wir selbstverständlich nichts ohne Ihre genaue Kenntnis im einzelnen und Ihre Zustimmung tun würden. Gleichzeitig bitte ich Sie sehr darum, uns Ihr Vertrauen zu schenken. Es ist ganz selbstverständlich, daß nicht das Geringste geschähe, was irgendwie gegen den Geist Schumanns verstieße. Alles, was ich Ihnen vorschlug, hat ja nur den Zweck, das Werk in der Form der Öffentlichkeit zu übergeben, in der es für sie am geeignetsten ist. Es ist ja auch aus

[14] Brief Schünemanns an Petschull vom 15. März 1937.

den anderen Werken, die Schumann für Violine geschrieben hat, bekannt, daß Schumann von der Geigentechnik nicht viel verstand, und er selbst wußte dies zur Genüge, wie er ja auch in seinem Brief an Joachim vom 7. Oktober 1853 ausdrücklich schreibt, daß Joachim »alles streichen möge, was nach Unausführbarkeit schmeckt«. Da Joachim selbst nach seinem Brief an Moser vom 5. August 1898 das Werk als nicht für die Veröffentlichung reif erklärt hat, kann man auch annehmen, daß er seine Fassung – ich weiß nicht, was er überhaupt geändert hat – als erprobt ansah.[15]

Ich schrieb Ihnen, daß Hindemith sich das Werk genau angesehen hat, und daß die Vorschläge, die ich Ihnen in meinem letzten Brief machte, auf seinen Angaben beruhen. Daß diese im übrigen mit Kulenkampff's Meinung übereinstimmen, geht aus der Tatsache hervor, daß Kulenkampff insgeheim Hindemith wegen des Schumann-Konzertes bereits um Rat gebeten hat. Hindemith hat uns dies im vertrauen gesagt, und ich bitte Sie, dieses auch Kulenkampff gegenüber aus naheliegenden Gründen vertraulich zu behandeln. Tatsächlich würde auf jeden Fall Kulenkampff, der sich selbst wohl nicht imstande fühlt, die Geigenstimme zu revidieren, die von Hindemith stammende Revision gespielt haben. Daß diese Revision sich im übrigen nicht auf Notenveränderungen bezöge, sondern lediglich eine vom geigentechnischen Standpunkt aus unerläßliche Phrasierung bedeutete, darüber schrieb ich bereits.

Klavierauszug: Ist nicht zu vermuten, daß Schumann lediglich den der Partitur unterlegten Klavierauszug zunächst nur als Skizze gedacht hatte, nicht aber als druckfertiges Manuskript? Ich darf in diesem Zusammenhang noch einmal – ohne unbescheiden sein zu wollen – auf unsere besondere Erfahrung auf dem Gebiete der Klavierauszüge verweisen. Es handelt sich aber auch hier nicht um eine Umgestaltung, sondern lediglich darum, ihn auf seine Spielbarkeit zu revidieren.

---

[15] Petschull setzt hier eine eigenständige Fassung Joachims voraus, die es nicht gibt.

Zusammenfassend wiederhole ich noch einmal: Bitte fassen Sie meine Ausführungen nicht auf, als ob ich damit eine Umgestaltung eines Dreimänner-Kollegiums befürworten oder gar mit Recht zu verurteilenden »Bearbeitungen« älterer Musik hier das Wort reden wollte. Es handelt sich [für] *uns hier nur darum, das Werk so zu veröffentlichen, wie es vermutlich veröffentlicht worden wäre, wenn Schumann noch ein paar Jahre länger gesund gelebt hätte. Ich bitte Sie nochmals um Ihr Vertrauen, wenn ich zu Ihrer grundlegenden Arbeit als Herausgeber noch unsere verlegerisch-praktischen Erfahrungen antrage. Wir werden Sie bestimmt nicht enttäuschen.*

War Schünemann durch diesen Brief zunächst beruhigt, so wendet sich nun Kulenkampff gegen das Vorgehen des Verlages und speziell gegen die Bearbeitung des Konzertes durch Hindemith, was umso mehr erstaunt, als er diesen zunächst um Hilfe gebeten hatte. An Schünemann schreibt er in teilweise pikierten Tonfall am 7. April 1937[16]:

Ausser der Tatsache von recht volkstümlichen Themen und sehr einfachen gleichbleibenden Harmonien konnte ich nur feststellen, dass in dieser Faktur das Konzert wohl schwerlich zu spielen sein würde und ich muss gestehen, dass ich schon damals ein nicht gutes Gewissen hatte, einfach weil ich das Konzert nicht beurteilen konnte nach unserem improvisierten Andeuten mit Klavier. [...] *Auf jeden Fall zeigt sich schon die Fragwürdigkeit dieses Konzertes, dass der Verlag Hindemith beauftragt hat, die Violinstimme praktisch zu notieren, das heisst: zu ändern. Diese Arbeit kann erst nach seiner Amerikareise gemacht werden und ob sie mir schliesslich liegt, weis ich nicht. Ich würde diese Ausschaltung meinerseits hierin als ein deutliches Übergehen meiner Person empfinden, wenn ich innerlich von dem Konzert überzeugt wäre – so aber bitte ich herzlich darum, meine Person, die ja schon im Hinblick auf die Änderungen nicht wichtig ist (und nicht wichtig genommen wird), auch in der Frage der Uraufführung als unwichtig zu betrachten.* [...]

[16] Zit. nach: Heike Elftmann, *Schünemann* (wie Anm. 9), S. 213.

Hintergrund dieses plötzlichen Meinungswechsels scheint Kulenkampffs Mißmut darüber zu sein, daß er durch Hindemiths Einrichtung der Solostimme erneut eine Chance, das Konzert für sich reservieren zu können, verliert.[17] Im weiteren Verlauf wird er aber einlenken und schließlich auch, wie bereits erwähnt, die Uraufführung spielen.
In den folgenden Wochen bis Juni 1937 spiegelt die Korrespondenz des Verlages mit Lenzewski und Schünemann die rege Arbeit an der Einrichtung der Violinstimme (durch Lenzewski) und des Klavierauszuges (durch Willms) wider, wobei Petschull von Verlagsseite aus immer wieder bei Schünemann als Vermittler auftreten muß, um diesen davon zu überzeugen, daß sich die Revisionen nicht zu weit vom Schumannschen Originaltext entfernen (tatsächlich geht Lenzewskis Bearbeitung der Solostimme, längst nicht so weit, wie die Hindemiths, da sie »nur« die Ebene der Phrasierung, Dynamik und spieltechnische Dinge wie Fingersätze betrifft).
Hindemith selbst war bis zu diesem Zeitpunkt offensichtlich nur im Besitz einer Abschrift der Solostimme, denn am 17. Juni 1937 schreibt ihm Petschull:
für den Fall, daß Sie außer der Solostimme noch eine Unterlage für das Schumann-Konzert brauchen, schicke ich Ihnen gleichzeitig noch den von Schünemann angefertigten Klavierauszug. (Er wird hier nicht mehr benötigt[18].) Ich wäre Ihnen dankbar, wenn Sie die Solostimme nach Abschluß Ihrer Arbeit nicht Kulenkampff überließen, sondern Sie zunächst hierhin schickten, damit wir sie auf Durchleuchtungspapier schreiben und zwei oder drei Fotokopien davon herstellen können. Das kann innerhalb zwei oder drei Tagen geschehen, sodaß Kulenkampff die Solostimme nicht zu lange entbehren brauchte. Darüber, ob man diese

---

[17] Dafür spricht auch eine Passage in dem Brief Petschulls an Schünemann vom 13. April 1937: *Seine Verstimmung ist m. E. nur deswegen entstanden, weil er sieht, daß er die von Hindemith einzurichtende Stimme nicht für sich monopolisieren kann.*

[18] Inzwischen hatte Schünemann den von Willms angefertigten Klavierauszug für den Druck akzeptiert.

von Ihnen bearbeitete Solostimme veröffentlichen soll und auch über eine Neuredaktion der Lenzewski-Stimme (anbei ebenfalls gleichzeitig) können wir ja dann noch mündlich sprechen. Einstweilen ist der von Willms angefertigte Klavierauszug mit der Schumann-Originalstimme darüber zum Stich gegangen.

Am 25. Juni fordert Hindemith dann telefonisch[19] auch die Partitur des Stückes, die ihm Lenzewski, der eigentlich die Orchesterstimmen darin bezeichnen sollte, zusendet. Willy Strecker schreibt dazu am darauffolgenden Tag:

Die Schumann-Partitur hat Dir Lenzewski hoffentlich wie versprochen per Eilboten geschickt. Kulenkampff hat eine Originalstimme, in die er sich Änderungen selbst eintragen könnte. Ziehst Du vor, sie in die Originalpartitur einzutragen wie beim 3. Satz, so lasse ich sie sofort herausschreiben und Kulenkampff erhält in zwei Tagen eine saubere neue Stimme; jedenfalls hätte ich unter allen Umständen gern, wenn irgendmöglich, bis Montag oder Dienstag die Partitur zurück, ebenso wie Deine Fassung, auf die ich ausserordentlich gespannt bin.

Tatsächlich kann Petschull, der sich zu diesem Zeitpunkt in Berlin aufhält, um weitere Probleme hinsichtlich der Veröffentlichung und Uraufführung zu lösen, am 1. Juli vermelden: *Die Partitur mit Hindemiths fertigen Eintragungen habe ich erhalten und bringe sie mit. Kulenk.*[ampff] *ist glücklich* [...]. Und am 7. Juli schreibt Willy Strecker in dem mittlerweile zwischen beiden üblichen lockeren Tonfall an Hindemith: *Als erfreuliches Aktivum dieser erzwungenen Ruhe* [nach einem Unfall] *sehe ich Deine Fassung des Schumannschen Konzertes an, die selbst dem seligen Robert, Josef und Johannes bestimmt eine grosse Freude bereitet hätte, und diese Nachgeburt erst zum Leben erweckt. Ich denke vorläufig mit der Veröffentlichung zurückzuhalten und sie nur einigen ausübenden Virtuosen ohne öffentliche Nennung Deines*

[19] Vgl. den Brief Petschulls an Kulenkampff vom 26. Juni 1937: *Auf einen telefonischen Anruf von Frau Hindemith gestern abend ist die Partitur heute morgen von dem Kopisten durch Eilboten an Hindemith abgegangen; sie muß also morgen früh da sein.*

Namens zur Verfügung zu stellen. In Deutschland zählt zunächst nur Kulenkampff. Beruhigen sich dann die Gemüter, so wollen wir zu einem späteren Zeitpunkt deine Fassung veröffentlichen. Gerne hätte ich allerdings schon jetzt das durch Petschull angekündigte Vorwort als Rechtfertigung, das ich selbst der Abschrift hinzufügen möchte.[20]

Im selben Monat entscheidet sich auch die endgültige Form der Drucklegung, nachdem Schünemann abermals schriftlich sein Unbehagen über die Unklarheit der Druckfassungen geäußert hatte:

Der Klavierauszug sollte die Violinstimme genau nach dem Schumannschen Original bringen, ohne Ossias oder Änderungsvorschläge. Wie ich Ihnen schrieb, lesen wir den Klavierpart hier auf Druckfertigkeit. Ich möchte Sie nur bitten, die Violinstimme mit dem Schumannschen Original zu vergleichen (offensichtliche Schreibfehler Schumanns sollte man stillschweigend richtig stellen).

Ihre Partitur habe ich Ihnen leider nicht mitschicken können, weil diese für die Herstellung der Orchesterstimmen dringend gebraucht wird und in den Händen des Autographen ist. Ich war der Meinung, dass zum Korrekturlesen die von Ihnen in Ihrem handschriftlichen Klavierauszug selbst eingezeichnete Abschrift der Schumannschen Solovioline ausreichte. Denn in den Ihnen zugesandten grünen Abzügen kommt es wie gesagt zunächst ja nur auf die Korrektur der Solovioline an. [...]

Wegen der übrigen Herstellung können Sie unbesorgt sein. – Die Orchesterstimmen werden nach Ihrer Partitur angefertigt. Diese Arbeit läuft augenblicklich. Nachdem die Partitur vom Autographen zurückkommt, nehme wir sofort den Stich in Angriff, (Wir wollen die Partitur des besseren Aussehens halber doch stechen[21] *) und zwar erfolgt dieser auch genau nach der Partitur. Die Solovioline erscheint in der Partitur auch – genau wie im Klavierauszug – genau in Übereinstimmung nach dem Schumannschen Original. Lediglich die Soloviolinstimme, die in den*

[20] Leider ist dieses Vorwort, sofern geschrieben, nicht erhalten.
[21] Dies ist aus unbekannten Gründen dann doch nicht geschehen. Die Partitur blieb autographiert.

Klavierauszug eingelegt wird, enthält die Lenzewskische Bezeichnung. Die Herstellung dieser Solostimme hat am längsten Zeit und wir nehmen sie erst zu allerletzt in Angriff. Das Manuskript dieser Solostimme schicke ich Ihnen selbstverständlich vor Inangriffnahme des Stiches noch einmal zur Prüfung. Die von Hindemith in Zusammenarbeit mit Kulenkampff hergestellte Fassung der Solovioline (ich möchte sie einmal als »Solisten-Ausgabe« bezeichnen) soll überhaupt nicht veröffentlicht werden, zum mindestens vorerst nicht. Man wird sie lediglich unter der Hand als Fotokopie einigen Solisten, die sich dafür interessieren, überlassen. – Ich hoffe, dass nun alles klar ist und bitte Sie, überzeugt zu sein, dass nichts ohne Ihre Kenntnis geschieht.[22]

In den weiteren noch für alle Beteiligten sehr aufregenden Druckvorgang[23] schaltet sich Hindemith ein letztes Mal bei seinem Besuch im

[22] Brief Petschulls an Schünemann vom 10. Juli 1937.

[23] Vgl. dazu auch den Brief Petschulls an Schünemann vom 4. November 1937, in dem er sich nochmals über die problematische Herstellung des Konzertes äußert: [...] *Es wäre alles sicherlich sehr viel leichter gegangen, wenn wir eine Fotokopie des Schumannschen Originals hier gehabt hätten. Die Unstimmigkeiten, die durch ein nachträgliches Vergleichen des Originals und den dadurch entstandenen Abweichungen von der Kopistenhandschrift aufgetreten sind, wären dann wahrscheinlich nicht passiert.*
Lassen Sie uns aber die gehabten Schmerzen vergessen. Die Partitur wird jetzt sogleich zum Druck gehen. Der Revisionsbericht folgt nach. Leider hat die französische Übersetzung so lange auf sich warten lassen. Professor Böhm erhält eine neue Partitur und neues Material. Dr. Drewes hat von uns sogleich nach meiner ersten Besprechung wegen des Konzertes eine Partitur erhalten. Nach Fertigstellung der Partitur schicke ich Ihnen zwei Exemplare.
Der Klavierauszug erscheint am 25.11.37. Da auf Wunsch des Propagandaministeriums der Auszug nicht vorher ins Publikum gelangen soll, scheint es mir am richtigsten, ihn auch vorher nicht zu verschicken. [...].
P.S.
Soeben bringt mir Herr Willms noch einmal den Abzug der Partitur.- Auf die Reklamationen hin hat er die ganze Partitur einmal rein musikalisch durchgelesen und ist dabei leider noch auf eine ganze Reihe von Zweifeln und Unstimmigkeiten gestossen, die bisher noch gar nicht bemerkt wurden. Er hat diese Stellen mit grünem Farbstift umringelt. Ich halte es leider für notwendig, Ihnen die Partitur deshalb zu schicken und Sie um abermalige Prüfung zu bitten; denn es sind Fehler und Ungenauigkeiten, die, selbst wenn sie in Schumanns Autograph enthalten wären, in der jetzt zum Druck

Mainzer Verlagshaus am 20. Juli des Jahres ein, um dort noch offene Fragen zu klären.[24]

Im November liegen Klavierauszug und Partitur schließlich in der von Hindemith bereits zu Anfang vorgeschlagenen Form vor: Der Klavierauszug (der den Bearbeiter Willms übrigens nicht nennt, sondern nur Schünemann) enthält die Originalstimme Schumanns ohne die (wohl nach den Proben in Hannover im Januar 1854 vorgenommenen) Verbesserungen, die jedoch in einer »Schlußbemerkung« aufgelistet werden. Die eingelegte Solostimme mit dem Vermerk »Eingerichtet von Gustav Lenzewski« hält sich einerseits hinsichtlich der Tonhöhe und -dauer eng an das Schumannsche Original, weicht andererseits aber im Bereich der Phrasierung und Dynamik erheblich von diesem ab. Zudem weist sie zahlreiche spieltechnische Eintragungen (Fingersätze, Striche) auf.

Die Partitur bringt ebenfalls die Solostimme in der Originalfassung und einen ausführlichen Revisionsbericht, in dem Schünemann seine Änderungen gegenüber dem Autograph nennt (ohne im Einzelfall, wie etwa bei der veränderten Notation der Hornstimmen, Begründungen für seine Entscheidungen zu geben).

Zwei Tage vor der Uraufführung erscheint in der *Kölnischen Volkszeitung* ein Artikel Schünemanns über das Konzert, der hier zum Abschluß der Druckgeschichte erwähnt sei:

---

gelangenden Partitur beseitigt werden müssten – sei es durch Aufnahme eines entsprechenden Vermerkes in dem Revisionsbericht – Diese neuen Feststellungen des Herrn Willms, der wie gesagt, die Partitur nur einmal durchgelesen hat, rufen allerdings ziemliche Bedenken wach, ob der Kopist des Autographs zuverlässig war.
Bitte schicken Sie mir die Abzüge so schnell wie möglich zurück. Sollten Sie der Meinung sein, dass die eine oder andere mit grünem Stift bezeichnete Stelle von Herrn Willms zu Unrecht bemängelt wird, so streichen Sie es bitte durch. An die Stellen, mit welchen Sie einverstanden sind, wollen Sie bitte: »ausführen« daran schreiben.

[24] Vgl. den Brief Paul Hindemiths an seine Frau Gertrud vom 21. Juli 1937: *Gestern fuhr ich schon früh nach Mainz. Alle schwebenden Fragen habe ich erledigt: Bücher, Ausland, Schumannkonzert* [...]. Zit. nach: Paul Hindemith, *Das private Logbuch. Briefe an seine Frau Gertrud*, Mainz 1995, S. 201.

Das Konzert ist in Schumanns Eigenschrift erhalten geblieben. Es ist sehr schnell niedergeschrieben, mit vielen Abkürzungen, Rückverweisen und Verbesserungen. Trotzdem besteht über die endgültige Fassung kein Zweifel, denn Schumann hat seine Partitur nachträglich revidiert und schwierige Stellen umgearbeitet.[25]

Zur Aufführung des Stückes ist es bisher nicht gekommen. Joachim, der die Eigenschrift des Konzertes besaß, hat es nie öffentlich gespielt, und andere Musiker erfuhren kaum von diesem unaufgeführten Konzert. So kam es zu Legendenbildungen, die bis in unsere Tage hinein die seltsamsten Blüten getrieben haben. Tatsache ist, daß das Konzert mit sämtlichen Abschriften im Jahre 1907 von der Staatsbibliothek erworben wurde und daß an dem Verkauf die Bedingung geknüpft war: das Werk solle erst 100 Jahre nach Schumanns Tod zur Veröffentlichung gelangen. Diese Bedingung wurde auf meine Bemühungen hin fallen gelassen, so daß nunmehr die erste Ausgabe und Aufführung des Konzertes stattfinden kann. Dieser Weg war nicht so leicht zurückzulegen, wie es scheinen mag. An Widerständen und Schwierigkeiten hat es nicht gefehlt, und die Erschließung der Handschrift selbst stellte gleichfalls vor schwere Fragen.

Alle diese Mühen finden in dem nun wieder erschlossenen Konzert reiche Belohnung. Es ist wirklich ein Stück von ungewöhnlicher Kraft und Phantasie, konzertant in der Anlage, wirksam im Aufbau und mitreißend in dem Schwung der Ideen. Der erste Satz gibt ‚etwas von dem Ernst' von dem Schumann spricht, aber er mischt dem breiten energiegeladenen Hauptthema so schöne, beinahe volkstümliche Seitengedanken bei, daß überall ein stillverklärendes Schwärmen und Singen durchklingt. Der langsame Satz gehört vielleicht mit zu den schönsten, die Schumann geschrieben hat: es klingt darin wie in einem Eichendorff-Lied Schumanns. Der letzte Satz rauscht ‚stattlich' vorüber, wie Schu-

[25] Da Schünemann hier die Umarbeitungen erwähnt, bleibt es um so erstaunlicher, daß er sich in seiner Partitur dennoch an die ursprüngliche Fassung des Autographes hält.

mann sagt, ‚wie wenn Kociusko und Sobiesky eine Polonäse eröffneten'. Schumann hat gerade an diesem Satz seine helle Freude gehabt und war glücklich, dem Ganzen einen so fröhlichen, heiteren Ausklang gegeben zu haben.[26]

Hindemiths Bearbeitung der Soloviolinstimme[27]

Im Archiv des Schott-Verlages hat sich die in den Briefen erwähnte Kopisten-Abschrift (im folgenden: KP) des Konzertes erhalten, in die Hindemith seine Bearbeitung der Solovioline und die Bezeichnung der Orchesterstimmen eingetragen hat. Sie umfaßt 128 Seiten elfenbeinfarbenes Papier der Marke *»Sünova« Nr. 7-18 zeilig*, von denen 125 mit den Noten beschrieben sind (Lagen: 6 Quinternio und am Schluß ein Binio). Die erste Seite dient als Titelblatt und hat die folgende mit schwarzer Tinte notierte, mit einem Rahmen versehene Aufschrift: *Partitur. / Concert / D-Moll / für / Solo-Violine und Orchester / von / Robert Schumann.* Am oberen Rand ist über dem Rahmen mit roter Tinte ergänzt: *Bearb. und Rev. von Georg Schünemann, Konstanzer 35.*[28] Unten links ist mit Bleistift der von Schumann in seinem Autograph verwendete Titel ergänzt: *Concert für Violine / mit Begleitung des Orchesters / Düsseldorf, / vom 21ten Sept. – 3ten Oct. / 1853.*
Am Ende des Notentext (= Seite 126) ist von der selben Hand, ebenfalls mit Bleistift ergänzt: *Robert Schumann / Düsseldorf, den 3ten / October 1853 / (Revidiert).* Seite 127 ist leer, auf Seite 128 wurde mit Tinte notiert: *Heinrich Hacke / Berlin-Wilmersdorf. / Landhausstr. 36 Garth. III.* – möglicherweise die Adresse eine Kopisten.

---

[26] *Kölnische Volkszeitung* vom 24. November 1937; hier zitiert nach: Heike Elftmann, *Schünemann* (wie Anm. 9), S. 210f.

[27] An dieser Stelle möchte ich mich ganz herzlich bei Regina Möller für ihre geigentechnische Beratung bedanken, die mir von unschätzbarer Hilfe war.

[28] Georg Schünemann wohnte in der Konstanzerstr. 35 in Berlin-Wilmersdorf.

Die Partitur, die bereits die Transpositionen in den Blechblasinstrumenten aufweist (Hörner in F und Trompeten in B statt der Originalnotation in D) diente sehr wahrscheinlich als Vorlage für die spätere Druckfassung. Dafür sprechen zahlreiche Hinweise für den Schreiber der Autographie. Flöten und Oboen sind hier noch jeweils in zwei Systemen notiert[29], die übrigen Bläser in einem. Die Soloviolin ist so notiert, daß über und unter ihr jeweils ein System frei bleibt. In das obere System trug Hindemith in der Regel seine Änderungen ein. Über den ersten vier Takten ist mit Bleistift hinzugefügt worden*: NB: Violinsolo-Stimme muß nach dem Klavierauszug korrigiert werden!*
Hindemith selbst hat mit verschiedenen Stiften in der Partitur Ergänzungen bzw. Korrekturen vorgenommen. Die vermutlich von ihm hinzugefügten Taktzahlen mit Blaustift, die Änderungen der Soloviolinstimme sowie Striche in den Streicherstimmen mit Bleistift und einige weitere Ergänzungen wie Bögen und Fingersätze (auch in seiner Fassung der Violinstimme) mit Rotstift. Ferner finden sich weitere Bleistift-Ergänzungen, die von anderen Händen stammen (wohl von Schünemann, Lenzewski und Willms). Dieser Befund läßt vermuten, daß Hindemith die Partitur in mehreren Durchgängen überarbeitete.
Betrachtet man Hindemiths Bearbeitung, so fällt die Diskrepanz zu dem ursprünglich von Hindemith bei seiner ersten Durchsicht des Werkes im März 1937 intendierten Plan auf: Strecker und Petschull schreiben zwar zu diesem Zeitpunkt von Hindemiths Vorschlag einer *gründlichen geigenmäßigen Revision*, da das Konzert in der Originalbezeichnung - ähnlich wie andere berühmte Konzerte auf die er verweist- nicht spielbar sei, versichern aber zugleich immer wieder, daß er keine einschneidende Änderungen vornehmen bzw. am Notentext selbst etwas ändern, sondern lediglich die Phrasierung den geigentechnischen Möglichkeiten anpassen wolle. Hindemith scheint demnach

[29] Die Flötenstimmen weisen am Beginn die später mit Blaustift hinzugefügte Anmerkung *auf eine Zeile* auf, die Oboenstimmen *auch / auf eine Zeile!*

zunächst nur solche Eingriffe in die Solostimme geplant zu haben, wie sie dann von Lenzewski in der dem Klavierauszug eingelegten Solostimme (im folgenden: LSt) später durchgeführt wurden. Tatsächlich findet sich im Nachlaß Georg Kulenkampffs eine Solostimme mit Eintragungen Hindemiths (im folgenden: SSt), die weit weniger einschneidend sind als die in der hier zu besprechenden Partitur.[30] Erst im Sommer 1937 kommt die Rede auch auf Hindemiths »Solisten-Ausgabe«, die er in Zusammenarbeit mit Kulenkampff hergestellt habe und die nicht veröffentlicht werden solle. Bedenkt man nun, daß es Kulenkampff war, der von Anbeginn an eine eigene Solistenstimme für sich wünschte, da ihm wohl das Verhältnis von technischem Aufwand und Ertrag ähnlich disparat erschien wie Joachim, so kann man davon ausgehen, daß Kulenkampff die treibende Kraft hinter diesen Eingriffen war.

Wie massiv Hindemiths Eingriffe in den Schumannschen Notentext sind, mögen zunächst ein paar Zahlen belegen: Die Solovioline hat insgesamt 523 Takte zu spielen, von denen Hindemith in 266 Takten, also in mehr als der Hälfte aller Takte, Änderungen vornimmt, wobei es sich in 104 der 266 Takte um Oktavversetzungen nach oben handelt. Auf die einzelnen Sätze verteilt ergibt sich dabei folgendes Bild:

	zu spielende Takte	Änderungen	davon Oktavierungen
1. Satz:	238 T.	141 T.	58 T.
2. Satz:	48 T.	19 T.	15 T.
3. Satz:	237 T.	106 T.	31 T.

Anhand dieser Zahlen wird folgendes deutlich: der zweite, langsame Satz weist die geringsten Eingriffe in die Substanz der Solostimme auf. Die Änderungen betreffen hier weitgehend die Oktavierung eines Abschnittes im Mittelteil des Satzes, in dem Schumann die Violine teilweise in sehr tiefer Lage spielen läßt (T. 17-31). Diese für Schumann nicht

[30] Diese Solostimme konnte nur anhand einer im Hindemith-Institut aufbewahrten Kopie eingesehen werden.

untypische Einbettung der Solostimme in den begleitenden Streicherapparat hebt Hindemith auf, indem er die Violine durch die Oktavversetzung nach oben deutlich aus dem Orchesterklang heraushebt und somit den Solostatus verstärkt. Ein ähnliches Prinzip verfolgt er in den Überleitungstakten zum 3. Satz (T. 50-53), die schon auf das polaccaartige Hauptthema verweisen. Hier unterstützen seine Änderungen (Oktavierung und klangliche Anreicherungen) die Steigerung zum Finale-Beginn:

I, Takte 50-53 bei Robert Schumann und Paul Hindemith

Gewichtiger als im zweiten Satz sind Hindemiths Eingriffe in den Ecksätzen, bei denen man drei Arten unterscheiden kann: 1) Korrekturen von violintechnisch unspielbaren Stellen, 2) Bearbeitungen von violintechnisch zwar spielbaren, aber klanglich unbefriedigenden Passagen und damit eng verbunden 3) Änderungen »dramaturgischer« Natur, die den Solisten stärker herausheben sollen.

Zu 1) Korrekturen von violintechnisch unspielbaren Stellen
Schünemann ging bei seiner Edition streng von Schumanns Autograph aus und verzeichnete Änderungen in den Abschriften, auch wenn sie offensichtlich von Schumann selbst stammen, lediglich im Revisionsbericht. In der von Hindemith verwendeten Partiturabschrift sind allerdings an zwei Stellen auch die Fassungen der Kopistenabschriften im Notentext hinzugefügt, da diese Stellen geigentechnisch nicht spielbar sind. Es handelt sich im 1. Satz um die Takte 117/119 (in der Reprise: 306/308), die in Schumanns Autograph folgendermaßen notiert sind:

Schumann
(Autograph)

I, Takt 117

Die Töne b^2 und g^2 im 1. Viertel des Taktes können nicht gleichzeitig gespielt werden, da beide auf der selben Saite zu greifen wären. Gleiches gilt für den Zusammenklang b^2/d^3 auf der 2. und 3. Zählzeit.
Schumann änderte die Stelle daraufhin in folgender Form in der Kopistenabschrift ab:

Abschrift

I, Takt 117

In dieser Form ist die 1. Viertel nun problemlos zu spielen. Problematisch bleiben allerdings die Zusammenklänge auf der 2. und 3. Zählzeit. Hier müßte man mittels eines Quintgriffes des 4. Fingers auf der A- und E-Saite die Töne g^2/d^3 spielen und dann den 4. Finger bei gehaltener E-Saite immer wieder von der A-Saite wegnehmen, um dort das d^2 mit dem 1. Finger spielen zu können. Theoretisch ist diese Version zwar spielbar, in der Praxis dürfte sie aber zu nicht unerheblichen Schwierigkeiten führen.

Schünemann[31] greift auf die Urfassung zurück, vermeidet aber deren grifftechnisch unausführbaren Zusammenklänge, indem er die Oberstimme nur Sechzehntel spielen läßt. Gleichzeitig versucht er die dadurch

[31] Er hat seine Version in KP notiert.

zerstörte Oberstimmenlinie durch Akzente auf den Sechzehnteln zu markieren:

Schünemann

I, Takt 117

Hindemith löst in SSt zunächst wie Schünemann das Problem, indem er die Halbenote d^3 nicht aushalten läßt und für das 1. Viertel die korrigierte Fassung der Kopistenabschrift verwendet:

Hindemith
(Sst)

I, Takt 117

Doch ist er mit dieser Lösung offensichtlich noch nicht zufrieden, da auch hier die Oberstimmenführung mit der Halbenote d^3 verloren geht. Um diese zu erhalten, ändert er in KP die Unterstimme und kann so die klanglich wichtigere Linienführung der Oberstimme beibehalten:

Hindemith
(KP)

I, Takt 117

Kompositorisch eindeutig schwächer ist der von Lenzweski in LSt gewählte Weg, der allerdings geigentechnisch am einfachsten zu realisieren ist. Er greift ebenfalls für die 1. Viertel auf die Unterstimme der Kopistenabschrift zurück, legt aber dann die Halbenote der Oberstimme in die Unterstimme. Dadurch kommt es nicht nur zu den schon in

Schumanns Originalfassung auffallenden Oktavparallelen, sondern auch zur Aufgabe der Oberstimmenführung. Diese Version weicht am weitesten von der Uridee ab:

Lenzewski

I, Takt 117

Im 3. Satz hat bereits Schumann Änderungen vorgenommen, um eine Stelle geigentechnisch besser zu gestalten. Es handelt sich um die T. 124/125, die Schünemann wiederum nach Schumanns Autographs ediert.

Autograph

III, Takt 124/125

Die Takte sind zwar theoretisch spielbar, benötigen aber viele Lagen bzw. Saitenwechsel, wodurch der Solist in der Regel nur ein klanglich unbefriedigendes Ergebnis erzielen kann. Schumann änderte daraufhin die Stelle (möglicherweise auf Anregung Joachims) folgendermaßen um:

Abschrift

III, Takt 124/125

Weniger Lagen bzw. Saitenwechsel erleichtern hier das Spielen, doch die Stelle bleibt hinsichtlich der Phrasierungen nach wie vor problematisch. Lenzewski mildert sie durch die Auflösung in Zweierbindungen:

Lenzewski

III, Takt 124/125

Hindemith wiederum behält zwar noch die durch die Achtelnoten vorgegebene Linienführung bei, ändert die Takte aber insgesamt nicht nur durch die erneute Verlagerung in die obere Oktave stark ab:

III, Takt 124-125, Hindemith

Seine Version ist wesentlich geigengemäßer und somit klanglich befriedigender. Zugleich wirkt sie bei einfacherer technischer Ausführbarkeit wesentlich virtuoser.

Zu 2) Bearbeitungen von violintechnisch zwar spielbaren, aber klanglich unbefriedigenden Passagen

Neben der klanglich gelegentlich unbefriedigenden Verwendung der Mittellage verwendet Schumann sehr häufig abwärts gerichtete Arpeggien oder Läufe. Diese sind für Geiger undankbar, da sie bogentechnisch unangenehmer sind als aufsteigende und die Abschlußtöne weniger klingen können. Entsprechend wandelt Hindemith diese Stellen immer wieder in aufsteigende ab. Ferner merkt man den virtuosen Passagen des Werkes an, daß sie nicht aus geigerischer Sicht komponiert sind, denn sie beinhalten oft unangenehme Lagen oder Saitenwechsel, liegen also nicht so gut »in der Hand«. Zwei Stellen aus dem 3. Satz mögen dies verdeutlichen:

Hindemith
Schumann
tr
9
11
sf
p
8va

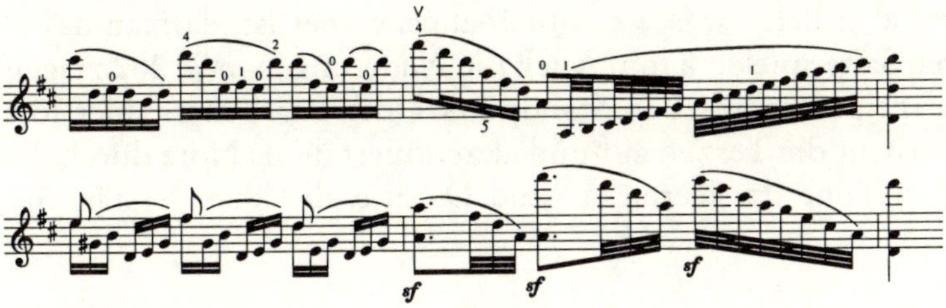

III, Takte 246-261

In den Takten 247, 249 und 251 wendet Hindemith aus den bereits genannten Gründen die absteigenden Figuren in aufsteigende um, die zudem durch ihre höhere Lage präsenter sind. In den folgenden Takten notiert Schumann eine über 2 Saiten zu spielende Phrase (T. 251-253), die unangenehm zu spielen ist und sich klanglich nur schwer entfalten kann, zumal sie wieder in der Mittellage liegt. Hindemith übernimmt die Zentraltöne, setzt sie eine Oktave höher und umgibt sie mit umspielenden Tönen, die angenehm zu greifen sind und so bei geringerem technischen Aufwand eine virtuosere Wirkung erzielen.
In den T. 254/255 reichert er zudem die Violinstimme klanglich durch Doppelgriffe an und entschärft die technisch unangenehme Wendung am Ende des T. 255 durch eine auf einer Saite und in einer Lage zu spielende Variante. In T. 260 fällt wiederum die Umwandlung der Abwärtsbewegung in einen emphatischen, zum Zielton in T. 261 hinstrebenden Aufwärtslauf auf.

Ähnliche Beweggründe mögen Hindemith auch zu den Änderungen in den Takten 275-282 veranlaßt haben. Wieder hat der Solist absteigende Dreiklangsbrechungen in der Mittellage zu spielen, die zudem durch die Führung in Terzen technisch erschwert werden. Hindemith löst die Terzenketten weitgehend auf, verlegt den in der Mittellage unangenehmen Triller in T. 275 in die obere Oktave und läßt bei den folgenden Trillern den Solisten auf dem fis[1] statt, wie von Schumann vorgeschrieben, auf dem a¹ trillern, was wesentlich angenehmer ist, da man das a¹ auf der leeren Saite spielen kann. Auch die Änderungen in T. 282 zeigen wieder den »geigentechnischen Standpunkt« des Bearbeiters: hier löst Hindemith erneut die Terzen auf und akzentuiert die 1. Note durch die hinzugefügten Töne der leeren A- und D-Saite, die klangverstärkend wirken.

III, Takte 275-282

Auch im ersten Satz reichert Hindemith immer wieder den Solopart durch Oktavversetzungen und geschickten Einsatz von klangverstärkenden leeren Saiten an; so in T. 58/59:

I, Takt 58/59

In T. 68-70 behält Hindemith die Substanz des Satzes, nämlich die Linienführung der jeweils 1. Note einer jeden Sechzehntelgruppe, bei, füllt die Stelle insgesamt aber klanglich an und rückt sie näher an den Typus des romantischen Konzerts:

I, Takte 68-70

Klangliche Fülle durch Terzen statt Oktaven und die Verlagerung des Orgelpunktes d^1 aus der Mitte des Klanges in die besser klingende »Baßlage« bestimmen die Änderungen in den T. 114-115:

I, Takte 114-115

Besonders wirksam ist die klangliche Anreicherung schließlich in den Passagen, in denen die Solovioline nur äußerst sparsam vom Orchester begleitet wird. Dies ist z.B. in den T. 203-217 des 1. Satzes der Fall. Zudem steigert Hindemith abermals den Abschluß dieser Phrase, die direkt in die Reprise mündet:

Hindemith

Schumann

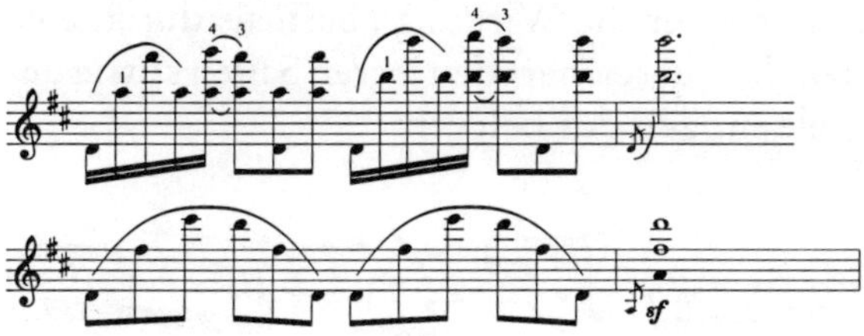

I, Takte 203-217

Zu 3) Änderungen »dramaturgischer« Natur, die den Solisten stärker herausheben sollen

Neben den schon erwähnten Oktavversetzungen, die den Solisten stärker vom Orchester abheben sollen, verändert Hindemith in erster Linie die Abschlußtakte der Soloabschnitte und das Passagenwerk in den virtuosen Abschnitten, die vor allem im 3. Satz sehr ausgeprägt sind. Für die Stärkung der Schlußpassagen sei das folgende Beispiel aus dem 1. Satz genannt:

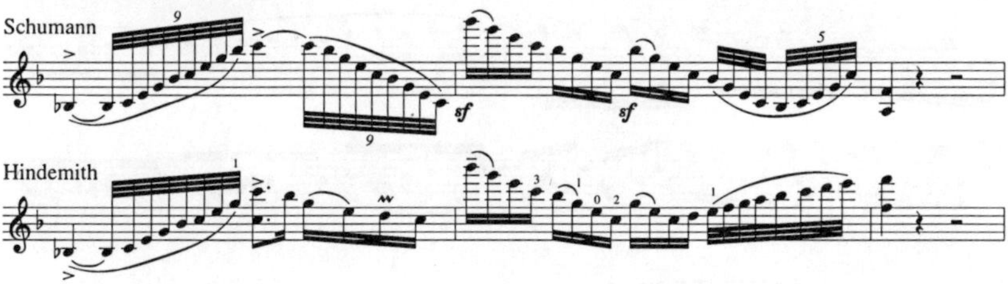

I, Takte 127-129

Hindemith durchbricht hier zum einen geschickt die geradezu exzessiven Dreiklangsbrechungen und setzt zum anderen einen markanten Abschluß.

In den Solopassagen des 3. Satzes, die die stärksten Umarbeitungen erfahren, gliedert Hindemith die Phrasen deutlicher, wodurch sie an

Kontur gewinnen. Ferner steigert er die Wirkung abermals durch eine bessere Ausnutzung der klanglich bereichernden leeren Saiten sowie der höheren Lage. Zwei Beispiele mögen das belegen:

Hindemith

III, Takte 112-121

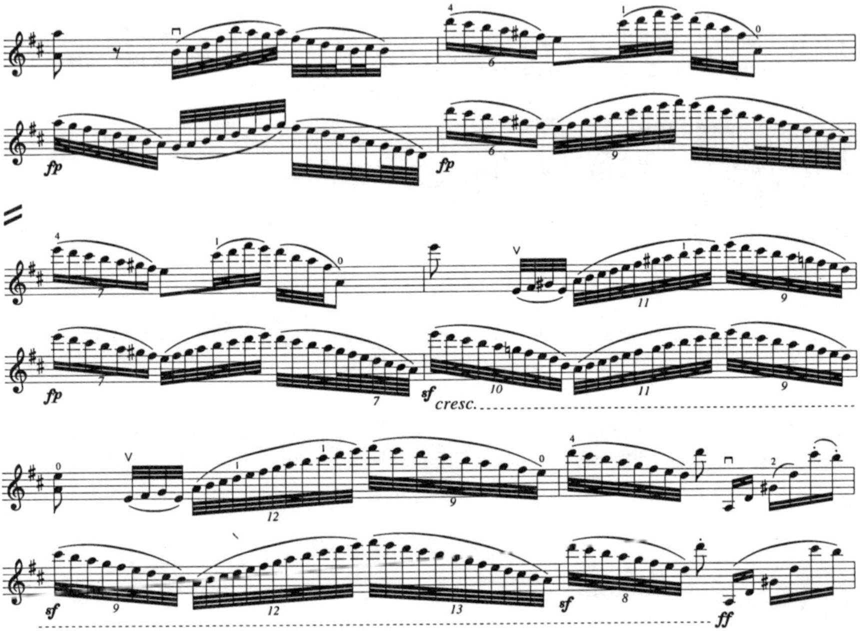

III, Takte 172-187

Die Reihe der Beispiele sei mit den Schlußtakten des Konzertes beendet. Auch hier hat Hindemith entscheidend in Schumanns Komposition eingegriffen. Dieser wählt einen etwas eigenwilligen Schluß, in dem er den Solist im letzten Takt nach einem Auftaktschwung »nachklappern« läßt. Da in der Konzertpraxis in den seltensten Fällen die piano-Dynamik, die Schumann in T. 283 (Streicher) bzw. T. 284 (Bläser) vorschreibt und bis zum Ende nicht mehr aufhebt, beibehalten wird, geht diese ungewöhnliche Wendung in der Regel verloren. Hindemith wählt denn auch einen konventionelleren Schluß, in dem er die abschließende Aufschwungbewegung vorzieht und den Solisten mit dem Tutti das Konzert beenden läßt:

III, Takte 308-309

Über Hindemiths Bearbeitung der Solostimme, die nicht nur in der vom Rundfunk übertragenen Uraufführung zu hören ist, sondern bald auch auf Schallplatte vorliegt, wird viel diskutiert. So schreibt u.a. Lenzewski drei Tage nach der von ihm im Radio verfolgten Uraufführung an Petschull, er sei von der Aufführung sehr angetan gewesen, wisse aber nicht, *ob man nicht an der originalen Tonhöhe in manchen Partien festhalten sollte, da dann die recht große Entfernung der Solostimme zum Orchester, die mir bei der Aufführung etwas auffiel, vermieden werden könnte. Schumann hat doch nun einmal in seinen sinfonischen Werken die Gepflogenheit, wichtige Partien klanglich so einzubauen, dass sie in der Mitte des gegebenen Tonbereiches liegen. Vielleicht hat man das aber in Berlin ausprobiert?* Auch andere Kritiker melden sich bald zu Wort, zumal die Urfassung im Notentext vorliegt. Tatsächlich weicht Hindemith in vielen Punkten vom Klangbild Schumanns ab, und sicherlich wird man gerade in heutiger Zeit jeder Form von Bearbeitung kritisch gegenüberstehen. Doch unabhängig von der Frage, ob eine Bearbeitung dieses Violinkonzertes überhaupt nötig ist, läßt sich konstatieren, daß Hindemith durch seine Bearbeitung die u.a. von Joachim monierten Schwächen des Konzertes (vgl. S. 130) beseitigt und ein am Ideal des romantischen Violinkonzerts orientiertes Werk schafft, das dem Solisten bei weitestgehender Beibehaltung der Werksubstanz – und diese ist für Hindemith das Entscheidende – eine optimale Balance zwischen virtuoser Technik und Wirkung bietet.

Interviews mit Paul Hindemith

Dem Ansinnen seiner Verleger, eine Photographie von sich zur Veröffentlichung zur Verfügung zu stellen, soll Hindemith einmal mit der Bemerkung begegnet sein: *Wenn man zu einem Schneider geht, will man nicht sein Bild oder seine Photographie, sondern einen gut gemachten Anzug. Wenn sich jemand mit mir beschäftigen will, soll er meine Werke ansehen.*[1] Ähnlich verschlossen verhielt er sich grundsätzlich auch gegenüber Wünschen von Journalisten, mit ihm ein Gespräch zu führen; seine Berliner Schülerin Silvia Kind beschrieb ihn geradezu als *schnoddrig* [...], *wenn ein Journalist ihn interviewen wollte; er sprach überhaupt nicht gern von sich.*[2] Gleichwohl vermitteln zahlreiche Zeitungsdokumente ein differenzierteres Bild: Hindemith wird hier als umgänglicher, freundlicher und redefreudiger Gesprächspartner beschrieben, der freilich mit seinen dezidierten, unerschütterlichen Überzeugungen nicht hinter dem Berg hält.
Nachfolgend wird eine Auswahl von Zeitungs- und Radio-Interviews wiedergegeben; die Quellen werden, wenn nicht anders vermerkt, im Hindemith-Institut, Frankfurt/Main, aufbewahrt.

Susanne Schaal-Gotthardt

Hindemith on Teaching Composition — 1939

Paul Hindemith, distinguished modern German composer who has recently been visiting in America, consented to discuss his theories on teaching for Musical America's *educational department. These theories have proved effective in his own teaching and have had considerable influence on contemporary composition.*

---

[1] Zitiert nach: Andres Briner, *Paul Hindemith*, Zürich 1971, S. 9.
[2] Silvia Kind, *Mein Lehrer Paul Hindemith*, in: *Melos* 32 (1965), S. 392–396.

When I was offered the position of teacher of composition at the Berlin Hochschule, my first instinct was to refuse on the basis of my inability to fill the position. I had never attempted to teach anyone anything, and was far frome sure that I would be able to assay what is perhaps the most difficult of all music subjects – the theory and art of composition. But the Hochschule officials were insistent and I found myself evolving my own system of teaching composition.
I soon discovered that many of my ideas could not fit into a regular and conventional school schedule. The restrictions of an hour period for a composition student seemed ridiculous. One hour was little enough time to analyze a single work. It occurred to me to teach all of my students at the same time. Thus, if there were four pupils who had one hour lessons a week, it would be possible to have all of them for one long period of four hours! Finally, the classes became so large that it was possible to devote a full day, and later two full days a week, to composition, and the advanced pupils acted as teachers to those who were just coming in. In this plan, I had solved the purely physical problems which lay before me and time was provided for teaching in a system which continued for my eleven [10] years at the Hochschule.
This system (though »system« is not quite the proper word to describe the theory) grew out of feeling for »gebrauchsmusik«. This variously connoted word I define as »music which is not written only for the composer's pleasure« ... the inference being that it must be practically for all concerned, both participants and auditors.
Therefore the first and main point for the beginning student in my classes was: »you must write only what you yourself can sing or play.« In this way the student maintained complete control over his material. This rule was not carried to its ultimate, but it went far enough to acquaint the pupils with a score of instruments. For instant, a student who had specialized in piano would be asked to write a composition for violin. It then became necessary for him to learn something about playing a violin! He was given one, shown the proper position for

holding it, and sent out of the main composition room to a small practice room for a few hours' work at learning to play a violin! The result was that the pupil wrote extremely simple violin music for a few months, but after becoming more proficient (though, of course, virtuosity is not the objective) the student may write more difficult pieces, and now with complete appreciation for some of the difficulties and potentialities of the instrument. This same process took place with other instruments, both woodwind and brass. The practice was for beginners to start with the writing of music for one or two violins, always with the understanding that he must participate. I wanted to impress my pupils that even the most undevelopped composers have more music in their minds than technique.

I do not think that the piano is a good instrument for the composer, since it develops a logic of finger playing rather than a logic of tones and spirit. Furthermore, the work of learning how to play an assortment of instruments for no other purpose but to have knowledge of them, develops the habit of inspecting the potentialities of any problem that might present itself to a composer. As the students advance in their studies, they find themselves becoming increasingly familiar with a number of instruments. On the second day of the week the composition students gather together in an orchestra. All the instruments are of course, interchangeable, for everyone has had to try his hand at all of them at one time or another. The tones emitted by the first rehearsal of this orchestra are usually quite terrifying, and classrooms on the floor below were not filled with the happiest audience in the world. This orchestra finally came to be called the »robber orchestra«, even after many rehearsals improved the quality of the musical output. These orchestral concerts gave students the opportunity of hearing their own works played at least once a week ... and nothing was ever written in the classes which was not played. This made for a full program of composing, playing, and listening, for each pupil, and the chances of being bored in such a full program are practically nil. All activities are interchangeable, and the person who plays the flute on one day may find himself as first bassoonist the following day. And in all of these activities (both writing and playing) I played a part, as composer, flutist, clarinettist, violinist, or any other position. The students joined in these orchestral practices with fun and enthusiasm and it is evident that the element of game plays a great part in such procedures.

On every occasion, »practical application« is striven for. The student's extra-school life is never disassociated from his work as a composer. Too, the whole class participates in the work of a single student. For instance, one of my pupils who was a violinist, asked if he might have a cadenza for a Mozart concerto. He received, one week later, thirty-five cadenzas from which to choose! The whole class set to work at studying the concerto, its harmonic structure, etc., and turned in cadenza after cadenza.

Another pupil, who on Sundays played the organ at a church which possessed a fine old carrillon, presented the class with the problem of writing music for that instrument. So it is with any occasion. During Christmas season, the school gives a play, usually one from the middle-ages. For this the whole class provides incidental music.

I had most of my students for a period of four or five years, and during this time they received other training in addition to that indicated above. Several hours a week are devoted to strict counterpoint. For these exercises, I have used old German folk tunes (usually those dating from the middle-ages) as cantus firmi. I feel that in these old songs there is a more malleable material than is found in the »text-book« examples; less restrictive rhythmic patterns and more sense of melody. All written work is done in the classroom for there is no other way of knowing how long or with what difficulty a student works at a certain problem. If it is done in class I can see that this or that student is weak in some particular phase, and can work with him on that point! Thus, a fugue is written by the whole class on the board, and discussion takes place as to what thematic material is best, or on any other aspect of the fugue.

Sonatas are also written in the class room. (This is possible, of course, because of the time available; four or five hours being the usual allocation for this problem.) Harmony and counterpoint are never separated or treated as two different subjects.

The two full days with my students gave me the opportunity to present these subjects as a solid unit and at will. Everything grows apace, and as each student produces only what he is able to participate in himself, the study of harmony and counterpoint is a natural growth into the use of composing materials.

In the summertime, I take my classes out-doors, and there are long and pleasant hikes through the beautiful forests. But even here music is not forgotten and serves a practical purpose. On these hikes, the students sing simple canons or marching songs which they have written for the occasion. Sometimes marches are written for three clarinets, and on one day, thirty-two marches were written which were played alternately by two sets of three clarinets! A whole day was used up this way.

In the Berlin Hochschule, it is a customary for graduating students to receive a degree which indicates their maturity. I do not believe in the value of this »degree giving«, and would never allow my own students to receive one, for I felt that ripeness was never achieved by a composer, and I am sure Beethoven never reached a stage of ripeness. Ripeness is very often soon followed by decay.

I feel that sight should never be lost of the amateur or beginning musician, and for this reason also taught music for eight years at the Berlin Volksmusikschule, a music school which would correspond to your settlement schools. Into this work, I brought my own pupils to assist in the teaching and to observe the growth of ideas and technique in younger and less experienced pupils. Every practical use of music has its lesson and this is no less true of teaching others how to be practical musicians. For me, teaching is a highly creative activity, calling for a person of many resources and one who can be inventive in the classroom as well as on music paper. I believe that one must be willing to drop unnecessary dignity and be equally prepared to participate in anything the students may be doing. Too, it is not necessary that the teacher excel in all the instruments. Nor must the students be expert in anything but their chosen field – composition. But to be this, a varied and full technique – a technique which can only be gained through experience, is absolutely necessary.

It is my opinion that the standards of teaching composition have never been lower than they are at the present time. Part of the reason for this, I think, is the approach to this subject by teachers who are limited to standard textbooks in their material. Another reason is that the composer is not taught to accept the responsibility for his own music. Composers should be prepared to take their place on the concert stage in the performance of their works. And too, I believe in flexibility.

As an illustration, a few years ago the Turkish government invited me to organize and arrange for a complete program of music education for the country. This entailed four years of hard work. It was my job to supply lists of music, names and types of instruments to be purchased, and every detail down to the most minute consideration. I also planned courses and suggested teachers for the courses. I was gratified at their acceptance of my suggestions and plans, and on my last visit to Turkey, suggested some further changes. These changes, I was told, could not be made, for my previous plans had now passed into the domain of public law and could be altered only after ponderous legislative action! I also arranged for the collection of hundreds of Turkish folk songs for which purpose a recording expedition was instituted.

I have a deep interest in educational projects and am particularly anxious that young composers receive thorough training in all aspects of music. To this end, I have established for my own teaching a system which I hope gives my pupils a wide experience from which to draw inspiration for their works as composers.

Der Text erschien in der Zeitschrift *Musical America*, 25. April 1939, S. 31 und 38. Das Gespräch mit Hindemith führte Goddard Lieberson.

Frage: Ich bin glücklich, lieber Maestro, daß die Gelegenheit der Inszenierung des *Cardillac* beim XI. Internationalen Festival für zeitgenössische Musik mir die Möglichkeit zum Gedankenaustausch mit Ihnen gibt, nicht nur über diese Oper, sondern über Musik im allgemeinen, über die Erfahrung, die im Verlauf des letzten Krieges und während Ihres Aufenthaltes in Amerika in Ihnen gereift ist – fern von Deutschland, dessen große polyphon-kontrapunktische Traditionen Sie in den musikalischen Werken, die aus dem revolutionären Klima der ersten Nachkriegszeit erwachsen sind, so intensiv auszudrücken verstanden.
Antwort: Wenn ein Komponist bei einem Stil angekommen ist, der dauerhaft festgelegt ist, dann hat die Umgebung, in der er lebt, meiner Meinung nach ziemlich geringen Einfluß auf seine Arbeitsweise: Händel z. B., der all seine Hauptwerke fern von seiner Heimat komponiert hat, ist in seinem Stil nicht schlechter geworden, nur weil er sich fern seines Geburtsortes aufgehalten hat. Die zahlreichen italienischen Musiker des 18. Jahrhunderts, die sich über die ganze Welt ausgebreitet haben, haben keineswegs ihren Rang eingebüßt, und schließlich hat auch ein Komponist wie Wagner, der vom Patriotismus ganz und gar durchdrungen war, einen guten Teil seiner Werke im Ausland geschrieben (auch in Venedig).
Frage: Ich danke Ihnen. Nun würde ich gerne wissen, wie Sie heute über Ihre ersten Jahre der musikalischen und künstlerischen Erfahrung denken, die in Deutschland gereift ist, in der Periode der polemischen Reaktion auf die Spätromantik. In jenen Jahren hat man zu einem bestimmten Zeitpunkt von »Neuem Klassizismus« gesprochen (Busoni war einer der ersten, wenn ich nicht irre), von »Rückkehr zu Bach« (und dieses Phänomen manifestierte sich nicht nur in der Musik, sondern auch in der Malerei und in den anderen Künsten) als einer notwendigen Rückkehr zu expressiver Klarheit und Architektur der Musik, nach der polemischen Reaktion, die zur sogenannten Gebrauchsmusik geführt hat.

Antwort: Ich glaube nicht an Slogans wie den des »Neoklassizismus« und auch nicht an eine Rückkehr zu irgendetwas. Der Stil des Kunstwerkes sollte in erster Linie von den Umständen seiner Aufführung bestimmt werden. Möglichkeit und Neigungen der Ausführenden, der Ort der Aufführung, die Qualität und die Aufnahmefähigkeit des Publikums, das soziale Ziel einer Aufführung – diese und andere Faktoren erfordern, daß ein Komponist sich von Fall zu Fall ganz unterschiedlich ausdrücken muß. Überdies dürfte das, was im Werk des Komponisten als sein eigener Stil und unverwechselbar herausgehört wird, nicht Gegenstand von Werturteilen sein, die sich bevorzugt auf ästhetische Fundamente stützen.
Frage: Wenn Sie gestatten, möchte ich jetzt das Thema Theatermusik vertiefen. Sie gehören ja zu den wenigen modernen Komponisten, die einen tiefen Eindruck in der zeitgenössischen Musik hinterlassen haben, - auf Ihrer Aktivseite stehen verschiedene Bühnenwerke (neun oder zehn, wenn ich nicht irre, die Oratorien mitgerechnet). Nehmen wir als Ausgangspunkt den *Cardillac*, der mir das Abschlußwerk Ihrer ersten stilistischen Erfahrung zu sein scheint – jener Erfahrung, die von den ersten *Kammermusiken* und dem *Marienleben* eben bis zum *Cardillac* geht, um von der interessanten und genialen Zeitoper *Neues vom Tage* gekrönt zu werden, die bei ihrer Uraufführung 1929 soviel Aufsehen erregt hat. Doch kehren wir zu *Cardillac* zurück, der meiner Ansicht nach, abgesehen von seinem grundsätzlichen Eigenwert, auch in stilistischer Hinsicht ziemlich große Bedeutung in sich trägt, wenngleich er aus dem fernen Jahr 1926 stammt. Ich sage das deshalb, weil ich die formale und architektonische Strenge der Partitur bewundert habe; sie ist mit derselben Genauigkeit und Präzision konstruiert wie ein Instrumentalwerk, ohne deshalb weniger aus dem Geist des Theaters zu kommen. Außerdem scheint mir, daß *Cardillac* sich, seinem Wesen und seiner ethischen Konzeption nach, an ein anderes Ihrer Werke anbindet, das Sie viel später komponierten, an *Mathis der Maler*.
Tatsächlich sind Cardillac und Mathis beide Künstler, beide von einer

vergleichbaren mystischen Kraft des Schöpfergeistes beseelt, für den sich jede ihrer Handlungen (bis hin zum mörderischen Wahn des Cardillac) dank dieser Kraft rechtfertigt. Ist das so?
Antwort: Die Analogie ist rein zufällig. Auch anderswo sind Künstler als Bühnenhelden überhaupt nichts außergewöhnliches. Denken Sie nur an all die Versionen von Opern, die Orpheus glorifizieren; denken Sie an die *Meistersinger*, an *Palestrina* von Pfitzner, an *Pygmalion* von Shaw und an viele andere.
Frage: Ich danke Ihnen, lieber Maestro. Manchmal gehen die Kritiker über die Intentionen des Autors hinaus und sehen oder glauben bei diesem speziellen Thema so etwas zu erkennen. Mich interessiert aber zu erfahren, welches Ihre Konzeption eines modernen musikalischen Theaters ist. Welche Funktionen kann das Operntheater heute im Kunstleben, im Kulturleben und in der derzeitigen Gesellschaft Ihrer Meinung nach noch haben?
Antwort: Die Form des musikalischen Theaters hängt immer von den Wünschen der Zuhörer ab, die dafür Interesse bekunden, und von der Bedeutung, die ihm vom zahlenden Publikum beigemessen wird. Wenn man in einem Gemeinwesen dem Theater eine wichtige soziale, künstlerische, politische und erzieherische Wirksamkeit beimißt, dann wird die Bühnenproduktion mit der Zeit zu einem blühenden Reichtum anwachsen. Wenn das Theater umgekehrt aber so in die Tiefe sinkt, daß es außer von Zielen der reinen Unterhaltung in keiner Weise mehr von moralischen Kräften und ethischen Zielen bewegt wird, dann kann man von seiner Tätigkeit keine positive Entwicklung mehr erwarten.
Frage: Und was denken Sie über das Ballett und die Choreographie in Bezug auf die Musik?
Antwort: Was ich für die Opernbühne gesagt habe, gilt allgemein auch für das Ballett.
Frage: Komponieren Sie gerade eine neue Oper oder ein Ballett? Instrumentalmusik?
Antwort: In den letzten Jahren habe ich keine Oper mehr geschrieben.

Vor allem deswegen, weil ich mit ganz anderen Dingen, insbesondere didaktischer Natur, beschäftigt war. Ich habe aber einige Musikstücke auf Anregung von berühmten Tänzern geschrieben. Außerdem habe ich auch viel Orchestermusik und Kammermusik komponiert.
Ich verliere das Problem der Oper allerdings nicht aus den Augen. Ich bin im Umfeld des Theaters aufgewachsen und ich halte die Erfahrungen am Theater für einen essentiellen Teil meiner musikalischen Aktivitäten.
Auch wenn noch andere Probleme von mindestens gleicher Wichtigkeit zu lösen sind, birgt die Komposition einer Oper doch eine derartige Faszination – was ihre speziellen technischen, ethischen und ästhetischen Probleme angeht –, daß jeder, der sich einmal mit einem gewissen Erfolg auf diesen Weg begeben hat, immer gern wieder auf ihn zurückkehrt. So geschieht es auch mir, und früher oder später werde ich sicherlich wieder eine Oper schreiben.
Frage: So, wie Sie das sagen, ist es von größtem Reiz für mich und für unsere Zuhörer. Mir scheint, Sie haben umfassend dargestellt, welches das komplexe Problem des Musiktheaters ist und welche ästhetischen und sozialen Bedingungen es sind, die seine Notwendigkeit und seine Lebendigkeit rechtfertigen. Ich bin Ihnen dafür sehr dankbar und danke Ihnen. Bevor wir unsere Unterhaltung beenden, noch eine letzte indiskrete Frage: Haben Sie nie daran gedacht, so wie andere berühmte Musiker Ihre eigenen Memoiren zu schreiben?
Antwort: Nein.
Frage: Und warum nicht?
Antwort: Ich glaube, meine Memoiren schreibe ich erst dann, wenn mir keine musikalische Ideen mehr kommen.
Frage: Deshalb also hoffentlich nie. Nochmals danke, lieber Maestro.

Durchschlag des Redemanuskripts, datiert *5/9/48*; Originalsprache: Italienisch; das Radio-Interview führte Luigi Rognoni. Anlaß war die erste Nachkriegs-Inszenierung der Oper *Cardillac* am 7. September 1948 in Venedig, die von Radio Venezia übertragen wurde. Das Interview wurde in der Pause nach dem ersten Akt gesendet. Einzeichnungen (Betonungszeichen, kleinere Korrekturen) deuten darauf hin, daß Hindemith seine zuvor ins Italienische übersetzten Antworten von diesem Redemanuskript abgelesen hat.

[1948]

1. In Taormina schrieb ich das Stück in einem der schönsten Gärten, die man sich denken kann, das Meer zu Füßen und den schneebedeckten Aetna im Hintergrund. Wenn man überhaupt glaubt, daß die unmittelbare Umgebung die Qualität einer Komposition beeinflußt, so konnte man hier nur die allerbesten Ideen erwarten. Jedenfalls war es ein unbeschreibliches Erlebnis, nach vielen Wochen des Herumreisens und der Konzertarbeit eine kurze Zeit nicht nur sich in einem solchen Paradies einige Tage ruhiger Arbeit hingeben zu können, sondern auch aus unmittelbarer Anschauung den Wiederaufstieg aus den Kriegsschäden mitzuerleben.

2. Mit meiner Frau bin ich schon im ersten Jahr unserer Ehe – vor 25 Jahren – nach Italien gereist und seitdem ist bis zum Kriege kaum ein Jahr vergangen, in dem wir nicht hier gewesen wären. Wie für viele Besucher aus nördlicheren Ländern haben auch wir uns an einer der Quellen unserer Kultur und Erziehung immer wieder von neuem gelabt, und als wir letztes Jahr zum ersten Male seit 10 Jahren von Amerika aus wieder hier einziehen konnten, kamen wir zurück wie in eine geliebte und lang vermißte Heimat.

3. Meine musikalischen Freundschaften in Italien datieren ebenso weit zurück wie meine Bekanntschaft mit dem Land. In Alfredo Casella hatte ich einen Freund, den ich sehr verehrte, und mit dem ich gleich nach dem Kriege wieder in Verbindung treten konnte. Leider habe ich ihn nicht mehr lebend angetroffen. Ich glaube, sein Verschwinden von der musikalischen Szene ist ständig und überall schmerzlich zu bemerken. Von der Musik der ihm nachfolgenden Generation ist mir noch zu wenig bekannt als daß ich ein klares Urteil abgeben könnte. Während des Krieges ist natürlich keinerlei modernes italienisches Stück nach Amerika gedrungen. Immerhin sah und hörte ich einige sehr erfreuliche und eindrucksvolle neue Kompositionen, die mich das Beste für die musikalische Entwicklung hoffen lassen.

4. So lange die Oper nur ein komplizierter und kostspieliger Apparat zur Befriedigung des Unterhaltungsbedürfnisses einer verhältnismäßig gutsituierten Gesellschaftsschicht ist, kann man kaum eine weitere Entwicklung erwarten. Hie und da wird wohl eine erfolgreiche Oper geschrieben werden, aber im allgemeinen wird man vom Repertoire des letzten Jahrhunderts zehren. Das Bestehen der Gattung wird aber – vorausgesetzt daß die heutigen Bedingungen fortbestehen – lediglich von der Stärke und Eigenart des erwähnten Unterhaltungsbedürfnisses abhängen.
5. Meiner Ansicht nach nur, indem sie den eben geschilderten Rahmen erweitert. Neue Besuchermassen müßten am musikalischen Theater interessiert werden; statt bloßer unterhaltender Themen müßten Stoffe von höherem moralischem Werte behandelt werden; der Opernbetrieb müßte ethischen Zwecken dienstbar gemacht werden, müßte der Erziehung, der geistigen und seelischen Bildung der Besucher dienen. Zu erörtern wie das geschehen müßte würde hier zu weit führen.
6. Ich bin gerade daran, einige Orchesterpartituren vorzubereiten, die ich für amerikanische Orchester versprochen habe, und die im Frühjahr aufgeführt werden sollen. Außerdem arbeite ich schon seit einigen Jahren an einem ausgedehnten Werk über Musiktheorie und Kompositionstechnik, das ich im Laufe des nächsten Jahres zu beenden hoffe.

Hindemiths Manuskript wurde von Gertrud Hindemith mit der Überschrift *Interview / Mailand / (settimino) 1949* versehen. In dem Text nimmt Hindemith Bezug auf das *Blasseptett*, das er im Spätjahr 1948 in Taormina vollendet hatte. Ob und, wenn ja, wann und in welcher Form das Interview veröffentlicht wurde, geht aus diesem und anderen erhaltenen Dokumenten nicht hervor.

Hindemiths Antworten 1949

Die wenigen Gäste, die über den Stacheldraht der Blockade nach Berlin hereinfliegen, begrüßt der Berliner Kulturmensch mit einer demütigen Neugier. Wir haben so viel Dankbarkeit in uns. Unsere Sehnsucht nach Kunde »von draußen« ist doppelt groß, weil die Blockade von 1948 –

die materielle und nun doch auch die kulturelle Blockade – so dicht auf jene frühere gefolgt ist, die wir dem Dritten Reich verdanken; eigentlich gehen sie für unser Bewußtsein schon beide ineinander über.
Paul Hindemith, der damals der einen Blockade entfloh, kehrte nun unter der anderen für ein paar Tage in Berlin ein. In der Hochschule für Musik hat er über seine praktischen musikpädagogischen Erfahrungen in Amerika berichtet und am Beispiel der Musikgeschichte das Verhältnis von Technik und Intuition beim Komponieren auf höchst einfache Weise definiert. Bei einer Pressekonferenz gestern in Dahlem ließ sich nun beobachten, wie vor diesem Meister der »schwierigen« Musik die aufgebauschten Diskussionsprobleme, die auf unserem Boden so üppig gedeihen, auf ihr Normalmaß an Wichtigkeit zusammenschrumpfen. Hindemith ist klein, rosig und kurzfingrig und spricht noch immer so gut frankfurterisch wie englisch. Er hat den Sinn für Proportionen, welcher dem Musiker zukommt und außerdem die beste Gabe ist, die wir von einem Gast »von draußen« annehmen könne. »Werden Sie aus der Emigration heimkehren? Was halten Sie von der Affäre Gieseking?« – Antwort: Man soll keine Affäre daraus machen. Man soll den Dingen Zeit lassen. – »Was halten Sie von den russischen Komponisten und von der Unterwürfigkeit, die sie gegenüber den Forderungen des sowjetischen Staates an ihre Musik bezeigen?« Hindemith: »Diese Leute werden sehr unglücklich sein; man wird so leicht dumm, wenn man keine Vergleichsmöglichkeiten hat. Aber sie wollen ja leben und können doch nicht hinaus. Da muß man mit dem Staat auszukommen versuchen.« Hindemiths Worte zeigten, daß sich die Würde – auch die Würde des Künstlers – am besten mit Skepsis verteidigen läßt: »Mir ist es doch genau so gegangen, sagte er, wie denen dort. Man kann mit der Musik nicht gegen etwas anderes argumentieren.«

Das Interview wurde in der Zeitung *Der Kurier*, 17. Februar 1949 (Autor: B.K.), veröffentlicht.

Paul Hindemiths Eindrücke vom deutschen Musikleben 1949
Eine Unterhaltung mit dem Komponisten

Paul Hindemith ist nach halbjähriger Abwesenheit von seiner Europafahrt zurückgekehrt. Der deutsche Meister hat eine ausgedehnte Reise hinter sich, die ihn durch die meisten Länder Westeuropas führte. Selbstverständlich hat sich Hindemith besonders lange in Deutschland aufgehalten, wo er mit offenen Armen empfangen wurde. Sein Deutschland-Aufenthalt erfolgte im Einverständnis und auf Veranlassung der amerikanischen Militärregierung, die sich von Hindemiths Wirksamkeit eine Förderung des Verständnisses für amerikanische Kultur und amerikanisches Wesen versprach. Diese Einstellung ist lebhaft zu begrüßen. Schon vor langer Zeit haben wir an dieser Stelle auf die Notwendigkeit und Nützlichkeit einer amerikanischen Musikinitiative in Deutschland hingewiesen. Damals regten wir insbesondere an, führende Musiker deutscher Abstammung hinüber zu senden mit der Aufgabe, durch Wort und Ton aufklärend und im Sinne einer gegenseitigen Verständigung zu wirken.

»Ich glaube«, so berichtet Hindemith, »daß mein Besuch in Deutschland zum näheren Verständnis zwischen Amerikanern und Deutschen beigetragen hat. Ich habe immer darauf gedrungen, daß bei den vielen Besprechungen und Zusammenkünften, die ich hatte, Deutsche und Amerikaner zusammen teilnahmen. Die Deutschen wissen nicht zu viel von der amerikanischen Mentalität, die Amerikaner wenig von der der Deutschen, und es gibt keine bessere Plattform für ein gegenseitiges Kennenlernen, als eine Aussprache über Musik. Ich habe in vielen großen Städten wie München, Nürnberg, Frankfurt, Berlin, Darmstadt u.a. Vorträge, vor allem auch über das amerikanische Musikleben, gehalten und viel von der ›Neuen Welt‹ und ihren musikalischen Fortschritten erzählt.

Auf Ihre Frage nach der Aufnahme meiner Vorträge kann ich Ihnen nur sagen, daß ich überall in überfüllten Sälen und Räumen gesprochen habe und daß meine Ausführungen stets lebhaften Widerhall gefunden und

fast durchweg zu wertvollen Diskussionen geführt haben. – Ein kleines Erlebnis in Berlin gibt Ihnen ein Bild von dem großen Interesse, das meine Vorträge fanden. Ich sprach in der alten Hochschule für Musik, wo ich lange als Lehrer tätig war, und hatte dort nur einen kleineren Raum, weil die beiden größeren Säle der Hochschule zerstört sind. So kam es, daß ungefähr fünfzig Studenten keinen Einlaß mehr fanden. Als ich nun meinen Vortrag beginnen wollte, erhoben die ausgeschlossenen Studenten ein solches Gebrüll, daß ich einfach nicht anfangen konnte. Nun, wir fanden bald eine Lösung: auf dem Podium, von dem aus ich sprechen sollte, war noch ein wenig Platz. Ich lud die tobenden Studenten ein, sich um mich herumzusetzen, was auch prompt geschah. Das Ganze sah wie ein Zigeunerlager aus, aber der Zweck war erreicht, und mein Vortrag konnte nunmehr vonstatten gehen.«
Paul Hindemith spricht mit besonderer Wärme von Berlin und seiner Atmosphäre. Vor allem hat es ihm das alte Berliner Philharmonische Orchester angetan, mit dem er einst seine *Mathis-Sinfonie* kurz nach ihrer Uraufführung auf Platten aufnahm. »Das Orchester befindet sich auch heute in bester Form«, so berichtet Hindemith, »und hat nichts von seiner Klangschönheit, und auch nichts von seinem Musikenthusiasmus verloren. Einen solchen Trompeter, wie ihn die Berliner Philharmoniker haben, gibt es in der ganzen Welt nicht wieder. Überhaupt fand ich in Berlin eine aufgeschlossene, allen geistigen Strömungen zugewandte Stimmung, und nach wie vor interessiert man sich besonders für moderne Musik.
Ich habe in meinen Konzerten fast immer eine Hälfte alte Musik und in der zweiten eigene Werke dirigiert, darunter in München das Cello-Konzert, das der dortige Cellist Hölscher hervorragend spielte, und in Frankfurt die *Sinfonia Serena*. Über mangelnden Erfolg kann ich mich nicht beklagen. Ich hatte die beste Presse meines Lebens und eine überaus herzliche Aufnahme durch das Publikum.
Auf Ihre Frage, wie es mit dem deutschen schöpferischen Nachwuchs steht, kann ich Ihnen nur sagen, daß der Krieg und die Hitler-Jahre

natürlich schlimme Folgen gehabt haben. Der überwiegende Teil der ausübenden Musiker besteht aus alten Kräften, was zu einer Überalterung der Orchester geführt hat. Junge Musiker mit gediegenen Kenntnissen und ausreichender Schulung gibt es wenige; hier hat der Krieg schwere Lücken gerissen, und vielfach macht sich bei den am Leben gebliebenen Spielern die mangelnde, fehlerhafte Ausbildung der Hitler-Jahre bemerkbar.
Mit der jungen Komponistengeneration steht es, soweit ich dies übersehen konnte, nicht viel besser. Fünfzehn verlorene Jahre lassen sich nicht so schnell einholen, dies darf man nie vergessen.«
Wir fragten Hindemith nach dem gegenwärtigen deutschen Musikstil und nach bekannten deutschen Komponisten. »Ich habe leider nur eine begrenzte Anzahl neuer deutscher Musikwerke hören oder lesen können und möchte daher von einer Aufzählung von Namen absehen. Die meisten deutschen Komponisten bevorzugen, soweit ich dies feststellen konnte, eine ›Stilmischung‹, bei der man versucht, aus alten und neuen Stilelementen eine Synthese zu gewinnen. Die Anhänger des ›Zwölftonsystems‹ haben gegenwärtig zugenommen, aber es handelt sich hierbei, ähnlich wie in Frankreich, um wellenartige Bewegungen, die überraschend schnell aufkommen und dann wieder zurückfluten. Versuche dieser Art werden immer wieder auftauchen, dies liegt in der Eigenart unserer Zeit, in der sich alles im Fluß befindet.
Eines ist sicher: von einer neuen revolutionären Musikbewegung, wie wir sie nach dem ersten Weltkrieg erlebten, kann keine Rede sein. Von wem sollte sie auch ausgehen? Bestimmt nicht von den älteren Musikern, die hierzu keine Veranlassung haben und deren Sinn nicht nach Umsturz steht.
Und von den jungen Musikern, die zu einem erheblichen Teil so einseitig und unvollkommen ausgebildet sind, ist zumindest im Augenblick kein revolutionärer Anstoß zu erwarten. Hierbei ist jedoch zu bedenken, daß die heutige Situation anders ist als die nach dem ersten Weltkrieg; dieser löste überall eine große künstlerische Umwälzung aus, die

die erst später einsetzende politische Wende möglicherweise so vollständig antizipiert hat, daß heute noch kein Anlaß zu einer neuen revolutionären Bewegung besteht. Das Fehlen einer solchen bedeutet in jedem Falle keineswegs, daß das gesamte deutsche Musikleben tot ist oder noch vollkommen darniederliegt. Die Folgen der Hitler-Diktatur sind natürlich noch nicht überwunden, aber überall regen sich die Geister wieder, und der Musikwille der Deutschen ist ungebrochen.«
Hindemith, der auf seiner Reise ein Horn-Konzert und ein Bläser-Septett geschrieben hat, spricht durchweg mit großer Anteilnahme und Intensität von seinen Erlebnissen in Deutschland. Er erzählt von einer langen Reihe von Musikerpersönlichkeiten, mit denen er sich unterhalten hat, von guten Freunden, die er wieder traf, und alten Musikstätten, die er noch erhalten vorfand. – Hindemith hat unter den Nazis viel durchmachen müssen, seine Werke durften nicht gespielt, seine Bücher nicht gelesen werden. Schließlich mußte er, der so eng mit der deutschen Musiktradition verwachsen ist, der einmal dort anfing, wo Brahms aufgehört hatte, seine Heimat verlassen und hier von vorne beginnen. All dies hat Hindemith nicht gehindert, nach Deutschland als Freund zu Freunden zurückzukehren (und nicht als verärgerter Lehrmeister mit erhobenem Zeigefinger) und auf diese Weise an dem geistigen und seelischen Wiederaufbau mitzuhelfen. Gleichzeitig hat aber Hindemiths Mission auch viel dazu beigetragen, den deutschen Musikern und Musikfreunden ein klareres Bild über das amerikanische Musikleben zu vermitteln. – Die amerikanische Militärregierung, unter deren Auspizien sich dieser Besuch vollzog, verdient Anerkennung für ihre diesbezügliche Initiative, und man darf die Hoffnung aussprechen, daß sie den deutschen Meister sehr bald zu einem neuen Besuch seiner früheren Heimat auffordert. Wir sind überzeugt, daß Hindemith sich auch ein zweites Mal gerne zur Verfügung stellen wird.

Das Interview führte der Dirigent Wolfgang Stresemann, Sohn des ehemaligen Außenministers der Weimarer Republik, Gustav Stresemann. Er war im September 1939 in die Vereinigten Staaten emigriert und seit 1945 als Musikkritiker für die deutschamerikanische *Staatszeitung* (New York) tätig. Das Interview mit dem Komponisten, das am 10. April 1949 in dieser Zeitung erschien, wurde von der deutschsprachigen Presse scharf kritisiert. Hindemith sah sich zu einer Gegendarstellung veranlaßt, die in der Zeitschrift *Melos* erschien.

Hindemith stellt richtig 1949

Nach seiner Rückkehr aus Deutschland gab Hindemith in Amerika ein Interview, dessen Inhalt in Auszügen und Pressenotizen teilweise so entstellt wiedergegeben worden ist, daß der Eindruck entstehen konnte, als ob Hindemith das deutsche Musikleben abfällig beurteile. Entgegnungen in der deutschen Presse beweisen, daß diese fehlerhaften Meldungen bereits zu völlig unrichtigen Schlußfolgerungen geführt haben. Wir sind in der Lage, demgegenüber den richtigen Sachverhalt durch die folgende Darstellung von Hindemith selbst klarzustellen.

Aus Deutschland erhielt ich Briefe und Berichte über ein von mir gegebenes New-Yorker Interview, das abfällige Äußerungen über das deutsche Musikleben enthielt. Wie es diese Form bekam, kann man sich leicht vorstellen, wenn man weiß, wie oft durch zufällige, nachlässige oder böswillige Auslassungen derartige Berichte ins Gegenteil des Gesagten verdreht werden. Auch in diesem Falle war das Nichtberichtete der Tenor des Gesprächs gewesen. Er handelte von der Intensität des deutschen Musikbetriebes, von der bewundernswerten Hingabe an die Musik trotz Trümmern und Sorgen, vom sich allerorts regenden Bedürfnis nach Kenntnis, Anschluß und Wiedergewinn des Verlorenen, von der durch alle Stürme aufrechterhaltenen Qualität der ersten Orchester. Freilich mußten daneben die bösen Nachwirkungen von fünfzehn musiktoten Jahren erwähnt werden: der trotz guten, oft hervorragenden Einzelleistungen überall fühlbare Mangel an Führern von internationaler Geltung, an Orchesternachwuchs, an schöpferischem Ungestüm, an wohleingerichteten Schulen, an Lehrmitteln, an der Vorbildung der Lernenden – kurz an allem, was in normalen Zeiten den Hochstand der deutschen Musik garantiert hatte. Jeder gutgesinnte

Beobachter weiß, daß unter Ausnutzung der vorerwähnten günstigen Faktoren dieses Ziel wieder erreicht werden kann, daß daneben ein internationaler Austausch von Kunst und Künstlern das musikalische Blickfeld wieder erweitern wird. Durch praktische Musikarbeit, durch Verständnis, Rat und produktive Kritik den Weg dahin ebnen zu helfen, ist mir heute ebenso wie früher eine selbstverständliche Pflicht.

Hindemiths Richtigstellung erschien in der Zeitschrift *Melos* 16 (1949), Heft 5/6 (Mai/Juni), S. 156.

1950

Wir glauben Paul Hindemith nicht extra vorstellen zu müssen. Unsere Hörer sind mit dem Werk des Komponisten im Laufe der Jahre bekannt geworden. Sie erinnern sich der durch ihre Kühnheit und Keckheit Aufsehen erregenden Werke des Meisters in den Zwanziger Jahren, nach dem ersten Weltkrieg. [...] Heute aber erscheint der Meister am Dirigentenpult des Tonhalleorchesters. Das ist etwas ganz besonderes. Aber auch da denken wir sofort daran, daß Hindemith früher schon als Interpret auftrat; nicht als Dirigent, sondern als hervorragender Bratschist, sei es im Quartett oder als Solist. Wenn nun Hindemith dirigiert, so wissen wir, daß es ihm nicht darum geht, als Pultvirtuose aufzutreten. Seine Aufgabe sieht er darin, dem Werk zu dienen; er als Komponist wird wohl auch seine ganz besondern Vorstellungen haben und so kann seine Interpretation besondern Reiz bekommen. Wir freuen uns, unsere diesjährigen Festwochen-Konzerte abzuschließen, indem wir einen der bedeutendsten Exponenten der Musik der Gegenwart ans Pult verpflichten konnten.
Der Komponist äußert sich über sein 1945 entstandenes Klavierkonzert wie folgt:

Verglichen mit der höchstkonzentrierten und homogenen Setzweise für ein Streichquartett oder für gemischte Vokalgruppen ist ein Klavierkonzert immer eine etwas heikle Mischung heterogener Elemente, die

schwer zu einem restlos befriedigenden Ganzen zusammenzuschweißen ist. Der grundsätzliche Gegensatz von Tasteninstrument und Instrumenten mit ungebundener Spieltechnik, von temperierter und natürlicher Stimmung, mag der Grund sein für die so erstaunlich weite Spanne in Stil und Ausdrucksart dieser Gattung. Die Entwicklung ging aus von der primus inter pares-Behandlung der Solisten und erreichte nach vielen Zwischenstufen einen Zustand, in dem ein vollbesetztes Orchester sich äußerst sinfonisch betätigt, und der Pianist versucht dagegen anzugehen, indem er meist gebrochene Akkorde spielt oder alle zehn Finger zugleich auf den Tasten hat.
Wie klar und dünngezeichnet hebt sich, im Vergleich mit diesem Extrem, in den frühklassischen Klavierkonzerten die Solostimme vom begleitenden Orchester ab! Abgesehen vom visuell erfreulicheren Eindruck, den ein die Tasten in linearen Figuren waagrecht entlanggleitendes Spiel im Gegensatz zum fortwährenden bedrohlichen Akkordschlagen bietet, wirkt auch musikalisch eine schlanke, vom Melodischen ausgehende Struktur edler als eine unausgesetzt vieltönige – sie erlaubt überdies eine ungleich größere technische und ausdrucksmäßige Mannigfaltigkeit.
Dem frühen Ideal versucht das heute aufzuführende Klavierkonzert nachzustreben.
Im ersten Satz ist es der Wohlklang der A-Klarinetten, der mit Klavierkantilenen zusammen die Grundstimmung hervorruft. Scherzande Holzbläsersätzchen, leichtes Trompetenschmettern und ein lärmendes Orchestertutti mit anschließender Solokadenz sorgen für Gegensätze. Der zweite Satz bedient sich hauptsächlich langgesponnener Linien in kontrapunktischer Verflechtung, die sich vor diffus schillernden Hintergründen bewegen. Das Finale ist die Bearbeitung eines der weniger bekannten Tänze des vierzehnten oder fünfzehnten Jahrhunderts. Note für Note erscheint das Stück in Fassungen unterschiedlicher Bauart und Stimmung, harmonisch, rhythmisch, klanglich und mengenmäßig fortwährend variiert. Schließlich tritt am Ende seine originale Form auf, in

der Orchesterbehandlung sich an die heterophone Art des Zusammenspiels anlehnend, die wie in Zeiten primitiver Mehrstimmigkeit eine reizvolle und uns verhältnismäßig ungewohnte Weise harmonischer Wirkungen erzeugt.

Auszug aus dem Programmheft zum vierten Symphoniekonzert der Zürcher Tonhalle-Gesellschaft im Rahmen der Juni-Festwochen, 4. Juli 1950. Hindemith dirigierte das Tonhalle-Orchester; auf dem Programm standen die Symphonie C-Dur »Le midi« von Joseph Haydn, das Klavierkonzert (1945) von Hindemith (Solist: Franz Josef Hirt) und die Symphonie a-Moll op. 56 (»Die Schottische«) von Felix Mendelssohn-Bartholdy.

[1952]

1) Ich war von jeher ein Musiker, dessen Entwicklung im engsten Anschluß an die musikalische Praxis vor sich ging. So lange ich selbst als Instrumentalist tätig war, sind all meine Kompositionen für meine eigenen Bedürfnisse als Konzertspieler oder in sehr enger Anlehnung an die Konzertpraxis entstanden. Meine gesamte frühe Kammermusik diente mehr oder weniger dem eigenen Gebrauch, aber auch die Stücke welche mich nicht selbst als Ausführenden betrafen, waren stets für Zweige der musikalischen Praxis geschrieben, mit denen ich unmittelbar in Berührung war. Auch heute noch bin ich immer noch der Ansicht, daß eine brauchbare Komposition ihre Wurzeln in der praktischen Musik haben muß. Das Produzieren lediglich zum eigenen Vergnügen des Komponisten oder aus bloßer Experimentiersucht halte ich für äußerst selbstsüchtig, für unfruchtbar – und deshalb für ablehnenswert.
2) Niemals! Wenn man schon an die Verankerung der Kompositionen in der praktischen Musik glaubt, kann man sich ja eine aus esoterischen Gründen vorgenommene radikale Stiländerung gar nicht leisten. Meines Erachtens kommen solche Definitionen aus dem billigen Bestreben, eine Tatsache, die sich nicht ohne weiteres in die vorgefaßten Anschauungen des Betrachters fügt, mit einem Schlagwort zu belegen und damit sich jeder ernsteren Untersuchung zu entziehen. Es ist eine Sache, eine radikale und abrupte Stiländerung vorzunehmen, aber ganz etwas ande-

res ist es, ein einmal erobertes Klangmaterial so genau wie möglich jedem aufkommenden Zweck anzupassen, es von jedem nicht-zweckmäßigen Ballast zu befreien und aus einer ursprünglichen Vielfalt (die in ihrer anfänglichen Unübersichtlichkeit vielleicht interessanter und neuer erscheinen mag als ihre spätere durchorganisierte Form) zu klarster Übersichtlichkeit und Einfachheit zu entwickeln. Mit dieser Art volteface (wie Sie es nannten) ist man ja in sehr guter Gesellschaft: der Wagner, welcher den *Rienzi* schrieb, ist kaum noch im *Parsifal* wiederzuerkennen; vom *Falstaff* würde man kaum annehmen können, daß er vom selben Mann stamme der den *Troubadour* schrieb; und selbst Mozart in seinem kurzen Lelben entwickelte sein Klangmaterial von der Technik des *Bastien und Bastienne* zu derjenigen seiner letzten Quartette, der letzten Klavierkonzerte, des *Don Giovanni* und der *Zauberflöte*, in der den Erfordernissen der musikalischen Praxis im allerhöchsten Maße und in sublimiertester Form Rechnung getragen wird.
4) Die zwei Werke, von denen Sie sprechen, behandeln das gesamte Gebiet des Tonsatzes, und zwar in einer Art, die das Grundsätzliche jeglicher Tonzusammenstellungen und jeglicher Klangbewegungen erfassen will. Wie dieses Grundsätzliche in den Werken der einzelnen Meister stilistisch sich äußert, bleibt unerörtert. Es ist klar, daß eine Technik, die nach Klarheit, Deutlichkeit, Einfachheit und höchster Zweckmäßigkeit strebt, nichts besseres tun kann, als sich auf solche fundamentalen Erkenntnisse zu stützen.
5) Weder kann man das Komponieren nach wissenschaftlichen Methoden betreiben, noch kann irgendeine Wissenschaft sich auf künstlerische Methoden berufen. Die Akustik, die Physiologie, die Psychologie und irgendwelche anderen Zweige der Wissenschaft, die sich mit den Eigenschaften oder Wirkungen der Klänge befassen, können dem kreativen Musiker immer nur Hilfe sein bei der Beschaffung und Klassifizierung seines Klangmaterials. In den eigentlichen schöpferischen Prozeß können sie nicht eingreifen.
6) Es wäre zu beklagen, wenn die Theorien eines Lehrers, vorausgesetzt,

daß sie nicht bloße Hirngespinste sind, nicht die Arbeiten seiner Schüler beeinflussen würden. Meine Arbeiten auf musiktheoretischem Gebiet sind ja ebenso wie meine Kompositionen gänzlich aus der Praxis gewachsen, das heißt, sie sind letzten Endes auch für den praktischen Verbrauch geschrieben – sie sind als Unterrichtsmaterial gedacht.

8) Ich bin schon seit über 12 Jahren an der Yale University tätig.

9) Die vorgenannten Theorien natürlich; die Technik der Komposition; die Geschichte der Musiktheorie; die Musikwissenschaft, soweit sie sich mit der Technik des Tonsatzes befaßt; und schließlich die stilgerechte Aufführung der Musik des 13. – 16. Jahrhunderts.

10) Die amerikanische musikstudierende Jugend ist frisch und aufgeschlossen. Ihre große technische Begabung macht ihr die Bewältigung aller Kompositionsprobleme leicht. Ihr Interesse an theoretischen Problemen ist sehr groß.

13) An amerikanischen Universitäten ist die Erziehung für den praktischen musikalischen Dienst im Lande die Hauptaufgabe – das ist ganz natürlich, da eigentliche Musikschulen und Konservatorien nur ganz vereinzelt existieren. In Europa liegt die Betonung bei der akademischen Musikerziehung mehr auf dem Wissenschaftlichen – und Zürich hat in der klaren Erkenntnis, daß die Musikwissenschaft nicht völlig in der Musikgeschichte erstarren dürfe, die Musiktheorie als wissenschaftliches Lehrfach eingeführt. Ich unterrichte demnach die Theorie der Musik – das heißt, die oben erwähnten der Komposition zugrundeliegenden grundsätzlichen Erkenntnisse – und ihre Anwendung auf die Praxis des Tonsatzes.

15) Mr. Ansermet war zwar nicht bei der Komposition irgendeines meiner Stücke als Anreger oder Auftraggeber beteiligt, er hat aber von jeher immer das größte Interesse für meine Arbeiten gezeigt; er hat sie so oft und so gut aufgeführt, daß sich jeder Komponist glücklich preisen kann, einen solch verständnisvollen Anwalt zu haben.

16) Herr Sacher, mit dem ich mich durch viele gemeinsame musikalische Taten von jeher verbunden fühlte, hatte wiederholt den Wunsch geäußert,

ein Stück geschrieben zu bekommen, das seinen persönlichen musikalischen Neigungen sowie den Aufführungsbedingungen seines Basler Kammerorchesters entgegenkäme. Lange Zeit hielten andere Arbeiten mich ab, seinen Wunsch zu erfüllen. Erst Ende letzten Jahres schrieb ich ein symphonisches Stück für ihn, das er beim 25jährigen Jubiläum seines Orchesters im Januar dieses Jahres in Basel vortrefflich zur Aufführung brachte. Das Stück heißt *Die Harmonie der Welt* und enthält vorausgenommene symphonische Bestandteile einer Oper, die ich in absehbarer Zeit zu vollenden gedenke.

Die handschriftlichen ausformulierten Antworten zu Fragen, die Hindemith offenbar im Vorfeld eines geplanten Interviews zugeschickt bekam, sind auf das Jahr 1952 zu datieren. Ob und, wenn ja, wann und wo dieses Interview tatsächlich geführt wurde, geht aus den vorhandenen Dokumenten nicht hervor.

Exclusiv-Interview für »Die Harmonika« mit Professor Paul Hindemith gelegentlich seiner Welt-Uraufführung *Harmonie der Welt* zu München 1957 — 1957

Paul Hindemith, der 63jährige Komponist und Avantgardist einer Musik, die ihren eigenwilligen Weg aus dem Chaos um die zwanziger Jahre suchte und fand, schuf in seiner neuen Oper ein Werk, das man als »Weltanschauungsoper« bezeichnen kann. Wir fragten Hindemith, wie er in unserer modernen »friedlosen« Zeit gerade auf die Idee kam, die »Harmonie der Welt« begrifflich und zum Ausgangspunkt dieses fünfaktigen großen Werkes zu machen.
Seine Antwort: Diese Idee soll zeigen, daß die Harmonie zwischen den Menschen der Welt ja vorhanden ist, ebenso wie in allen anderen Systemen. Der große Astronom und Mathematiker Johannes Kepler, auf dessen Persönlichkeit das Werk zurückweist, hat in seinen fünf Büchern über die »harmonices mundi« dargelegt, daß in der Astronomie, in der Geometrie und in der Musik die gleichen Gesetze der Harmonie herrschen. Aus den Bewegungen der Planeten erwuchs Kepler die Erkennt-

nis, daß sie die gleichen zahlenmäßigen Harmonien enthalten, wie die Schwingungen der Saiten...

Hindemith, der hier ebenso wie in *Mathis der Maler* sein eigener Textdichter ist, machte sodann längere Ausführungen über seine Gedanken zur Oper allgemein: »Man muß die Oper von der Stimme her schreiben; nicht Hörspiele, wie sie heute üblich sind, sondern aus dem Gefühl der Stimme und für die Stimme. Wenn ein Werk dem Sänger nicht liegt, nützen alle Übungen und alle Vorträge nichts. Opern sollen mit großen Partien ausgestattet und für das Theater geschrieben sein.«

Zwischen der parodistischen Zeitoper, wie sie etwa Hindemiths Frühwerk *Neues vom Tage* darstellte, und seinem jüngsten Werk klafft eine breite Lücke. Es ist eine radikale Wandlung, die Hindemith inzwischen durchgemacht hat. Und man wird in *Harmonie der Welt* vielleicht vergebens nach dem Revolutionär suchen. Dennoch ist der Bogen dieser Kepler-Oper, die am Rande des 30jährigen Krieges spielt, weit gespannt. Hindemith erklärte: »Meiner Ansicht nach kann ein Sujet für eine Oper gar nicht groß genug sein. Man kann nicht Hunderte von Menschen ins Theater locken und ihnen ›dummes Zeug‹ vorsetzen. Man soll sie nach Höherem streben lassen, und der Gedanke an die Harmonie der Welt soll in ihnen erweckt werden. Natürlich ist dazu eine Musik notwendig, die dem Stoff gerecht wird...«

Auf unsere Frage, ob nicht dieser historische Stoff mit seinen Hexenprozessen, seinem kriegerischen Geschehen, seinen planetarischen Konzeptionen allzu kompliziert sei, antwortete Hindemith: »Wie weit wollen Sie gehen mit Komplikationen? Etwas Komplizierteres als *Figaros Hochzeit* gibt es kaum. Denken Sie an die Probleme der Auflehnung gegen den Feudalismus, die darin zwingend zum Ausdruck kommen. Zwar liegt alles im Untergrund – aber das ist auch bei *Harmonie der Welt* der Fall. Man kann ja die rein geschichtlichen Fakten vergessen, aber die menschlichen Grundlagen müssen klar herauskommen; dann ist es prinzipiell von gar nicht so großem Belang, wieviel historisches Beiwerk daran gehängt wird.«

Hindemith kam auf die Zusammenarbeit mit der Bayerischen Staatsoper zu sprechen, da er seine Oper von Anfang bis zu Ende selbst einstudiert hat. Er lobte alle Elemente, die daran mitwirken, und erklärte, daß er ganz bewußt die Sänger mit »nicht zu schweren oder zu verklausulierten« Partien ausgestattet habe. »Bedenken Sie, es ist ein Unterschied, ob man etwas leicht macht aus einem banalen Sinn oder es aus einer hochstehenden Technik begreifbar machen kann, so daß es ein Niveau behält.«

Diese Äußerung beleuchtet auch zutiefst die besonderen Bindungen, die bei Hindemith zur Volksmusik und den Volksinstrumenten bestehen. Und diese Bindungen werden ihren sichtbaren Ausdruck auch in dem nächsten Werk des Meisters finden, von dem er uns abschließend folgendes sagte:

»Das Theater ist wie ein schleichendes Gift, wenn man damit zu tun hat, ist man infiziert. Ich habe schon wieder eine Idee... es handelt sich um frühere Einwanderer aus der Schweiz und aus Deutschland, die sich im 17. Jahrhundert in Pennsylvanien angesiedelt haben. Sie haben ihre Trachten und Lebensgewohnheiten erhalten – und mir schwebt eine Konfrontierung des heutigen und des dort noch konservierten Deutschlands vor...« In seiner vitalen, jovialen Art erzählte Prof. Hindemith noch, daß er demnächst in die Staaten zurückkehren werde. Von seiner intensiven Probenarbeit und den Uraufführungssorgen erholt er sich gegenwärtig in Vevey in der französischen Schweiz.

Das in der Zeitschrift *Die Harmonika* veröffentlichte Interview führte Christl Stadtländer. Am 11. August 1957 leitete Hindemith an der Bayerischen Staatsoper in München die Uraufführung seiner Oper *Die Harmonie der Welt*.

Paul Hindemith – His Art and His Views 1959

Reporter: In the concert you're conducting Sunday at Town Hall, I understand there will be two of your latest works – a set of ten madrigals and an octet. But you're also directing a Mass by Bruckner. Is this interest in his work a recent development?

Hindemith: Not at all. I've conducted most of Bruckner's symphonies during my lifetime.
R.: What attracts you to him?
H.: That's very hard to say – what you like about any composer. I'm not sure I know.
R.: But his music is so different from yours…
H.: Is it? I don't think so. I have always believed we have many things in common.
R.: Still, your works are always clear, direct, to the point. They don't ramble.
H.: Neither does Bruckner. You know, Bruckner is really not well known in this country; that's why there are so many misconceptions about him. The same is true with Max Reger, who I conduct all the time. He's completely unknown here, but I feel very close to him, too. No, I am sure there is some relationship between Bruckner and Reger and myself.
R.: Do you prefer Bruckner to Mahler?
H.: In every way, yes. It is a very funny fate for Bruckner that he is always thrown together with Mahler. They have nothing in common – nothing. Someone a few decades ago invented the mixture of Bruckner and Mahler and it seems to have stuck: but it's ridiculous. With Mahler I feel no connection whatever.
R.: Besides the two you've named, whom do you consider to be your closest musical antecedents?
H.: I suppose Bach, Mozart and Haydn. Beethoven also in a sense; but then he is everybody's predecessor.
R.: What occupies most of your attention these days?
H.: Conducting – I do it all the time. My schedule for the next year is already filled up. Of course I play the viola once in a while, but I've become an amateur at that.
R.: Amateur…?
H.: Yes. An amateur is someone who doesn't practice. And I don't. I

have no time. Besides, when you've played an instrument all of your life you don't like to practice.
R.: What about teaching?
H.:Well, I was a teacher for thirty years of my life. That's enough, isn't it? All my time today is put into conducting and composing – that gives a man plenty to do.
R.: Have you any big works planned for the future?
H.: I must say I'm always looking for a libretto for an opera. They are not easy to find. And, believe me, it doesn't have to be in German. If I came across a good one in English or any language I'd get right to work on it. Right now, though, that doesn't seem likely.
R.: You've been away from America for five years, living in Switzerland. What are some of your observations about the young composers in Europe?
H.: It's difficult for one composer to talk about other composers, and I must say the situation abroad is rather unclear. It's just like after the first war, almost exactly the same. You know, after a war it takes time for all the ideas to be clarified, and only when they are clarified can a really unified musical style develop. Today, there is a great mess of styles – everybody is writing something different. It may take a few decades before all of the styles are normalized, before a unity of style can evolve.
R.: What about the whole twelve-tone business in Europe.
H.: It, too, is in a state of development. Of course in the long run it will have to be modified to really be of general use. Twelve-tone music is still in an experimental state: one composer tries it one way, another composer in a different way. But in order for it to be of general value it has to have a point of view it now lacks.
R.: But do you approve or disapprove of the serial technique?
H.: My main objection is that it can be used almost exclusively for instrumental music. My idea is always that any kind of music must be proven by its use in a cappella works. So far, I haven't seen any satisfactory a cappella pieces coming out of the twelve-tone style. Either the

style is not ready yet or else it must be modified to make this possible. Naturally, you can always write works that trained singers can perform after 100 rehearsals; but that's usually out of proportion to the value of the works.

R.: Why do you believe so many youngsters lean toward twelve-tone?

H.: For one thing, at least in Central Europe, it is supported by music festivals and radio stations. That's not opinion, that's fact. Twelve-tone music is paid for, and many young composers can't go on without some form of support. I don't know – it may even be that if there weren't radio stations paying for twelve-tone music there wouldn't be so much of it around. Who can say?

R.: Still, you must admit that even those who are not important enough to warrant subsidy turn to serial writing. Why?

H.: Well, it gives you a kind of solidity of technique – or seems to. But I don't think twelve-tone works are based on purely musical concepts – much of it is extra-musical. The twelve-tone method makes it relatively easy to have a firm composing basis to work with. The alternative is study and more study to build up a solid, old-fashioned and dependable technique. That doesn't seem to be necessary any more. I think it is.

R.: Now, a touchy matter – How do you explain Stravinsky's recent interest in the system?

H.: I don't know. I know only that we are old friends and I trust what he does. Perhaps he is looking for a new reason for composing; perhaps he is not satified with the way music is made these days. Perhaps he is looking for an artistical or philosophical explanation for the music of our time. But I can't give you an answer to explain why any great composer does what he does.

R.: It's agreed that there's general, world-wide interest in the twelve-tone technique. But what about yourself? Have you any twelve-tone inclinations?

H.: None. You see, I've always been in close connecion with practical music – and I feel that the work involved in performing twelve-tone scores is completely out of proportion to the effect you get. I like to write things that can be done with a normal amount of rehearsal time and with a normal group of players.

R.: When you say »practical music« how do you mean it?

H.: I mean music that doesn't exist merely on paper; I mean music that's written to be performed. You can't say that about all the music being written today.

R.: Does what you say extend to the music of Webern or Berg?

H.: That question was settled long ago. My God, we played Webern – the things that today are called »new« - we played them already in the early twenties. The question of Webern's greatness was decided then. What you have now is simply a rediscovery of his music.

R.: From the vantage point of a composer in 1959, what direction do you think music will take in the future? Do you believe that your own dissonant counterpoint idiom will continue to be developped?

H.: You call it dissonant counterpoint? – it isn't really that. My work I consider to be absolutely free in the sense that I have never forced restrictions on it – not even the restrictions of the major and minor scales. And certainly not of the twelve-tone row. Major, minor, twelve-tone – they are all limitations. No, I believe deeply in music that is totally free, that allows a composer any choice he wishes to make, that allows him to use his inspirations in his own way.

R.: In other words the element of choice...

H.: Is the most important factor in creation.

R.: You mentioned before that you are first and foremost a practical musician, and it is well known that – apart from conducting and composing – you can play almost every instrument in the orchestra. How do you feel, then, about the millions who have substituted the phonograph for an instrument – who learn to play nothing because music is so easily available on records?

H.: Of course that is unfortunate. But there is another side to the story. Look, especially in this country, in every high-school you find youngsters who play everything – and play better than they do anywhere else in the world. But once they get married, settle in their houses, then they give up playing. That's where the critical situation exists. Not that they haven't learned an instrument, but that they don't continue with it.

R.: It's rather an apalling situation...

H.: But it isn't new. People habitually complain about the decline of music. Early in the twenties I passed a tiny Austrian town. A friend of mine was complaining: »You know, in my youth we had eighty amateur string quartets here. Now, today we have dwindled to twenty-eight.« That kind of problem rather doesn't bother me. Where there is music there will always be performers. I'm sure of that.

R.: Do you do any private teaching?

H.: No – I never did. Oh, maybe one or two. But teaching classes at Yale was enough for me.

R.: Would you care to name any of your best students?

H.: There are too many; they're all over the country. It runs into the hundreds.

R.: As a matter of fact, if you had taught as many students as claimed they studied with Hindemith you would have had to begin somewhere around 1802.

H.: I know, do I know! People have even heard lectures of mine – thay are just passing trough – and the next thing you know they say I was their teacher. Not only in America, but from my old teaching days in Berlin, too.

R.: Is there anything else you'd like to comment on?

H.: Not really. Everything I have to say I say in my music. My opinions, my viewpoints – they are all in my works. If you listen to them then you know all about me.

Das von Jay S. Harrison geführte Interview erschien in zwei Teilen am 15. und 22. Februar 1959 in der *New York Herald Tribune* (Überschrift der Fortsetzung: *More on Hindemith. A »Free« Composer*).

A pampered Age? — 1960
Hindemith Says Composers Are Being Spoiled by Dependence on Prizes

Is the composer in the United States pampered? Is the very concept, »American composer«, one that should be junked as a stale appeal to nationalism?

In Paul Hindemith's opinion the answer to both questions is an uncompromising yes. He aired these and other equally peppery views at lunch recently the day before his departure for Europe. At 64 his short, stocky figure exudes energy and his mind ranges over a wide variety of ideas with incisiveness and humor.

Mr. Hindemith has a solid basis for estimating the American scene. He lived, taught and worked here for a number of years. Although he was born in Germany and now resides in Switzerland, he is a citizen of this country. He keeps in constant touch with developments. His opinions are presented here because they are stimulating, not because this column necessarily agrees with all of them.

He was not jesting when he posed his provocative questions. Mrs. Hindemith, however, urged him to be cautious, and he conceded that discretion might be in order. Then he added with a smile that his views were not a secret, that many of them were published in his book, *A Composer's World*, based on his Charles Eliot Norton lectures at Harvard ten years ago. Mrs. Hindemith reminded him that he had avoided using contemporary names. He nodded and largely avoided identifying the people he discussed.

He did not hesitate, however, to identify the two men of the last half century who, in his judgment, deserve the appellation of composer. Only Igor Stravinsky and Béla Bartók, he contented, have written music that will live. He could not, he added, discuss the possibilities of Paul Hindemith's future.

Schoenberg? Mr. Hindemith had doubts. Webern? He was equally

dubious. Berg? Several works like *Wozzeck* had a chance of survival, but of the other pieces Mr. Hindemith was not sure.
Was he aware that he had omitted some renowned names? Mr. Hindemith smiled brightly; he was well aware of what he was saying.
Was he aware that he had left out all Americans? Mrs. Hindemith gave him a warning look, but he did not dodge the issue. Of course, there were men in the United States who were turning out music that reflected professional skill and independence of thought, but he was not prepared to say that any had reached the highest level.
Mr. Hindemith used the word composer with scrupulous reserve. According to this scheme of values, one observed, it was like a synonym for the word genius. Mr. Hindemith chuckled, as if to say, »Why not?«
How would he discribe himself? The answer was simple: »Musician.«
It is the easiest thing in the world, he continued, mindful that his words would stir resentment, to become a composer these days. It was clear from his voice that he placed quotation marks around the word in this context.
»You have thousands of them«, he said. »You find them everywhere. As soon as a young man learns to write notes on a music paper, he is a composer. And if he is an American composer, he has special claims to your support. But why? Don't you think it's time that this narrow nationalism were stopped? A composer is a composer, and believe me, he's a rare thing. Getting a piece written or even performed does not make a man a composer.«
Mr. Hindemith went on to decry the American preoccupation with prizes, awards, scholarships, fellowships and all the other devices we have developed to give our writers of music the opportunity and freedom to learn their craft.
»You are pampering these young people«, he insisted. »You are delaying the day when they must get to work. Because of your wealth and dislike for paying taxes, you have worked out ways to give money away. But the chief result is that the young musician is delaying his coming to grips with his craft.«

During his years on the Yale faculty, Mr. Hindemith said, he learned all about the techniques of »pampering«. He cited the examples of several graduate students who found so many sources of outside help that it was a decade or more before they began to make their own way as musicians. He added wryly that he had not had the courage to decline to endorse their applications.
»Don't think that the pampering is confined to America«, he said. »It is now spreading to Europe. With prosperity European citizens have begun to copy your techniques of scholarships, fellowships and prizes.«
Isn't all this the contemporary equivalent of the princely patronage of old?
Mr. Hindemith shook his head. Haydn, he observed, was an employe of Prince Eszterhazy. He worked incessantly at his trade of musician. He ground out littles pieces that the prince could play. He provided music for all sorts of occasions, and he took part in playing it. If he also turned out many symphonies that endure, that was because he was a composer.
Mr. Hindemith's impatience with »pampering« derives from a conviction that one cannot be taught to write music, one can only learn. He begged the visitor to be sure to look at certain passages in his book. The following may be quoted as representative of Mr. Hindemith's philosophy:
»In earlier times composition was hardly taught at all. If a boy was found to be gifted for music, he was given as an apprentice into the care of a practical musician. With him he had to get acquainted with many branches of music. Singing was the foundation of all musical work. Thus singing, mostly in the form of group singing, was one of the most important fields of instruction.
The practical knowledge of more or less all instruments was a sine qua non. Specialization was almost unknown. Frequently a musician may have been better on the keyboard than with the bow and with woodwinds or brass, but that would not have absolved him from playing as many other instruments as possible.
And all this playing was done with one aim in mind: to prepare the

musician for collective work; it was always the community that came first. Soloistic training was nothing but a preliminary and preparatory exercise for this purpose. Hand in hand with this daily all-round routine in instrumental training went a solid instruction in the theory of music – not only what we call theory in our modern curricula, namely harmony, counterpoint and other branches of musical instruction, but true theory, or if you prefer another name, the scientific background of music.«

Mr. Hindemith wrote and spoke out of a personal, lifelong background of practical musicianship. His theories worked for him. He has earned the right to the proud title of composer. One would only add that a few other names of the last fifty years might be added to the list.

Das von Harold Taubman geführte Interview erschien am 20. März 1960 in der *New York Times.*

Neues vom Tage 1961

Anläßlich der Neuinszenierung von Neues vom Tage am Mannheimer Nationaltheater beantwortete Paul Hindemith dem Regisseur einige Fragen zu seiner Oper, ihrer Entstehungsgeschichte und ihren Beziehungen zur Gegenwart.

»Wie kam man im Jahre 1927 auf den Stoff *Neues vom Tage*?«

»In den späteren zwanziger Jahren blühte in Berlin in den kleinen Theatern am Kurfürstendamm eine Art Miniaturrevue, die zwischen dem Kabarett und der großen »Show« die künstlerisch wohlausgewogene Mitte hielt. Wer solche Aufführungen miterlebt hat, wird sich ihrer gerne als des vollkommensten und typisch berlinischen Ausdrucks des damaligen Lebensstils erinnern. Es lag nahe, die Eigenheiten dieser Kunstgattung für die Oper nutzbar zu machen, und da ich (wie alle Komponisten von Theatermusik) ständig auf der Suche nach Stoffen für komische Opern war, gelang es mir, Marcellus Schiffer, einen der erfolgreichsten und geistvollsten Autoren solcher Stücke, zur Zusammenarbeit zu gewinnen. Trotz seinem Abscheu vor opernmäßigem Gesang und trotz seiner sehr melancholischen Veranlagung (er nahm sich bald darauf das Leben) brachten wir nach einem kleineren Versuch (*Hin und Zurück*) die Oper *Neues vom Tage* zustande, in welcher die Revuetechnik den Forderungen der Opernbühne angepaßt wurde.«

»Was hielt man damals von diesem Stück?«

»Die ersten Aufführungen in der Krolloper unter Otto Klemperer lösten (wie fast immer bei komischen Opern) sowohl Begeisterung wie Ablehnung aus. Begeisterung bei allen, die einen offenen Sinn für eine heutige, vom üblichen Opernhumor einigermaßen distanzierte Handlung mit tieferer Bedeutung hatten, und Ablehnung bei denjenigen, welchen dieses Libretto mit dieser Musik den endgültigen Untergang deutscher Opernkultur zu besiegeln schien. Trotzdem erlebte die Oper allenthalben zahlreiche Aufführungen, bis schließlich das nazistische Allerneueste vom Tage ihr vorläufig den Garaus machte.«

»*Neues vom Tage* entstand in den heute so vielgerühmten zwanziger Jahren. Was halten Sie von jener Zeit?«

»Ich habe sie höchst aktiv miterlebt, als Komponist, Instrumentalsolist, Kammermusikspieler, Lehrer und Organisator. Sie schien mir aber weder damals noch erscheint sie mir heute als ein besonders goldenes Zeitalter der Musik und der anderen Künste. Wie zu allen Zeiten kamen hervorragende Leistungen nur dann zustande, wenn große Könner gekonnte Werke darboten, deren Wert dem Aufnehmenden in möglichster Treue und Reinheit übermittelt werden mußte. Trotzdem ist aus jener uns so fruchtbar erscheinenden Zeit wohl kaum ein größerer Prozentsatz an überragenden Schöpfungen erhalten geblieben als aus früheren Perioden, und trotz dem millionenfachen Anwachsen musikverbrauchender und musikdarbietender Teilnehmermengen scheint mir rückblickend auch die proportionale Zahl hervorragender Ausführender in jener Zeit nicht höher zu sein als von jeher und heute. Was heute allgemein ein Gefühl der Bewunderung, ja fast des Neides für jene sagenhaften zwanziger Jahre aufkommen ließ, ist meines Erachtens das Bewußtsein, daß dem heutigen Verlangen nach Sensationen die erwähnte Treue und Reinheit des Schaffens und Nachschaffens geopfert wurde. Der rapid gesteigerte Umsatz und Verschleiß künstlerischer Produktion macht solches Verlangen verständlich, er erklärt aber auch die ständig anwachsende Überschätzung der ausführenden Organe im Kunstbetrieb – in der Musik: Sänger und Instrumentalisten, Dirigenten, Regisseure, Bühnenbildner – gegen deren Tätigkeit ein Kunstwerk heute sehr verringerte Aussichten hat, sich mit seinem Eigenwert durchzusetzen. Hier wird tatsächlich eine gewisse Sehnsucht nach den klareren und werktreueren Bestrebungen der zwanziger Jahre verständlich.«

»Das Stück war Ende der zwanziger Jahre zweifellos aktuell. Was ist seine heutige Stellung?«

»Mir scheint es heute aktueller als je zu sein. Alle Mittel der Nachrichtenübertragung führen uns täglich in fast schaudererregender Weise vor Augen, was mit Menschen geschieht, die in die Fänge der Publizität geraten und von ihr zu öffentlichen Gebrauchsartikeln entmenscht werden, gleichgültig ob es sich um Sportler, Politiker, Aristokraten, Künstler und andere des Ausschlachtens würdig erachtete Figuren handelt. Den Ausweg aus solch ehr- und wehrloser Situation lehrt unsere Oper und erfüllt damit eine moralische Aufgabe: Sie zeigt, wie zwei vom Moloch öffentlicher Neugier schon fast verschlungene Wesen sich trotz aller vorteilhaften Angebote davon freimachen und nur noch eines erstreben: ihr eigenes, persönliches, privates Glück.«

»Wie unterscheidet sich die vorliegende Fassung der Oper von ihrer Uraufführungsgestalt?«

»Eine solche Frage kann nur aufkommen, wenn man den vor Wagner kaum gekannten Begriff der unveränderlichen Einmaligkeit einer Opernpartitur gelten läßt. Vorher haben Komponisten wie Aufführende von Aufführung zu Aufführung nach Verbesserungen gestrebt, und man kann wohl billig annehmen, daß sie die Notwendigkeit und Möglichkeit solcher Verbesserungen klarer erkannten als spätere Beurteiler.

Ich gehöre gern zu jener unentwegten Schar von Änderern, die von Monteverdi über Mozart und Beethoven zu Verdi reicht, und ich hoffe, daß *Neues vom Tage* nach mancherlei Wandlungen, die es in Nachkriegsaufführungen (Neapel, Wien usw.) durchmachte, in Mannheim die Mühen aller mit größter Freude und Hingabe dem Stücke dienenden künstlerischen und technischen Mitglieder des Nationaltheaters mit Genugtuung und Erfolg belohnen möge. Sie waren von vornherein ernsthaft bestrebt, das Stück nach den Wünschen des Autors auszuführen, wie sie in Text und Musik festgelegt sind.«

Die Neufassung von *Neues vom Tage* wurde nach ihrer Uraufführung (Neapel 1954) u. a. vom Nationaltheater Mannheim neu inszeniert; Premiere war am 3. April 1961. Das vorliegende Interview mit dem Komponisten, das im Programmheft abgedruckt wurde, führte der Regisseur Ernst Poettgen.

Aus einem Gespräch mit Paul Hindemith 1962

»Herr Professor, Sie kennen die Unart des Dramaturgen, den Autor oder Komponisten eines Werkes mit möglichst vielen Fragen nach den Gründen für seine Stoffwahl und die Wahl seiner künstlerischen Mittel zu belästigen. Ich wüßte gerne von Ihnen, was Sie dazu bewogen hat, sich *Das lange Weihnachtsmahl* als Libretto zu wählen.«
»Ich hatte das Stück in dem S. Fischer Band *Einakter und Dreiminutenspiele* von Thornton Wilder gefunden, und es hatte mich schon beim ersten Lesen sehr angesprochen. Allerdings war es so, wie Wilder es geschrieben hatte, teils wegen der zeitbezogenen Anspielungen, teils wegen des realistisch minuziösen Dialoges für eine Komposition ungeeignet, so daß ich an Wilder schrieb, ob er sein Stück nicht so ändern wolle, daß man es für eine Oper verwenden könnte.«
»Wie stellte sich Wilder zu Ihrem Plan?«
»Er stimmte sofort zu und war bereit auf jede Änderung, die ich vorschlug, einzugehen. Ich schickte ihm dann einen richtigen ›Fahrplan‹, welche Textänderungen und Striche ich für notwendig hielt und gab an, wo ich ein Duett, Terzett, Quartett wünschte, die mir Wilder dann

lieferte. Dieses enge und harmonische Zusammenarbeiten erwies sich als großer Gewinn für die Arbeit. Darüber hinaus hat es mir einfach viel Spaß gemacht, mit Wilder, der ja sehr musikalisch ist, zusammenzuarbeiten und die Fragen, die sich beim Komponieren seines Textes ergaben, mit ihm zu besprechen.«

»Erlauben Sie mir eine Frage zu Ihrer Kompositionstechnik. Sie vermeiden im Gegensatz zu Wagners Technik der Leitmotive jede Charakteristik der Personen durch die Musik. Welche Funktion soll nun die Musik im *Langen Weihnachtsmahl* übernehmen? Soll sie die Atmosphäre für die 190 [recte: 90] Jahre Familiengeschichte schaffen?«

»Ich würde nicht sagen, daß ich keine Leitmotive verwendet habe. Die Kinder z.B. werden immer mit der gleichen Melodie geboren, wenn jemand stirbt kehrt die gleiche Melodie wieder. Die alte Amme wird mit einem eigenen Motiv geführt. Selbst wenn man also nicht das Wort ›Leitmotiv‹ anwenden will, kann man doch sagen, daß jedes Lebensalter eine ›arteigene‹ Motivik besitzt, die es musikalisch ausweist.«

»Sie haben selbst vorgeschlagen, die Opéras minutes von Milhaud mit Ihrer Musik zusammenzustellen. Was veranlaßte Sie zu dieser Verbindung?«

»Diese ›Verbindung‹ besteht schon seit über 40 Jahren. Milhauds hatte uns die erste der drei Minuten-Opern, die *Europa*, ja für die Baden-Badener Musiktage 1927 komponiert. Wir gaben damals Aufträge an alle Freunde, die mitmachen wollten. So entstand Tochs *Prinzessin auf der Erbse*, Brecht/Weills *Mahagonny* in der kleinen Fassung, Hermann Reutters *Saul*, meine eigene Kurzoper *Hin und zurück* und Gronostays *In zehn Minuten*. 1928 schrieb Milhaud dann die beiden anderen Minuten-Opern. Nun habe ich wieder eine Kurz-Oper geschrieben. Da scheint es mir nur natürlich, sie zusammen mit Milhauds Minuten-Opern aufzuführen, um so – last not least – seinen 70. Geburtstag in diesen Tagen zu feiern.«

Im Dezember 1961 fand in Mannheim die Uraufführung des Einakters *Das lange Weihnachtsmahl* statt. Mit dieser Inszenierung war das Mannheimer Nationaltheater am 30. September und 1. Oktober 1962 bei den Berliner Festwochen 1962 zu Gast. Das von Peter Stoltzenberg geführte Interview wurde in der vorliegenden Form im Programmheft abgedruckt.

»Ein Komponist muß auch dirigieren« 1962
Paul Hindemith vor der Uraufführung des *Mainzer Umzug*

Im Hotel legt Professor Paul Hindemith mit einem Lächeln die Partitur auf den Tisch und meint etwas belustigt: »Was soll ich noch über den *Umzug* sagen? Hier steht alles drin. Bitte, lesen Sie!« Er blättert in dem Band, deutet auf einige Stellen. Auf den ersten Blick fällt der durchsichtig gestaltete Satz auf, klar überschaubar, deutlich. »Man soll jedes Wort gut verstehen. Und lustig soll es sein.« Die Seiten sind nicht gefüllt mit geometrisch anmutenden Figurationen oder Spannungsdiagrammen, die heute oft das Notenbild zeitgenössischer Komponisten beherrschen. Hindemith kommt mit zwei Systemen auf der Partiturseite aus. Die Knappheit der Formen – auch das Orchester ist nicht stark besetzt – zeigt die Konzentriertheit dieser Musik und die Prägnanz ihres Rhythmus.

So oft ist Paul Hindemith schon mit dem Barock in Zusammenhang gebracht worden. Wie grob und ungenau derartige Klassifizierungen häufig wirken mögen, die Lebhaftigkeit, mit der der Komponist das Gespräch führt, kommt aus einer den Besucher überwältigenden Sicherheit geistiger Existenz, aus einer Weite, die auch den tiefen Humor in sich birgt.

Und man spürt die mächtigen Pole in der Schaffenswelt des Meisters: der Wille zur metaphysischen Durchdringung (in der Oper *Mathis*, *Die Harmonie der Welt*) und auf der anderen Seite die Freude am Spiel aus der Fülle des Erlebens, wozu das Lachen als ein »Humanum« gehört. Ganz verdrängen läßt sich der Eindruck vom Barock also doch nicht, auf jeden Fall bleibt das Stichwort »Meister« zurück, entkleidet jeder altmeisterlichen Grämlichkeit, das dieses Wort bei anderen manchmal besitzt. Auch im Gespräch schnellt die Vitalität auf, die zu Hindemith

und seinem Werk gehört. Und welches Ausmaß hat dieses Œuvre erreicht. Ein Blick in den »Riemann« gibt schon bei aller lexikalischen Gedrängtheit eine Vorstellung von der umfassenden geistigen Produktion. Es entspricht Hindemiths künstlerischem Schaffensgesetz, daß er die Uraufführung des *Mainzer Umzugs* selbst leitet.
»Ein Komponist muß auch dirigieren«, meint Hindemith von sich. Seit Kriegsende, nach seiner Rückkehr aus Amerika, hat er wahrscheinlich drei- bis vierhundertmal am Pult gestanden. Produktion und Reproduktion, diese Einheit verkörpert Hindemith so, wie es die großen Meister der Musik früher taten. Die Älteren erinnern sich noch, wie er in den zwanziger Jahren als Erzbratscher an unzähligen Abenden mit dem Amar-Quartett seine Kammermusik interpretierte.
Damals komponierte er auch seine ersten Opern: Kokoschkas *Mörder, Hoffnung der Frauen*, Franz Bleis *Nusch-Nuschi*, Marcel Schiffers lustige Oper *Neues vom Tage*, um nur einige zu nennen. »Ich hatte damals die fertigen Bücher vor mir. An Bühnenaufführungen dachte ich noch gar nicht. Sie waren als eine Art Übungsarbeiten geschrieben. Dann wurden sie doch aufgeführt.« In diese Kategorie »Übungsarbeiten« – welch eine typische Ausdrucksweise für den großen Könner Hindemith – gehört natürlich nicht der *Cardillac*, dessen erste Fassung schon 1926 herauskam. Die Libretto-Probleme löste Hindemith häufig auf seine Weise, indem er sich die Texte selber schrieb. (*Mathis*, Kepler-Oper).
Mit Gottfried Benn hat er für das Oratorium *Das Unaufhörliche* dann die Texte »getiftelt«, also Wort und Ton auf das genaueste miteinander verbunden durch immer wieder vorgenommene Veränderungen. »Sie wären erstaunt, welche Unterschiede zwischen dem ersten und dem letzten Entwurf liegen. Das Publikum lernt die gewonnene gültige Fassung kennen. Allein darauf kommt es an.«
Auf die Frage: »Hatten Sie einen Stoff, der Sie einmal besonders interessierte und der noch nicht komponiert ist?« antwortete Hindemith: »Claudel hätte es gereizt, einen ›Augustinus‹ mit mir zu schreiben. Er schlug mir diesen Stoff vor, der mir sehr gelegen hätte. Aber dieses Thema ist mit

dem Tode Claudels vorbei. Man kann solche Arbeiten nicht auf Eis legen. Sie sind unlösbar mit der Eigenart des Dichters verbunden.«
Vielleicht hatte der Lärm eines Flugzeugs den Komponisten in diesem Moment weiter an den alten Claudel erinnert, der einmal krank und blind in seiner Pariser Wohnung lag, gepeinigt vom Lärm der Straße. Er bat Hindemith, den Straßenlärm zum Thema einer Komposition zu machen. Aber Hindemith lehnte ab, »Was soll man aus einem Straßengeräusch kompositorisch machen? Das drängt nicht zu einer musikalischen Fortsetzung.« – »Wäre es nicht elektronisch zu verwerten?« fragt der Besucher. Hindemith schüttelt den Kopf.
»Paul Claudel hatte übrigens in seinen Texten auch musikalische Wünsche. Wir kamen durch die UNESCO zur Zusammenarbeit.« Von Claudel stammt der Text zum *Chant de Triomphe*. Der Dichter war skeptisch, ob es Hindemith gelingen würde, das Publikum in dem letzten Chorwerk der Kantaten-Trilogie *Cantique de l'Espérance* zum Mitsingen zu bewegen. »Das ist vielleicht bei Ihnen in Deutschland möglich, nicht bei uns Franzosen.« Hindemith lächelt. »Aber dann kam das Konzert in Brüssel 1953. Claudel saß neben der belgischen Königin Elisabeth. Das Publikum sang mit. Ich drehte mich um und sah die weißhaarige Königin und den Dichter ebenfalls begeistert singen.«
Hindemith hat mit vielen Autoren zusammengearbeitet. Die Dichter- und Komponistengemeinschaft zwischen Hofmannsthal und Richard Strauss sieht er als einen Einzelfall unter besonders glücklichen Umständen an. Mit Freude erinnert sich Hindemith auch an die Zusammenarbeit mit Thornton Wilder im *Langen Weihnachtsmahl*. Hindemith dirigierte vor einiger Zeit die Aufführung in Mannheim. »Es dauert zehnmal länger, die Musik zu komponieren, als den Text zu schreiben, besonders für ein Chorwerk. In der Oper hat man kompositorisch mehr Bewegungsfreiheit, man kann ab- und zugeben, eventuell ein Rezitativ bringen.« Carl Zuckmayer hatte uns dies Problem kürzlich im gleichen Sinn vorgestellt. (Vgl. Artikel »Zusammenarbeit zwischen Zuckmayer und Hindemith« vom 1. Juni).

Eine letzte Frage: »Stimmt es, daß Sie ungern telefonieren, Herr Professor?« Die Antwort: »Ich mag nicht mit Menschen sprechen, die ich nicht wirklich sehen kann.« Also treiben in der Hauptsache doch Gespräche und Briefe die Zusammenarbeit zwischen Komponist und Dichter voran. Den *Mainzer Umzug* hat Paul Hindemith mit viel Freude am Thema geschrieben. Sie wird in der Uraufführung durchklingen.

Das in der Mainzer *Allgemeinen Zeitung* am 22. Juni 1962 erschienene Interview führte Thomas Halbe; die Uraufführung des *Mainzer Umzug* im Rahmen eines Festkonzerts zur 2000-Jahrfeier der Stadt Mainz fand am folgenden Tag statt.

Begegnung mit Hindemith oder: Die Wahrheit über die »Gebrauchsmusik« — 1963

»Ich werde in die Geschichte eingehen
wegen eines Wortes, das nichts bedeutet!«

Ich habe das Privileg genossen, ein Interview mit Paul Hindemith zu führen. Ein großes Privileg, da es zunächst überhaupt schon eine Freude ist und einen mit Stolz erfüllt, den größten lebenden Komponisten kennenzulernen und mit ihm zu sprechen. Und dann auch, weil Hindemith eigentlich keine Interviews zuläßt. »Was wollen Sie«, sagt mir Frau Hindemith, eine engelgleiche Wächterin von teutonischem Temperament, als ich die Gelegenheit einer Unterbrechung der Probe nutze, der wir ehrfürchtig gefolgt sind, – »wo immer wir hingehen, ist es stets dasselbe: mein Mann sagt etwas, vielleicht um jemandem einen Gefallen zu tun, man schreibt es, und in aller Welt, wo immer wir hinkommen, wird es beanstandet: ›Maestro, warum haben Sie das gesagt?‹ Und erst dann würden sie vielleicht wahrheitsgetreu berichten.« Ich wußte, daß Hindemith gegen Interviews ist, die er (oder besser, seine Frau für ihn) systematisch ablehnt; und ich hatte mir deshalb meinen schönen Text, in Italienisch und Englisch geschrieben, mitgebracht, um ihn dem Maestro vorzulegen. Frau Hindemith liest ihn und beginnt auszusortieren: »Diese Frage nicht, die geht nicht gut. Und diese erst! Besser, Sie zeigen sie ihm gar nicht, denn sonst – wer weiß, wie zornig er wird!« Am Ende bliebe

tatsächlich keine einzige von all meinen Fragen übrig, und ich könnte wie jeder Klatschreporter die üblichen Fragen stellen, die man einem bekannten Gast stellt, etwa, ob ihm Sizilien gefällt etc. etc.
Ich versuche zu erklären, daß ich sehr wohl einigermaßen anspruchsvolle Fragen zu stellen verstehe und daß ich nicht vom Lokalteil der Zeitung geschickt worden sei. »Hören Sie«, antwortet sie, mütterlich lächelnd, »mein Mann hat all diese Dinge in seinem Buch niedergeschrieben, oder er hat sie mündlich vorgetragen und sie sind gesammelt und veröffentlicht worden, wie die wunderbaren Lectures an der Harvard University. Dort finden Sie alles. Das sind Themen, die man nicht in fünf Minuten abhandeln kann; man würde eine lange Unterhaltung benötigen. Warum übersetzen Sie nicht einige Kapitel aus dem Buch?« Auf den Einwand, daß das Buch *Unterweisung im Tonsatz* in Italien nicht zu bekommen sei, bittet mich die zuvorkommende Frau Johanna um meine Adresse, damit sie mir ein Exemplar verehren und zuschicken kann. Sie ist hartnäckig, aber entwaffnend.
Doch der Charme der Italiener kann kein Gerücht sein, denn am Ende der ausgedehnten Probe stellt sie mich dem Maestro wohlwollend vor. Müde, aber glücklich, verschwitzt und bewegt von der Ehrerbietung, die ihm vom Orchester des Teatro Massimo zum Abschluß der Arbeit entgegengebracht wird.
Man erkennt unverzüglich schon von weitem, von den ersten Worten an, daß Paul Hindemith gerne spricht. Er läßt sich nicht darum bitten, seine Meinung zu äußern, auch in einem Moment, da er es vielleicht – ganz prosaisch – vorgezogen hätte, sich unter die Dusche zu stellen und seine Kleider zu wechseln. Wenige einleitende Worte, um die etwas anspruchsvollen Fragen zu entschuldigen, und sein strahlendes Lächeln verschafft mir sogleich Sicherheit.
Ich frage ihn, ob er immer noch dem Neorealismus folge, ob dieser für ihn immer noch Aktualität besitze. »Ich weiß nicht, was genau ›Neorealismus‹ in der Musik bedeutet. Das sind Definitionen, die mir die Musikkritiker anhängen, die es lieben, die Musik mit Begriffen aus der

Philosophie zu beschreiben. Ich kann ›Neorealismus‹ in der Malerei erkennen, ein neorealistisches Bild. Aber in der Musik: was ist da überhaupt Realismus? Ich schreibe nur Musik, hinter der eine Inspiration steht und die mit den Gefühlen der Menschen eine Verbindung eingeht. Vielleicht hat man das gemeint, als man über mich schrieb, ich sei ein Neo-Realist.«

Eine andere Frage leitet sich aus dem Wissen ab, das Bücher und Enzyklopädien von ihm vermitteln: was genau meint seine Definition von »Gebrauchsmusik«? Wenn der Maestro nicht eine stets liebenswürdige Person wäre, so müßte man sagen, daß er sich jetzt in eine Bestie verwandelt. »Das ist es, was passiert, wenn man spricht. Ich sage Ihnen: Das war eine ganz unverbindliche Unterhaltung, als ich noch in Deutschland lebte, und dieser Begriff – der keine Definition ist und vor allem auch in keiner Weise eine Forderung meiner ästhetischen Konzepte ist – wurde mir angeheftet. Überall hat man es wieder geschrieben, in den Büchern und in allen Enzyklopädien. ›Gebrauchsmusik‹ – die Langlebigkeit dieses Wortes ist unglaublich! Ich hatte einfach nur sagen wollen, ›Musik, die benötigt wird‹, die ein Ziel hat, die notwendig für die Menschheit ist, das ist alles. Ich hatte nichts anderes vor zu sagen als dies. Aber nein: ich steige vom Schiff, das mich 1936 [recte: 1937] in die Vereinigten Staaten gebracht hat, und das erste, was mich die Journalisten fragen, ist die ›Gebrauchsmusik‹. Ich werde in die Geschichte eingehen wegen dieses Wortes, das gar nichts bedeutet. Ich habe das auch in meinem Buch erläutert, aber es hat nichts genützt!«

Ich versichere ihm, daß ich, zumindest was Italien betrifft, bescheiden daran mitarbeiten werde, dieses Mißverständnis aufzuklären. Von der Musik, die nützlich für den menschlichen Geist ist, zu der, die nur negative Werte anerkennt (und die für mich nicht mehr Musik ist), ist es ein kleiner Schritt, und er zieht die Kritik an den klassischen Mitteln des Ausdrucks und am Fortschritt in der Musik mit hinein.

»Ich glaube nicht, daß es überhaupt zulässig ist, über Fortschritt in der Musik zu sprechen. Musik muß wertvoll sein, eine Welt ausdrücken, eine Botschaft. Es ist nutzlos, einen Fortschritt bis zu sich selbst als Endpunkt zu suchen, damit verfehlt man das Ziel. Jede Epoche hat ihre Musik, die den Geist ihrer Zeit ausgedrückt hat. Wie immer sind natürlich auch die technischen Grundlagen des Ausdrucks wichtig, aber hauptsächlich die ideellen Grundlagen. Nehmen Sie zum Beispiel den gregorianischen Choral und eine Komposition von Stockhausen: Im ersten finden Sie bescheidenste Mittel des Ausdrucks, aber die Emphase, das Gefühl, ist maximal; im zweiten haben Sie eine Fülle von Mitteln und minimale Bedeutung.«

Die Unterredung geht zügiger vonstatten, und mein Thema ist Hindemiths Einstellung zur sogenannten »Neuen Musik«, der »Avantgarde«. »Binnen kurzem, in höchstens drei Jahren, wird sie noch nicht einmal mehr neu sein. Ich habe Ihnen schon gesagt, daß Musik etwas vermitteln, ein menschliches Gefühl ausdrücken muß. Alles andere kann keine Bedeutung haben.« Ich frage ihn, was er über die Negation bestimmter traditioneller Werte wie Zeit, Rhythmus und tonalen Zusammenklang denkt, was er über die musikalische Notation als »Negation« der klassischen Partitur denkt. Seine Antwort ist eine vielsagende Geste, der amüsierte Ausdruck einer reifen Persönlichkeit beim Anblick unnützer Spielchen.

Das in der italienischen Zeitung *L'ora* erschienene Interview führte Carlo Alberto d'Elia; Originalsprache: Italienisch. Hindemith dirigierte am 15. Oktober 1963 im Teatro Massimo von Palermo die *Abenceragen*-Ouvertüre von Luigi Cherubini, sechs Lieder aus seinem Zyklus *Das Marienleben* (Orchesterfassung) sowie Anton Bruckners Vierte Symphonie.

Ann-Katrin Heimer studierte in Frankfurt/Main Griechische Philologie, Schulmusik, Germanistik und Musikwissenschaft und wurde 1997 mit einer Arbeit über Hindemiths Klavierlieder promoviert. Zur Zeit ist sie als Lektorin in einem großen Musikverlag tätig.

Michael Heinemann, geboren 1959 in Bergisch Gladbach, studierte Kirchenmusik, Instrumentalpädagogik und Konzertfach Orgel sowie Musikwissenschaft, Philosophie und Kunstgeschichte. Promotion 1991, Habilitation 1997. Seit 1993 wissenschaftlicher Mitarbeiter am Institut für Musikwissenschaft der Musikhochschule Dresden, seit 2000 dort Professor.

Winrich Hopp studierte Musikwissenschaft und Philosophie in Freiburg/Br., wo er mit einer Arbeit über Prozeßkomposition bei Karlheinz Stockhausen promoviert wurde. Er leitete als Dramaturg die künstlerische Produktion der Münchener musica viva Konzertreihe am Bayerischen Rundfunk und wurde 2002 in den Vorstand der Stiftung Kunst und Kultur des Landes Nordrhein-Westfalen berufen.

Alexander L. Ringer, geboren 1921, war seit 1963 Professor für Musikwissenschaft an der University of Illinois/Urbana; zahlreiche Veröffentlichungen u.a. zu Beethoven, Schönberg sowie zur Musik der Emigration 1933–1945. Ringer verstarb im Mai 2002.

Walter Salmen, geboren 1926 in Paderborn, lebt als Emeritus und Honorarprofessor der Universität Freiburg in Kirchzarten. Er war an den Universitäten in Saarbrücken, Kiel und Innsbruck sowie als visiting professor in mehreren Ländern tätig.

Giselher Schubert ist seit 1991 Direktor des Hindemith-Instituts in Frankfurt/Main.

Heinz-Jürgen Winkler, geboren 1958 in Bensheim/Bergstraße, studierte Musikwissenschaft, Mittellatein und Geschichte in Heidelberg. 1994 Promotion mit einer Arbeit über die Tenormotetten von Johannes Regis. 1993–1996 Mitarbeiter von Herbert Schneider am Forschungsprojekt »Timbre und Vaudeville« an der Musikhochschule Frankfurt, 1996–1999 wissenschaftlicher Mitarbeiter an der Universität Saarbrücken. Seit 1999 Mitarbeiter des Hindemith-Instituts.

Hindemith-Jahrbuch 1971/I bis 2001/XXX - Autoren und Beiträge

1971/I
Beiträge von Ludwig Finscher, Andres Briner, Angela Zabrsa, Helmut Haack, Peter Cahn, Henri Jaton, Günther Rühle, Adolf Rebner, Max Rieple, Heinrich Straumann, Helmut Rösner und Marianne Reißinger

1972/II
Beiträge von Winfried Kirsch, Peter Cahn, Walter Bruno Hilse, Dieter Rexroth, Bernhard Billeter, Franzpeter Goebels und Karl Laux; Quellentexte von Paul Hindemith

1973/III
Beiträge von Hans Curjel, Andres Briner, Howard Boatwright, Dieter Rexroth, Hellmuth Christian Wolff, Erwin R. Jacobi, Dietrich Berke, Glenn Gould, Alfred Beaujean, Erich F. W. Altwein und Hildegard Weber; Quellentext von Paul Hindemith; Bibliographie

1974/IV
Beiträge von Hans Heinz Stuckenschmidt, Ingeborg H. Solbrig, Rudolf Stephan, Siegfried Borris, Karin v. Maur, Wulf Konold, Geoffrey Skelton, Wolfgang E. Rebner, Maurice Zermatten, Karl Leo Gerhartz / Hermann Markard, Alfred Beaujean, Andres Briner und Peter Cahn; Quellentext von Paul Hindemith

1976/V
Beiträge von Philipp Mohler, Peter Cahn, Ann Clark Fehn, James E. Paulding und Janós Breuer

1977/VI
Beiträge von Diether de la Motte, Ludwig Finscher, David Neumeyer, Dieter Rexroth, Friedrich Hommel, Gerd Sannemüller, Bernhard Billeter, Eckhart Richter, Dietrich Bauer und Peter Cahn

1978/VII
Beiträge von Giselher Schubert, Rudolf Stephan, Josef Dorfman, David Neumeyer, Winfried Kirsch, Luther Noss und Eckhart Richter; Quellentexte von Paul Hindemith; Bibliographie

1979/VIII
Beiträge von Norbert J. Schneider, Friedrich Neumann, Raymond Gros, Aloys Greither, Wulf Konold, Everett Helm, Detlef Gojowy, Irina Graham, Gisela Glagla und Sigfried Schibli

1980/IX
Beiträge von Dieter Rexroth, Giselher Schubert, Claudia Maurer Zenck, Everett Helm, Detlef Gojowy, Sigfried Schibli, Winfried Kirsch und Peter Cahn

1981/X
Beiträge von Hans Otte, Tilo Medek, Peter Michael Hamel, Günther Becker, Manfred Trojahn, Wolfgang Rihm und Wulf Konold; Berichte

1982/XI
Beiträge von Rudolf Stephan, Theo Hirsbrunner, Andreas Lehmann, Klaus Ebbeke, Carl Dahlhaus, Luther Noss und Norbert J. Schneider

1983/XII
Beiträge von Annegrit Laubenthal, Giselher Schubert, Dieter Rexroth, Günther Metz, Hans Vogt, Andres Briner, Klaus Hinrich Stahmer, Detlef Gojowy und Georg Mautschka

1984/XIII
Beiträge von Ludwig Finscher, Günther Metz, Dieter Rexroth, Giselher Schubert, Reinhold Brinkmann, Kurt von Fischer, Siegfried Mauser, Theo Hirsbrunner, Norbert J. Schneider, Gernot Gruber und Hans Kohlhase

1985/XIV
Beiträge von Hermann Danuser, Steven Hinton, Jacques Viret, James d'Angelo, Lars Hedblad, Erik Lundkvist und Günther Metz

1986/XV
Beiträge von Cevat Memduh Altar, Cornelia Zimmermann-Kalyoncu, Dieter Rexroth, Andres Briner, Wulf Konold und Eckhart Richter; Bibliographie

1987/XVI
Beiträge von Rudolf Stephan, Stephen Hinton, Hermann Danuser, Michael Zimmermann, Klaus Ebbeke, Siegfried Mauser, Bernhard Billeter, Annegrit Laubenthal, Peter Cahn, David Neumeyer, Günther Metz, Helga de la Motte-Haber und Andres Briner

1988/XVII
Beiträge von Ludwig Finscher, Hermann Danuser, Volker Scherliess, Stephen Hinton, Albrecht Dümling, Dieter Rexroth, Andres Briner, Giselher Schubert, Rudolf Stephan, Wulf Konold und Jürgen Mainka

1989/XVIII
Beitrag von Friederike Becker; Quellentexte von Paul Hindemith und Benno Elkan

1998/XXVII

	Andres Briner
Stephen Hinton	Emigration and Self-Discovery
Geoffrey Skelton	Hindemith as Autobiographer
Rudolf Stephan	Die Musik der vierziger Jahre unter besonderer Berücksichtigung des Schaffens von Paul Hindemith
Allen Forte	Paul Hindemith's Contribution to Music Theory in the United States
Giselher Schubert	»Amerikanismus« und »Americanism«. Hindemith und die Neue Welt
Kim H. Kowalke	For Those We Love. Hindemith, Withman, and »An American Requiem«
Hermann Danuser	Paul Hindemiths amerikanische Lieder
Ian Kemp	Sinfonietta 1950: Colour as Design
Stephen Hinton	Hindemith, Bach, and the Melancholy of Obligation
David Neumeyer	Hindemith and His American Critics. A Postmodern View

1999/XXVIII

Andres Briner	Marius Décombaz
Alexander J. Fisher	Paul Hindemith, Gottfried Benn, and the Defense of the Autonomy of Art in the Late Weimar Republic
Andres Briner	Im Zeichen Friedrich Nietzsches
Wolfgang Rathert	*Das Unaufhörliche* – ein verkanntes Hauptwerk Hindemiths?
Gunther Nickel / Susanne Schaal	Die Dokumente zu einem gescheiterten Opernplan von Paul Hindemith und Ernst Penzoldt
Gerald Kilian	Paul Hindemiths *Symphonie »Mathis der Maler«*
Gerd Sannemüller	Hindemith-Tage in Lübeck (1932)

2000/XXIX

Georges Starobinski	Rythme, mètre et ton poétique dans *Das Marienleben* de Paul Hindemith
Norbert Abels	Gold, Hybris und Formkälte
Inga Mai Groote	»Wie weit hat das alles wohl mit praktischer Ausführung zu tun?«
	Werkeinführungen und Vorworte von Paul Hindemith

2001/XXX